KB261474

한국어 발음과 문법

Introduction to Korean Pronunciation and Grammar

저자 소개

최윤곤(崔潤坤, Choi Yun-gon)

동국대학교 문학박사

서원대학교 국제학부(한국어교육전공) 교수

함병호(咸炳晧, Ham Byeong-ho)

동국대학교 문학박사

동국대학교 국어국문문예창작학부 강의초빙교수

개정판 한국어 발음과 문법
Introduction to Korean Pronunciation and Grammar

1판 발행 2015년 3월 2일
2판 발행 2021년 9월 1일

지은이 최윤곤, 함병호
펴낸이 박민우
기획팀 송인성, 김선명
편집팀 박우진, 김영주, 김정아, 최미라, 전혜련
관리팀 임선희, 정철호, 김성언, 권주련
펴낸곳 (주)도서출판 하우

주소 서울시 중랑구 망우로68길 48
전화 (02)922-7090
팩스 (02)922-7092
홈페이지 http://www.hawoo.co.kr
e-mail hawoo@hawoo.co.kr
등록번호 제475호

값 17,000원
ISBN 979-11-6748-010-1 13710

＊ 이 책의 저자와 (주)도서출판 하우는 모든 자료의 출처 및 저작권을 확인하고 정상적인 절차를 밟아 사용하였습니다.
일부 누락된 부분이 있을 경우에는 이후 확인 과정을 거쳐 반영하겠습니다.

＊ 이 책은 저작권법에 따라 보호받는 저작물이므로 무단전재와 무단복제를 금지하며,
이 책 내용의 전부 또는 일부를 이용하려면 반드시 저작권자와 (주)도서출판 하우의 서면 동의를 받아야 합니다.

최윤곤(崔潤坤, Choi Yun-gon) · 함병호(咸炳晧, Ham Byeong-ho) 지음

Hawoo Publishing Inc.

　　이 책은 한국어학 전공자, 외국인 한국어 학습자뿐만 아니라 우리말을 교양 수준에서 배우고자 하는 이들을 위해서 한국어학의 주요 내용을 효율적으로 공부할 수 있도록 집필되었다. 초판을 낸 지 6년만에 개정판이 나오게 되었는데, 이번 개정판에서는 형식적인 측면에서 잘못된 것들을 바로잡고, 학교 문법의 체계와 용어를 더 많이 반영하여 초판의 내용을 수정하였다. 초판 이후에 개정된 어문규범의 수정 사항을 반영하고, 표준발음에서 새롭게 인정된 발음을 추가하였다. 특히 한국어학을 처음 학습하는 독자들을 고려하여 한국어 문법에서 '문장의 확대'와 '높임법'을 학교 문법 중심으로 대폭 수정하였다.

　　앞으로 계속 이 책이 한국어와 한국어학을 공부하고자 하는 많은 이들에게 도움이 되기를 바란다. 이외에도 국내외에서 한국어가 부족하지만 한국어 발음과 문법에 관심이 있는 여러 독자들을 위해서 다국어로 번역하는 것이 필자들의 과제로 남아있다.

　　본서로 강의하는 동안 질문과 토론에 참여해 준 여러 학생들이 있었기에 개정판을 낼 수 있는 밑거름이 되었다. 이 책으로 공부한 많은 독자들에게 고마움을 전하며 내용에 대해서 언제든지 소통할 수 있는 기회가 있기를 바란다. 끝으로, 본서의 개정판이 출간될 수 있도록 힘써 주신 하우의 박민우 대표와 개정판 출간의 진행을 맡아 주신 송인성 과장께 큰 감사를 드린다.

2021년 8월

최윤곤, 함병호

차례

Ⅲ. 한국어 문법

7장 단어의 구조

8장 품사 분류

9장 문장 성분

10장 문장 유형

11장 문장의 확대

12장 시제와 상

13장 피동과 사동

14장 높임법

15장 부정문

한국어의 이해

01 한국어 개관

01 한국어 개관

🔍 학습 목표

- 한글과 한국어의 차이를 이해한다.
- 훈민정음의 제자 원리를 이해한다.
- 한국어 발음의 특징을 이해한다.
- 한국어 문법의 특징을 이해한다.
- 모어와 한국어의 차이를 이해한다.

🗝 주요 용어

한글, 한국어, 훈민정음, 모어

1.1. 한국어와 한글

한국어는 에스놀로그(http://www.ethnologue.com/statistics/size)에 의하면 약 7,720만 명의 사용자 수가 있으며 세계 언어 순위로는 13위이다. 한국어는 한국에서 4,840만 명, 북한에서 2,330만 명, 중국 내 사용자 271만 명, 일본 내 사용자 90만 5천 명, 러시아 내 사용자 4만 2천 4백 명 등이 있다.

〈세계 언어 순위〉

개정 전				개정 후 2014. 4. 30. 현재			
순위	언어	사용 국가 수	사용자 수 백만 명	순위	언어	사용 국가 수	사용자 수 백만 명
1	중국어 Chinese	33	1,197	1	중국어 Chinese	33	1,197
2	스페인어 Spanish	31	406	2	스페인어 Spanish	31	414
3	영어 English	101	335	3	영어 English	99	335
4	힌디어 Hindi	4	260	4	힌디어 Hindi	4	260
5	아랍어 Arabic	59	223	5	아랍어 Arabic	60	237
6	포르투갈어 Portuguese	11	202	6	포르투갈어 Portuguese	12	203
7	벵골어 Bengali	4	193	7	벵골어 Bengali	4	193
8	러시아어 Russian	16	162	8	러시아어 Russian	16	167
9	일본어 Japanese	3	122	9	일본어 Japanese	3	122
10	자바어 Javanese	3	84.3	10	자바어 Javanese	3	84.3
11	독일어 German	18	83.8	11	란다어 Lahnda	6	82.6
12	란다어 Lahnda	7	82.7	12	독일어 German	18	78.2
13	텔루구어 Telugu	2	74.0	13	한국어 Korean	5	77.2
14	마라티어 Marathi	1	71.8	14	프랑스어 French	51	75.0
15	타밀어 Tamil	6	68.8	15	텔루구어 Telugu	2	74.0
16	프랑스어 French	51	68.5	16	마라티어 Marathi	1	71.8
17	베트남어 Vietnamese	3	67.8	17	터키어 Turkish	8	70.8
18	한국어 Korean	6	66.4	18	타밀어 Tamil	6	68.8
19	우르두어 Urdu	6	63.4	19	베트남어 Vietnamese	3	67.8
20	이탈리아어 Italian	10	61.1	20	우르두어 Urdu	6	63.9
21	말레이어 Malay	13	59.4	21	이탈리아어 Italian	10	63.7
22	페르시아어 Persian	29	56.6	22	말레이어 Malay	13	59.5
23	터키어 Turkish	8	50.7	23	페르시아어 Persian	29	56.6
24	오리야어 Oriya	3	50.1				

※ 빨간색은 개정 후 순위가 상승한 언어이고, 파란색은 순위가 하락한 언어임.

'한국어'와 '한글'을 엄밀히 구분하면 '한국어'와 '한글'은 같은 것이 아니다. '한국어'란 한글을 표기 수단으로 하는 대한민국의 공식 공용어인 '언어'를 지칭하는 것이고, '한글'이란 한국어를 표기하기 위한 수단인 글자, 즉 문자를 가리키는 말이다.

〈국어기본법〉에 의하면 '국어'는 "대한민국의 공용어로서 한국어"를 가리키고, '한글'은 "국어를 표기하는 우리의 고유문자"를 가리킨다고 정의한다. 그러나 "한국어를 할 줄 안다."고 말할 때는 일반적으로 '한국의 언어와 문자를 모두 활용할 수 있다.'는 의미로 해석할 수 있다. 따라서 '한국어'는 한국의 '언어'와 '문자'를 포괄하는 용어로 사용하는 것이 좀 더 적절하다.

알파벳과 한자의 경우에는 오랜 세월에 걸쳐서 많은 사람들이 공동으로 만들어 낸 문자이다. 그러나 '한글'은 창제의 원리와 과정이 명확하게 알 수 있다. 훈민정음은 1443년에 조선 4대 임금인 세종대왕이 주도하여 만들고, 1446년 음력 9월에 '백성을 가르치는 바른 소리'라는 뜻의 훈민정음(訓民正音)이라는 이름으로 반포하였다. 따라서 '훈민정음'은 글자의 이름이고, 새로 만들어진 글자인 훈민정음의 창제 원리와 제자 과정을 설명한 책은 『훈민정음 해례본』이다. 그래서 훈민정음의 제자 원리에 대해서 설명한 책은 『훈민정음』이라고 부르는 것보다는 『훈민정음 해례본』이라고 부르는 것이 바람직하다.

1997년 10월 유네스코에서 훈민정음의 제자 원리와 사용 방법을 설명하고 있는 『훈민정음(해례본)』이 독창적이고 과학적인 저작물인 것을 인정하여 '세계 기록유산'으로 선정하였다.

(가) 모음의 제자 원리

모음은 만물의 근원인 하늘(天)과 땅(地)과 인간(人)을 상형화한 '·, ㅡ, ㅣ'를 기본 글자로 이들을 합성하는 방식으로 다양한 모음을 만들었다. 기본자를 바탕으로 초출자와 재출자로 이루어진다. 이외에도 이자상합자(二字相合字)와 삼자상합자(三字相合字)에 의해서 모음을 만든다.

구분	양성 모음	음성 모음	중성 모음
기본자	·	ㅡ	ㅣ
초출자	ㅗ, ㅏ	ㅜ, ㅓ	
재출자	ㅛ, ㅑ	ㅠ, ㅕ	

(나) 자음의 제자 원리

자음은 발음 기관의 모양을 상형하여 기본 5개 글자 'ㄱ, ㄴ, ㅁ, ㅅ, ㅇ'을 만들고, 이 글자를 조음 방법을 나타내는 획을 더하는 방식으로 가획하거나 나란히 써서 글자를 만들었다.

Tip

유네스코 세종대왕 문해상
(UNESCO King Sejong Literacy Prize)
대한민국 정부 지원으로 1990년부터 시상해 오고 있는 상으로서 문해, 특히 개발도상국 모어(母語) 발전·보급에 크게 기여한 개인/단체/기구 2명(곳)에게 매년(9월 8일 문해의 날) 시상하는 상이다. 시상식은 매년 9월 8일 세계 문해의 날에 열린다.

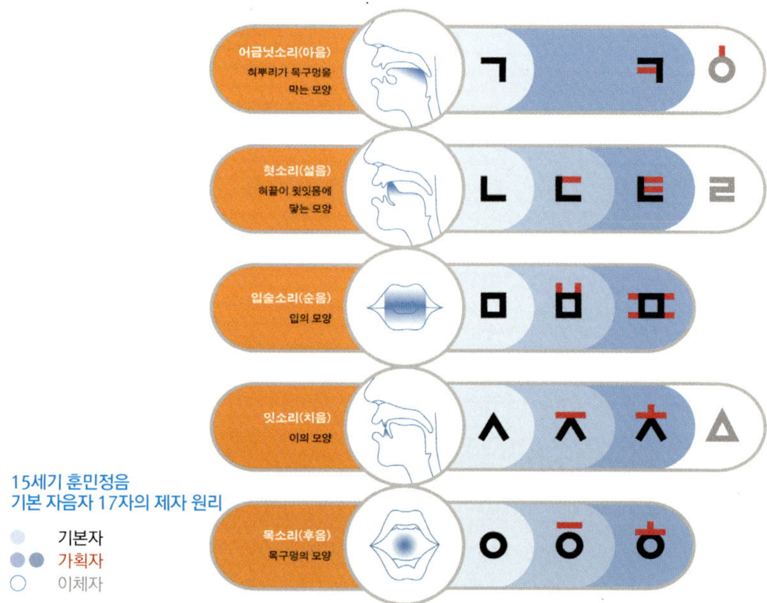

문화체육관광부(2014), 누구나 알아야 할 한글 이야기 3+5

(다) 표기 방식

오늘날 사용하는 한글 자모 24자를 조합하면 무려 11,172자의 글자를 만들어 낼 수 있다. 한글은 자음과 모음으로 구분하는데, 모음을 중심으로 자음과 모음은 음절 단위로 모아쓰는 방식이다. 한국어 '강'이라는 단어는 'ㄱㅏㅇ'으로 풀어 쓸 수도 있지만 한국어는 음절 단위로 정사각형의 '□(네모)' 안에 자음과 모음을 모아 써야 한다. 이에 비해서 영어 'river'는 5개의 알파벳을 일직선으로 연결하여 글자를 구성한다. 모아쓰기로 '먹으니, 먹겠다'는 풀어쓰기로 'ㅁㅓㄱㅇㅡㄴㅣ, ㅁㅓㄱㄱㅔㅆㄷㅏ'인데, 형태를 고정하는 모아쓰기는 '먹-'이라는 어간의 동일한 형태를 유지함으로써 표의성이 생겨서 독서 효율을 높일 수 있는 장점이 있다.

정사각형 안에 글자를 쓰다 보니, 아래와 같은 'ㄱ'이 초성에 쓰일 경우에 모음의 위치에 따라서 각기 자형(字形)이 다르다. 또한 쌍자음의 'ㄲ'과 겹자음의 'ㄱ'의 자형이 다르다.

가	강	고	구	각
국	꼴	밖	몫	닭

1.2. 한국어 발음의 특성

(가) 한국어는 '평음-경음-격음'의 변별적 대립을 구성한다.

한국어의 자음은 '평음-경음-격음'으로 구성되며 서로 변별적 자질을 갖고 있다.

평음	ㄱ	ㄷ	ㅂ	ㅈ
경음	ㄲ	ㄸ	ㅃ	ㅉ
격음	ㅋ	ㅌ	ㅍ	ㅊ

한국어를 제외한 많은 언어들은 성대의 진동에 따른 '유성음-무성음'의 대립이 대부분이다. 영어, 불어, 독일어, 일본어 등도 2항 대립을 보인다.

	양순음	치조음	경구개음	연구개음
한국어	/ㅂ/:/ㅃ/:/ㅍ/	/ㄷ/:/ㄸ/:/ㅌ/	/ㅈ/:/ㅉ/:/ㅊ/	/ㄱ/:/ㄲ/:/ㅋ/
영어	/p/:/b/	/t/:/d/ /s/:/z/	/ʧ/:/ʤ/	/k/:/g/
일본어	/p/:/b/	/t/:/d/ /s/:/z/ /ts/:/dz/		/k/:/g/

(나) 한국어는 파열음보다 마찰음이 적다.

한국어는 다른 언어에 비해 마찰음(摩擦音)이 많지 않다. 한국어의 마찰음은 [ㅅ, ㅆ, ㅎ] 등 3개지만, 파열음은 [ㄱ, ㄲ, ㅋ/ㄷ, ㄸ, ㅌ/ㅂ, ㅃ, ㅍ/ㅈ, ㅉ, ㅊ] 등 12개로 다른 언어에 비해서 많은 편이다.

언어 조음 방법		한국어	영어	중국어	일본어
장애음	파열음	p, pʰ, p˜ t, tʰ, t˜ k, kʰ, k˜	p, b t, d k, g	p, pʰ t, tʰ k, kʰ	p, b t, d k, g
	파찰음	ʧ, ʧʰ, ʧ˜	ʧ, ʤ	ts, tʂ, tɕ tsʰ, tʂʰ, tɕʰ	
	마찰음	s, s˜, h	f, v, θ, ð s, z, ʃ, ʒ, h	f, s, ʂ, ɕ, x	s, z, h
공명음	비음	m, n, ŋ	m, n, ŋ	m, n, ŋ	m, n
	유음	l/r	l, r	ɻ	r
	반모음	w, y	w, y	j, ɥ, w	w, y

(다) 한국어는 음절의 초성에 제약이 있다.

한국어는 음절의 초성에 둘 이상의 자음이나 'ㄹ, ㄴ'이 오지 못한다. 영어의 경우 'spring'의 발음은 [spriŋ]과 같이 자음[spr] 3개를 동시에 발음하지만, 한국어에서는 음절 어두 자음군을 허용하지 않기 때문에 각 자음에 모음 'ㅡ'를 첨가하여

[스프링]이라고 발음하게 된다. 또한 '여(女)'의 경우 첫음절에서는 '여자(女子)'로 발음하고, 둘째 음절부터는 '남녀(男女)'처럼 발음한다. '노(老)'의 경우도 첫음절에서는 '노인(老人)'으로 발음하고, 둘째 음절부터는 '경로(敬老)'라고 발음한다. 하지만 최근에 외래어를 중심으로 '라면, 라디오, 루마니아'와 같은 예들이 있다.

(라) 한국어는 종성을 7개 자음으로 발음한다.

자음이 음절 끝에 올 때 발음이 파열되지 않고 닫힌 상태로 발음되고, 대표음 [ㄱ, ㄷ, ㅂ, ㄴ, ㄹ, ㅁ, ㅇ]만으로 발음한다. 즉 파열음이 음절의 끝에서 개방되지 않고, 닫힌 상태로 발음한다.

음절 끝에서 단독으로 발음할 때	부엌[부억], 낮/낯[낟], 앞[압]
자음과 연결할 때	부엌문[부억문→부엉문], 낮밤[낟밤→낟빰] 잎사귀[입싸귀]
모음으로 시작되는 실질형태소와 결합할 때	흙 위[흑 위→흐귀], 옷 안[옫 안→오단]

(마) 한국어는 모음조화 현상이 있다.

한국어의 모음은 음상에 따라서 '양성 모음'과 '음성 모음'으로 구분할 수 있다. 양성 모음 'ㅏ, ㅗ'는 'ㅏ, ㅗ'끼리, 음성 모음 'ㅓ, ㅜ'는 'ㅓ, ㅜ'끼리 어울리려는 현상으로 용언의 어미가 '-아/-어', '-아서/-어서', '-아도/-어도', '-아야/-어야', '-아라/-어라' 및 '-았-/-었-' 등처럼 두 가지씩 있는 것도 모음조화 현상으로 나타난 것이다. '잡다'와 '접다'라는 동사는 각각 '잡아, 잡아도, 잡아서, 잡아라'와 '접어, 접어도, 접어서, 접어라'와 같이 활용한다.

이러한 모음 현상은 의성어와 의태어에서 가장 뚜렷이 나타난다. '알록달록 : 얼룩덜룩', '살랑살랑 : 설렁설렁', '오목오목 : 우묵우묵', '졸졸 : 줄줄', '찰찰 : 철철', '달달 : 들들' 등이 있는데, 'ㅏ, ㅗ'를 사용한 단어는 밝고, 경쾌하고, 가볍고, 빠르고, 날카롭고, 작은 느낌이 들고, 'ㅓ, ㅜ'를 사용한 단어는 어둡고, 무겁고, 크고, 둔하고, 느린 느낌이 든다.

1.3. 한국어 문법의 특성

Tip

교착어: 어근에 접사가 결합하여 문장에서 단어의 기능을 하는 언어의 형태론적 관점에서 분류한 언어의 유형

(가) 한국어는 조사와 어미가 발달했다.

한국어는 대표적인 교착어로 조사와 어미가 발달되어 있어서 대부분의 문법 기능이 이들에 의해서 실행된다. 조사와 어미는 어휘적 의미는 없지만 문법적 기능에 의해서 미묘한 문체적 효과까지 나타낸다.

(1) 가. 나는 집이 있다.
    나. 나는 집은 있다.

(1가)는 '집이 있다는 단순한 사실'을 의미하고, (1나)는 '다른 것은 없지만 집이

있다’는 것을 강조하는 의미이다. 이러한 의미적 차이는 ‘집’과 결합한 조사 ‘이’와 ‘은’에 의해서 구분된다.

특히 여러 개의 어미나 조사가 이어져 결합하는 현상은 교착어로서의 특성을 잘 보여 준다.

(2) 가. 잡-으시-었-겠-더-라
　　나. 나-에게-만-이라도

(2가)는 어간 ‘잡-’과 종결어미 ‘-라’ 사이에 4개의 선어말어미가 결합한다. 결합 순서를 보면 ‘잡(어간)-으시(높임)-었(과거)-겠(추측)-더(회상)-라(평서형)’와 같이 구분할 수 있다. (2나)는 어근 ‘나’ 다음에 3개의 조사가 연속으로 결합한다. 한국어는 조사와 어미 중에서 어미가 조사보다 종류와 기능이 매우 다양하다.

(나) 한국어는 S+O+V 구조를 가진다.

한 문장이 어떻게 구성되느냐에 따라 그 언어의 특성을 파악할 수 있다. 세계 언어의 어순 유형은 ‘주어+서술어+목적어(SVO 유형)’ 구성이 50%, ‘주어+목적어+서술어(SOV 유형)’ 구성이 40%, ‘서술어+주어+목적어(VSO 유형)’ 구성이 10%로 조사되었다.

(3) 가. 他吃午饭。
　　　(SVO 유형: 영어, 중국어, 불어, 이태리어 등)
　　나. 그는 점심을 먹는다.
　　　(SOV 유형: 한국어, 몽골어, 터키어, 일본어 등)
　　다. Itheann séam lóin.
　　　(VSO 유형: 겔트어, 아일랜드어, 아랍어 등)

한국어는 SOV 유형에 해당하는 언어이다. 한국어는 서술어가 문장의 마지막에 오기 때문에 화자가 표현하는 결론이 문장의 맨 끝에 위치하므로 담화 중에 청자를 끝까지 붙잡아 둘 수 있다. 그러나 주어와 서술어 사이에 여러 문장 성분이 들어가 장문이 되기 쉽다. 또한 문장이 너무 길어지면 본래의 주어에 대응하는 서술어를 놓쳐 주어와 서술어의 호응 관계를 파악하기 어렵다.

(다) 한국어는 수식어+피수식어 순서이다.

한국어의 수식어는 반드시 피수식어 앞에 온다. 따라서 한국어는 좌분지 언어(left branching language)에 속한다. 수식어는 주로 관형어와 부사어가 된다.

(4) 가. 현서는 어제 새 **책**을 샀다.
　　나. 현서에게 수학은 너무 **어렵다**.
　　다. 현서는 아주 **빨리** 달린다.

(4가)에서 ‘책’을 수식하는 관형어 ‘새’가 앞에 위치하고, (4나)에서 ‘어렵다’를 수식하는 부사 ‘너무’가 앞에서 수식한다. (4다)에서 부사 ‘아주’는 중심어인 ‘빨리’에 대한 수식어가 된다. 결국 한국어의 수식어는 중심어의 앞(왼쪽)에서 수식하는 ‘수식어+피수식어’ 구조를 갖는 특징이 있다.

(라) 한국어는 문장 성분의 생략이 용이하다.

한국어의 문장을 이루는 성분 중에서 주성분으로는 '주어, 목적어, 보어, 서술어' 등이 있다. 주성분은 문장을 이루는 데 필수적인 성분으로 주성분이 빠지게 되면 문장이 어색하게 된다. 그러나 주성분이 발화 현장이나 문맥을 통해서 알 수 있는 경우에는 생략될 수 있는 특성이 있다.

> (5) 가. A: 우리 학교 야구부가 이겼어.
>   B: 우리 학교가 (이겼어)?
>   나. A: (당신은) 휴가 때 무엇을 했습니까?
>   B: (나는) 친구들과 함께 여행을 갔습니다.
>   다. A: (너는 친구를) 만났니?
>   B: 아니 못 만났어.

(5가)의 경우는 질문에 대해서 서술어가 생략된 문장이다. (5나)에서는 질문과 대답에서 모두 주어가 생략되었다. 이는 담화상에서 가능한 문장이다. (5다)는 상황 맥락 속에서 주어와 목적어가 모두 생략되었다. 특히 주어가 없는 문장이 많다는 것은 한국어의 아주 두드러진 특징이다. (5)의 예들은 생략 성분을 복원할 경우 자연스러운 문장이 가능하다.

> (6) 가. (?제가) 학교에 다녀올게요.
>   나. (?너는) 잘 다녀오너라.

(6)의 대화에서 두 문장 모두 주어가 생략되었지만 담화상에서 전혀 문제없이 의사소통이 가능하다. 오히려 발화할 때, '제가'나 '너는'이라는 주어를 넣을 경우에는 생략할 때보다 부자연스러운 대화가 된다.

(마) 한국어는 문장 성분의 이동이 자유롭다.

한국어는 동사를 제외한 문장 성분의 자리 이동이 비교적 자유롭다. 그러나 관형어나 부사어(성분 부사)는 자리를 옮기지 못한다.

> (7) 가. 현서가 송이에게 사탕을 주었다.
>   나. 현서가 사탕을 송이에게 주었다.
>   다. 송이에게 현서가 사탕을 주었다.
>   라. 송이에게 사탕을 현서가 주었다.
>   마. 사탕을 송이에게 현서가 주었다.
>   바. 사탕을 현서가 송이에게 주었다.

(7가)는 가장 일반적인 한국어 문장이다. (7나)에서 (7바)까지의 문장은 (7가)와 어순의 차이가 있지만, '현서가 송이에게 사탕을 주었다.'는 기본적인 의미에 변화는 없다.

> (8) 가. Tom give Mary an apple.
>   나. *Tom give an apple Mary.

(8가)를 (8나)와 같이 'an apple'과 'Mary'의 위치를 바꾸면 통사적으로 비문이 된다. 그러나 한국어의 경우에 '톰은 메리에게 사과를 주었다.'와 '톰은 사과를 메리에게 주었다.'는 문장은 모두 가능하다.

(9) 가. 我爱你。(나는 너를 사랑한다.)
　　나. 你爱我。(너는 나를 사랑한다.)

(9)에서 주어와 목적어를 바꿀 경우에 두 문장의 의미는 전혀 다르게 된다. 중국어와 같은 SVO 언어의 경우 문법적 관계가 어순에 의해 결정되기 때문에 문장 성분이 이동하게 되면 의미가 달라지는 경우가 발생한다.

(바) 한국어는 높임 표현이 발달했다.

한국어의 높임 표현은 주체 높임, 객체 높임, 상대 높임으로 구분할 수 있다.

	주체	객체	상대
현서가 동생에게 밥을 주었다.	−	−	−
현서가 동생에게 밥을 주었습니다.	−	−	+
어머니께서 현서에게 우유를 주셨다.	+	−	−
어머니께서 현서에게 우유를 주셨습니다.	+	−	+
현서가 어머니께 진지를 드렸다.	−	+	−
어머니가 할머니께 진지를 드리셨습니다.	−	+	+
어머니께서 할머니께 진지를 드리셨다.	+	+	−
어머니께서 할머니께 진지를 드리셨습니다.	+	+	+

　주체 높임은 말하는 이보다 서술어의 주체가 나이나 사회적 지위 등에서 상위자일 때 서술어의 주체를 높이는 방법이다. 주격조사 '께서', 선어말어미 '-(으)시-', 접사 '-님', 그리고 몇 개의 특수한 어휘 '계시다, 주무시다, 잡수시다' 등으로 실현된다. 객체 높임은 목적어나 부사어가 지시하는 대상인 서술어의 객체를 높이는 방법으로 부사격조사 '께'와 특수한 높임 어휘 '진지'에 의해서 실현된다. 상대 높임은 한국어 높임 표현 중 가장 발달한 것으로 화자가 청자를 높이거나 낮추어 말하는 방법이다. 상대 높임법은 격식체와 비격식체로 나누어 종결 표현으로 실현된다.

1. 훈민정음 해례본에 나타난 한글 자모의 창제 원리를 설명하시오.

2. 한국어 발음의 특징을 예를 들어 설명하시오.

3. 한국어 문법의 특징을 예를 들어 설명하시오.

4. 자신의 모어와 한국어의 차이점을 예를 들어 설명하시오.

Ⅱ

한국어 발음

02 발음 기관

> **🔍 학습 목표**
>
> - 발음 기관의 구조와 각 명칭을 이해한다.
> - 조음 기관의 구조와 각 명칭을 이해한다.
> - 구강음과 비강음의 생성 과정을 이해한다.
> - 발음 순서를 이해한다.

> **🔑 주요 용어**
>
> 호흡 기관, 발성 기관, 조음 기관, 후두, 성대, 성문, 치조, 경구개, 연구개, 구강음, 비강음

2.1. 발음 기관

발음 기관은 음성이 만들어지는 신체의 각 부분을 가리킨다. 발음 기관은 크게 호흡 기관, 발성 기관, 조음 기관으로 구분한다.

발음 기관		신체 기관	기능
호흡 기관	발동부	허파	발음을 생성하기 위해 폐에서 공기를 만들어 내는 기관
발성 기관	발성부	후두, 성대, 성문	폐에서 나온 기류를 소리로 만들어 주는 기관
조음 기관	조음부	고정부: 윗입술, 인두벽	구강과 비강을 중심으로 혀와 입술을 움직여 여러 가지 발음을 만들어내는 기관
		능동부: 아랫입술, 혀뿌리	

〈발음 기관〉

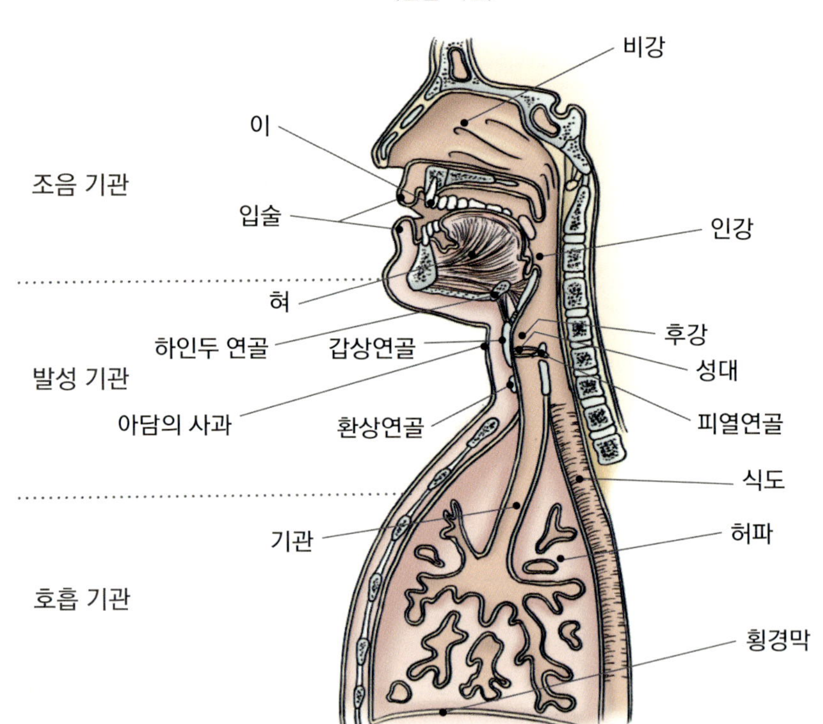

2.2. 조음 기관

　조음 기관은 호흡 기관과 발성 기관을 거쳐 기류를 실제 공기 중으로 소리를 만들어 내기 위한 신체 기관으로, 주로 입과 코, 목 내부의 각종 신체 부위를 가리킨다. 성인 남성의 경우 후두에서 입술까지의 거리는 약 17㎝인데, 이 사이에서 수많은 소리가 만들어진다.

〈조음 기관〉

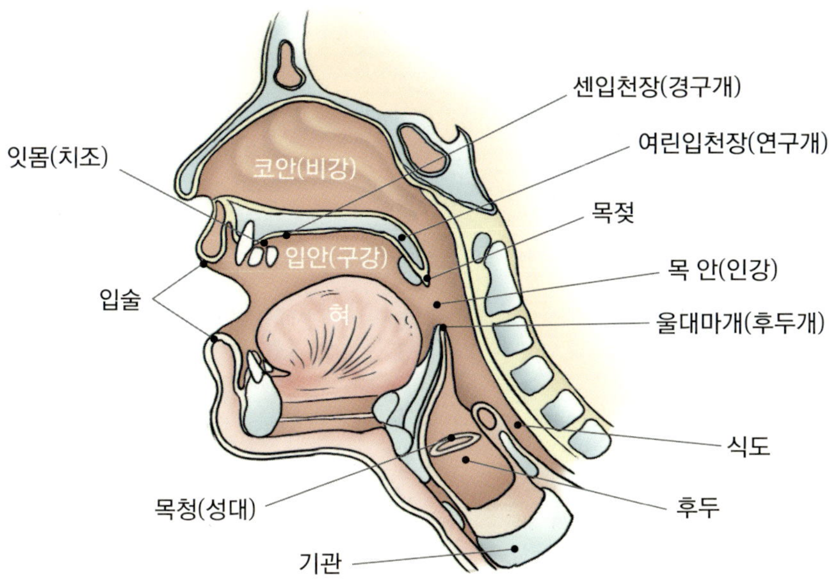

① 입술(lips)

　윗입술과 아랫입술로 나뉠 수 있는데 윗입술은 수동적이고, 아랫입술은 능동적이다. 두 입술을 닿게 하거나 둥글게 또는 평평하게 움직여서 발음을 한다.

② 치조(齒槽, alveolar ridge)

　치경(齒莖)이라고도 하는데 윗잇몸 바로 뒤의 부분이다. 치조에 혀의 앞쪽이 닿아서 발음을 한다.

③ 경구개(硬口蓋, hard palate)

　입천장 앞쪽의 단단한 부분으로 두꺼운 점막으로 덮여 있고 안쪽에 뼈가 있다. 그 앞 끝이 윗잇몸과 연결되어 있다.

④ 연구개(軟口蓋, soft palate)

입천장 뒤쪽의 부드러운 부분으로 경구개의 뒤쪽에 있는 연한 곳인데, 뒤 끝 한 가운데에 목젖이 있다.

⑤ 혀(tongue)

아래턱 부분의 조음 기관으로, 가장 많이 사용되는 기관이다. 혀의 부위에 따라 혀끝을 의미하는 설첨(舌尖)과 바로 뒷부분을 의미하는 설단(舌端)으로 나눌 수도 있다. 경구개에 닿는 혀의 앞부분을 전설이라고 하며, 연구개에 닿는 혀의 뒷부분을 후설이라고 한다.

⑥ 목젖(uvula)

성문을 통과한 공기는 입과 코를 통해 나갈 수도 있는데 이의 조절을 담당하는 기관이다. 입천장의 안쪽 끝에 늘어진 부분으로서 인두벽을 막을 경우 공기가 구강음으로 발음되고, 인두벽을 막지 않을 경우 비강음으로 발음된다.

⑦ 성대(聲帶, vocal cords)

허파로부터 나오는 공기가 제일 먼저 통과하게 되는 조음 기관이다. 입술 모양의 두 근육이 열리고 닫히면서 소리의 흐름을 조절한다. 성대가 떨리면서 나는 소리는 유성음(有聲音, voiced)이라 하고, 성대의 떨림이 없는 소리를 무성음(無聲音, unvoiced)이라고 한다.

⑧ 후두개(喉頭蓋)

혀뿌리의 뒤쪽과 갑상 연골의 윗부분에 돌출한 부분으로, 음식물이 후두로 들어가는 것을 막는 구실을 한다. 고유어로 '울대마개'라고 한다.

2.3. 발음 순서

발음은 숨을 내쉴 때 이루어진다. 허파에서 나오는 공기는 기관을 통해 후두에 있는, 탄력성 있는 근육으로 된 성대를 지나게 된다. 목청이 열려 있는 틈을 성문(聲門)이라 하는데, 대부분의 말소리는 이것이 떨리면서 만들어진다. 성문을 통과한 공기는 후두개를 지나 목안에 이르며, 목안을 지난 공기가 목젖에 의해서 인두벽을 닫을 경우 입안으로 공기가 흐르면서 구강음(口腔音)이 되고, 목젖이 인두벽과 떨어지면 코안으로 공기가 흐르면서 비강음(鼻腔音)이 된다. 비강음은 비음을 가리킨다.

허파 → 기관 → 후두 → 성대 → 성문 → 후두개 → 목안 → 입안 → 구강음 └ 코안 → 비강음

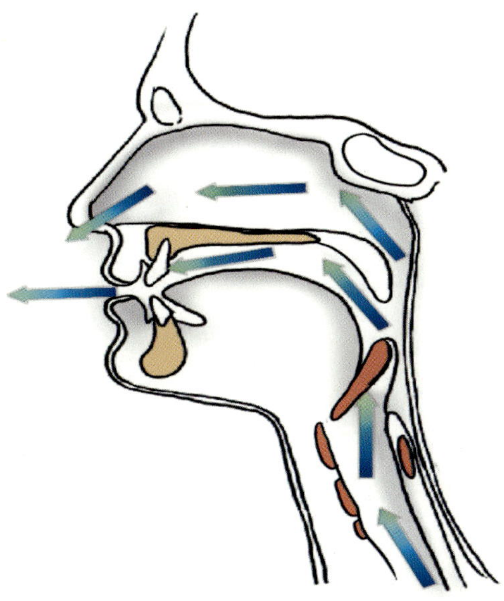

　목젖이 인두벽을 막을 경우 공기가 구강음으로 발음되고, 인두벽을 막지 않을 경우 비강음으로 발음된다. 기류가 비강, 구강, 인두강 안에서 자유롭게 흐르는 자음을 공명음이라고 하고, 그 이외의 자음을 장애음이라고 한다. 자음에서는 유음인 'ㄹ'과 비음인 'ㅁ, ㄴ, ㅇ[ŋ]' 등이 공명음이며, 모든 모음도 공명음이다. 장애음은 파열음, 파찰음, 마찰음인데 이들 자음은 기류를 완전히 막거나, 마찰이 일어날 정도로 좁은 통로로 기류를 내보내서 발음을 하는 자음이다.

1. 발음 기관을 설명하시오.

2. 다음 그림의 조음 기관을 쓰시오.

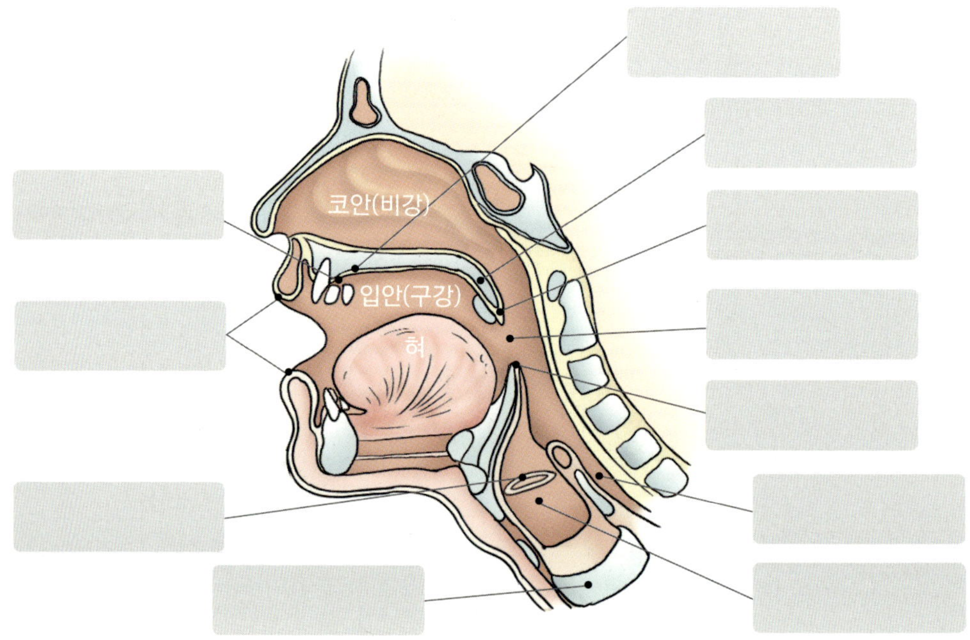

3. 구강음과 비강음의 발음 순서를 설명하시오.

03 발음의 기초

🔍 학습 목표

- 음향, 음성, 음운의 개념을 이해한다.
- 음성과 음운의 차이점을 이해한다.
- 한국어 운소의 종류를 이해한다.
- 한국어 음절 구성 방식을 이해한다.

🔑 주요 용어

음향, 음성, 음운, 음소, 운소, 억양, 음절, 변이음, 불파음, 상보적 분포

3.1. 음향, 음성, 음운

3.1.1. 음향(音響, sound)

① 자연계에 존재하는 대부분의 소리와 울림으로 비분절적 소리이다.
② 사람의 울음소리, 기침소리, 재채기 등도 음향에 속한다.
③ 비분절음으로 의미를 변별적 기능이 없다.

3.1.2. 음성(音聲, voice)

① 말의 뜻을 구별해 주는 말소리의 최소 단위이다.
② 발음 기관을 통해 만들어지는 음운의 실현 단위이며 분절적인 소리이다.
③ 분절음으로 의미의 변별적 기능이 없다.

	음향	음성
공통점	의미와 무관 어느 언어에나 존재	
차이점	자연의 소리	물리적 소리
	비분절음	분절음
	인간의 울음소리, 기침소리, 재채기	인간의 발음 기관을 통해 만들어진 소리

3.1.2. 음운(音韻, phoneme)

① 의미를 구별해 주는 말소리의 최소 단위이다.
② 추상적이고 관념적인 소리로 의미와 관련이 있다.
③ 음운은 분절음 음소(音素)와 비분절음 운소(韻素)로 구성된다.
④ 음소는 '모음, 자음'으로 구분하고, 운소는 '음의 장단, 음의 고저, 강세, 억양' 등
　이 있다.

	음성	음운
공통점	사람의 소리, 분절적, 소리의 최소 단위	
차이점	구체적, 물리적, 개인적 소리	추상적, 관념적, 사회적 소리
	사람마다 다른 음가로 인식	모든 사람들이 동일한 음가로 인식
	실제 발음을 문자로 일일이 기록할 수 없는 다양하고 순간적이며 임시적인 소리	문자로 나타낼 수 있도록 그 수가 한정되어 있으며, 역사적이며 전통적인 소리
	뜻의 차이를 구별할 수 없는 소리	뜻의 차이를 나타내는 소리(변별적)
	언어권이나 시대와 관계없는 일반적인 소리	일정한 언어의 음운 체계와 밀접한 관계를 가지는 소리

　둘 이상의 단어가 각각 같은 위치에 있는 하나의 음운 때문에 의미의 차이를 가져오는 경우를 '최소 대립'이라고 하고 그 짝을 최소 대립쌍(最小對立雙, minimal pair)이라고 한다. '물'과 '불'에서 'ㅁ'과 'ㅂ'은 의미의 변별을 가져오는 기능을 한다.

Tip

어떤 음성들이 한 언어 안에서 의미를 분화시킬 때 그것을 변별이라고 하고, 그러한 기능을 변별적 기능이라고 한다. 이처럼 변별적 기능이 있는 경우에 음운의 자격을 갖는다.

따라서 'ㅁ'과 'ㅂ'은 별개의 음운으로 '최소 대립쌍'이다.

　음운을 이론적으로 표기할 때는 / /로 표기하여 음소에 대해서는 /ㅁ/로 표기하고 읽을 때는 /ㅁ/에 모음 /ㅡ/를 첨가하여 [므]로 읽는다. 음성적 실현인 발음은 [ ]의 기호를 사용한다.

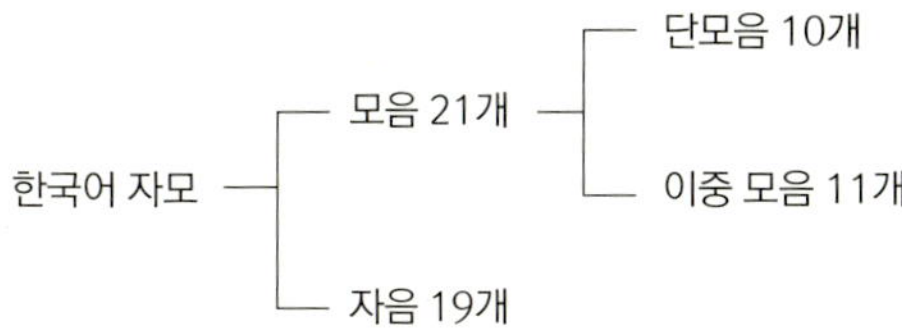

3.2. 음소와 운소

3.2.1. 음소(音素, phoneme)

① 단어의 의미를 구분해 주는 기능을 가진 음의 최소 단위이다.
② 사람들의 머릿속에 같은소리로 인식하는 추상적인 말소리이다.
③ 한국어의 음소에는 모음 21개와 자음 19개로 구성된다.
④ 하나의 음소가 달라지면서 의미가 달라지는 두 개의 짝을 '최소 대립'이라고 한다. '물'과 '풀'에서 'ㅁ'과 'ㅍ'은 두 음을 구별하는 '최소 대립쌍'이라고 한다.

3.2.2. 운소(韻素, prosodeme)

① 음소(분절 음운)와 함께 발음하여 단어의 뜻을 구분해 주는 요소이다.
② 운소는 독립적으로 발음이 불가능하고 음소와 함께 발음해야 한다.
③ '초분절 음운, 비분절 음운, 얹힌 음소'라고 불린다.
④ 한국어에서 음의 길이는 '단어'의 뜻을 구별하고, 억양은 주로 문장 끝에 쓰여서 '문장'의 뜻을 구별해 준다.

(가) 음의 길이(音長, length)

　한국어에서는 같은 모음을 특별히 길게 발음해서 단어의 뜻을 구별하는 경우가 있다. 자음에도 장단이 있을 수 있으나 운율적 자질로서의 음장을 말할 때에는 대개 모음의 길이를 가리키는 것이 일반적이고 장모음은 점 2개를 찍어 [u:], [a:]처럼 나타낸다.

> 하늘에서 내리는 눈이 눈에 들어가면 눈물인가, 눈물인가?
> [하느레서내리는누:니누네드러가면눈:물인가눈물인가]

　'눈[雪]'과 '눈[目]'은 표기는 같고, 발음의 장단에 차이가 있다. 현대 한국어를 사용하는 화자들 중에서 형태만으로 구분이 어렵고, 문맥에서 동음이의어(同音異議語)의 변별이 가능하다. 비록 한자로는 그 의미의 변별이 가능하지만, 한국어 발음만으로는 그 의미의 변별이 불가능하기 때문에 단어의 장단에 따라서 그 의미의 차이를 구분할 수 있다.

분류	예			
고유어	밤[夜]	밤:[栗]	벌[罰]	벌:[蜂]
	발[足]	발:[簾]	배[梨]	배:[倍]
	눈[目]	눈:[雪]	말[馬]	말:[言]
한자어	성인(成人)	성:인(聖人)	가정(家庭)	가:정(假定)
	소식(消息)	소:식(小食)	단모음(單母音)	단:모음(短母音)
용언의 활용형	말다[卷]	말:다[勿]	간다[去]	간:다[磨]
	업다[包]	없:다[無]	적다[記]	적:다[少]

긴소리는 단어의 첫음절에서만 나타나는 것이 일반적인데, 본래 길게 발음되던 것도 둘째 음절 이하에 오면 짧은소리로 발음되는 경우를 볼 수 있다.

거짓 + 말: → 거짓말　　　함박 + 눈: → 함박눈

현대 한국어 화자는 음의 장단을 정확히 구분하지 못하고 있는데, 이는 한국어의 장단음이 비분절음으로 표기에 반영되지 않기 때문이다. 그러나 일본어의 경우에는 모음의 장단이 표기에 반영되어 단어 의미의 변별에 큰 역할을 한다.

단음		장음	
단어	뜻	단어	뜻
おばさん[obasan]	아주머니	おばあさん[oba:san]	할머니
せかい[sekai]	세계	せいかい[se:kai]	정답
おにさん[onisan]	도깨비	おにいさん[oni:san]	오빠
とる[toru]	잡다	とおる[to:ru]	통하다
ゆき[yuki]	눈	ゆうき[yu:ki]	용기

또한 영어의 경우는 철자에 따라서 모음의 장단 구분이 가능하다.

단음		장음	
단어	뜻	단어	뜻
sit[sit]	앉다	seat[si:t]	의자
lid[lid]	뚜껑	lead[li:d]	이끌다
hit[hit]	때리다	heat[hi:t]	열

(나) 음의 높낮이(高低, pitch)

소리의 높낮이는 단어를 구성하는 각 음절에 나타나서 의미를 변별해 주는 '운소'의 일종이다. 진동수가 클수록 소리가 높다. 한국의 함경도나 경상도 방언에서는 음의 높낮이만의 차이로 '손[手]'과 '손[客]'의 구분이 가능하다. 그러나 음의 높낮이에 따라 단어의 의미를 구별하는 방법에 대해서는 표준 발음으로 인정하지 않는다.

경상도 방언에서 동일한 분절음으로 구성된 '자란다'는 음의 높낮이에 따라 다음과 같이 구분이 가능하다(이진호 2005:87).

발음	음절의 높낮이	의미
[자란다]	LHH	잘 한다.
	HHL	자[尺]라고 한다.
	HLL	잘 자라고 한다.
	RHL	저 아이라고 한다.
	FLL	저 아이란다.

음의 높낮이는 고조(H)와 저조(L)가 있고, 이 둘이 한 음절에서 결합하면 상승조(R)와 하강조(F)로 나타난다.

(다) 억양(抑揚, intonation)

억양은 소리의 높낮이가 문장에 실현되어서 문장의 의미를 나타낸다. 억양은 단어보다 큰 단위에서 드러나는데 이를 통해 발화의 의미를 구별할 수 있다. 억양은 말하는 이의 감정이나 태도, 문장의 종류 등을 구별하는 데에 중요한 역할을 한다. 억양이 문장의 서술어에 얹혀서 표현되는 경우에는 문장 종류를 결정하는 기능을 한다.

문장	억양	문장 종류	느낌
지금 학교 가? ↗	상승조	의문문	
지금 학교 가. ↘	하강조	평서문	부드러운 느낌
지금 학교 가! →	평탄조	명령문	사무적인 느낌

같은 문장이라도 의문문은 상승조로 실현하고, 평서문은 하강조의 부드러운 느낌으로 실현한다. 이에 비해 평탄조는 단정적이고 사무적인 느낌의 권위적인 명령문에 주로 나타난다. 유창한 한국어를 사용하기 위해서는 억양의 정확한 사용법을 익혀야 할 필요가 있다.

단어	억양	의미
예	↗상승조	놀람, 반문
	↘하강조	긍정적 확인
그래	↗상승조	의문, 놀람, 반문
	↘하강조	인정

'예'나 '그래'처럼 단어가 하나의 문장으로 실현되는 경우에도 단어의 상승조와 하강조에 따른 억양의 선택에 의해서 의미적 차이가 보인다.

문장	억양
너 학교에 갈 거니, 안 갈 거니?	너 학교에 갈 거니, ↗안 갈 거니? ↘
밖에 추워, 안 추워?	밖에 추워, ↗안 추워? ↘
술 먹을래, 영화 볼래?	술 먹을래, ↗영화 볼래? ↘

선택 의문문인 경우에는 쉼표 앞 문장은 상승조, 뒤 문장은 하강조로 표현해야 한다. 선택 의문문에서 억양 표현이 부정확하면 청자는 앞 문장을 연결어미로 생각하게 되고, 뒤 문장의 내용만 기억하고 판정 의문문으로 오해하게 된다.

문장을 발화할 때, 억양 패턴에 따라서 평서문이 되기도 하고 의문문이 되기도 하며, 각각의 문장에서 억양에 따라서 미묘한 의미적 차이가 나타나기도 한다. '학교에 갔어.'라는 문장을 평서문과 의문문으로 나누어서 어감의 차이를 다음과 같이 설명하고 있다(한재영 외 2003:29-30).

① 평서문

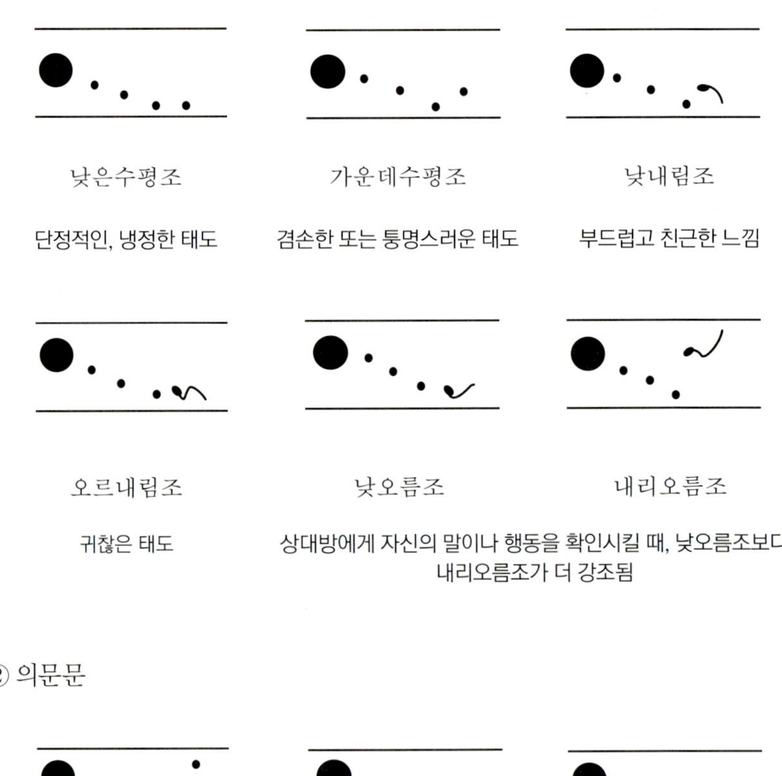

② 의문문

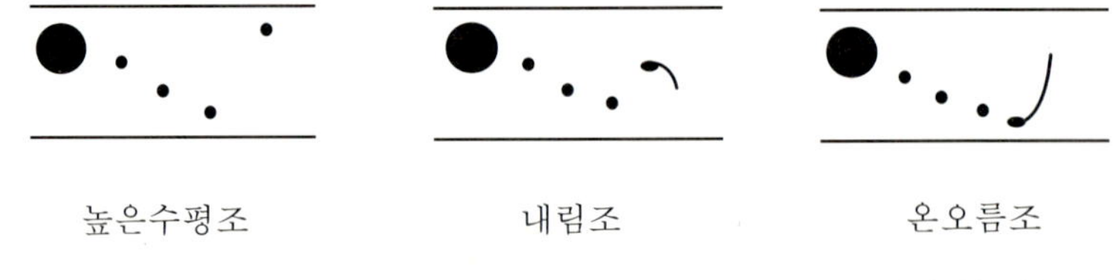

3.3. 음절(音節, syllable)

3.3.1. 개념

① 발음할 때 한 번에 낼 수 있는 소리마디이다.

② 음절은 의미와 전혀 관계가 없는 '말소리의 단위'로 음성학적 단위이다.

③ 음절은 반드시 모음이 있어야 구성된다. 따라서 한국어의 경우 모음을 성절음(成節音)이라고 한다.

표기	집 앞으로 맑은 물이 흐른다.
음절	[지바프로말근무리흐른다]

음절은 모음을 기준으로 11개의 음절로 구성되어 있다. 음절은 표기와 달리 연철과 음운 현상을 반영한 결과를 표시한다. 음절은 단독으로 발화할 수 있는 최소 단위이다. 한국어에서 모음은 단독으로 발음할 수 있지만, 자음은 앞이나 뒤에 모음과 결합해야지 발화할 수 있다.

3.3.2. 음절의 구성

음절의 구성 성분은 초성(初聲, initial), 중성(中聲, medial), 종성(終聲, final)으로 나눌 수 있다.

	위치	기능	자격	예
초성	음절의 앞부분	부가 성분	자음	'강'의 'ㄱ'
중성	음절의 중심부	필수 성분	모음	'강'의 'ㅏ'
종성	음절의 뒷부분	부가 성분	자음	'강'의 'ㅇ'

Tip

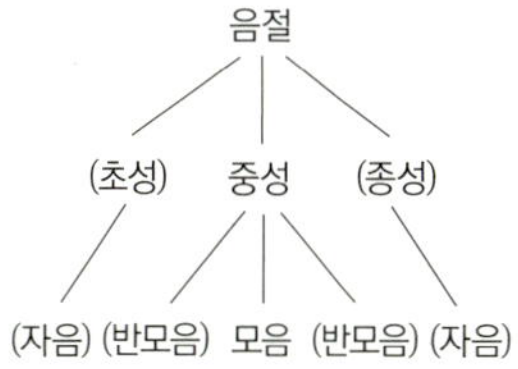

3.3.3. 음절의 유형

한국어의 음절 유형은 자음(C)과 모음(V)의 결합 방식에 따라서 4가지로 구분한다. 그러나 모음을 단모음과 반모음으로 구분하면 9가지로 늘어난다.

유형	예
① 모음	아, 에, 예, 와…
② 자음+모음	가, 게, 계, 과…
③ 모음+자음	악, 엑, 옐, 왈…
④ 자음+모음+자음	각, 날, 독, 북…

Tip

음절 구성 제약
- 초성: 18개 자음('ㅇ' 제외)
- 중성: 21개 모음
- 종성: 7개 자음(ㄱ, ㄴ, ㄷ, ㄹ, ㅁ, ㅂ, ㅇ)

'값'의 받침은 'ㅄ'으로 표기되어 있지만 발음은 'ㅅ'이 탈락한다. 한국어에서는 CVCC의 음절 구조가 없기 때문에 '값' 자체를 그대로 발음할 수 없고, CVC 음절 구조로 [갑]으로 발음한다. 영어 단어 'milk[milk]'의 발음은 1음절이지만 한국어의 음절 구조상 음절의 끝소리에 자음과 자음이 연속하여 올 수 없기 때문에, 연속되는 둘 이상의 자음을 발음할 수 없다. 따라서 이 단어를 한국어로 굳이 한 음절로 발음하거나 적으려고 한다면 [밀]이나 [믹]이 될 수밖에 없다. 그러나 그렇게 되면 원래의 발음과는 완전히 달라지기 때문에, 우리는 어쩔 수 없이 모음 [의]를 첨가하여 두 음절로 나누어 [밀크]라고 발음하게 된다.

3.4. 변이음(變異音, allophone)

3.4.1. 개념

하나의 음소가 환경에 따라 각기 다른 음성으로 실현되는 발음이다. '먹는'은 어간 '먹-'과 '-는'이 결합하는데, '먹는[멍는]'을 발음할 때, 첫 번째 음절의 종성 [ㄱ]이 [ㅇ]으로 발음한다. 이와 같이 개별 언어의 화자가 인식하지 못하는 음소의 변화를 '변이'라고 하고, 이러한 변이로 인해서 실제로 실현되는 음을 변이음 또는 이음이라고 한다.

3.4.2. 특징

① 하나의 음운이 언어 환경에 따라서 발음상의 차이가 있다.
② 한국어에서 음소들도 여러 변이음을 갖는데, 모음에 비해 자음의 변이음이 더 다양하다.
③ 각각의 변이음이 분포하는 환경은 서로 배타적이기 때문에 상보적 분포라고 한다.
④ 서로 다른 소리가 상보적 분포를 이루면 두 음은 별개의 음소라기보다 한 음소의 변이음일 가능성이 크다.

3.4.3. 변이음 종류

(1) 'ㅂ, ㄱ, ㄷ'의 변이음

	위치		
	어두	유성음 사이	음절말
	무성 외파음	유성 외파음	무성 미파음(= 불파음)
ㅂ	[p]	[b]	[p˺]
	바지, 바람	아버지, 이불	삽, 겁
ㄱ	[k]	[g]	[k˺]
	고을, 구름	감기, 개구리, 아기	바닥, 미역
ㄷ	[t]	[d]	[t˺]
	도랑, 다리	마당, 사다리	곧, 믿고

Tip
모든 음운들은 다양한 변이음들을 가지지만 모음보다는 자음에서 변이음의 차이가 더 두드러진다.

Tip
[p], [b], [p˺]는 하나의 '음소'이고, /p/의 '변이음'은 [p], [b], [p˺]이다.

(2) 'ㄹ'의 변이음

	위치	
	음절말, 'ㄹ' 뒤	'ㄹ' 뒤를 제외한 음절 초
	설측음	탄설음
ㄹ	[l]	[r]
	날, 물론	라면, 노루

(3) 'ㅎ'의 변이음

	위치			
	'우, 위' 앞	'이, y-계 이중 모음' 앞	'으' 앞	그 외의 모음 앞
	양순 마찰음	경구개 마찰음	연구개 마찰음	후두 마찰음
ㅎ	[ɸ]	[ç]	[x]	[h]
	휘다, 후진	힘, 효도	흙, 흐르다	하늘, 호랑이

(4) 'ㄴ, ㅅ'의 변이음

	위치	
	'이, y-계 이중 모음' 앞	그 외의 환경
	경구개 비음	치조 비음
ㄴ	[ɲ]	[n]
	은닉, 시늉, 녀석	나라, 노루
	경구개 마찰음	치조 마찰음
ㅅ	[ʃ]	[s]
	시작, 하셔서	소라, 사람

3.5. 불파음(不波音, unreleased sound)

폐쇄음은 '폐쇄-지속-파열'의 3단계를 거쳐서 발음한다. '밥'의 종성 [ㅂ]는 마지막 파열 단계가 없다. 한국어의 자음은 파열 단계를 가지지 않게 되는데, 이러한 소리를 '불파음'이라고 한다. 파열이 생기는 단계는 폐쇄를 일으킬 때 구강 안에서 생기는 내파, 폐쇄를 개방할 때 생기는 외파로 나눌 수 있다. 일반적인 파열음은 내파음만 들린다. 한국어는 'ㅂ, ㄷ, ㄱ'이 음절말에서 'ㅂ[p̚], ㄷ[t̚], ㄱ[k̚]' 등으로 실현되는 불파음이다.

상보적 분포는 문법 형태에서도 나타나는데 조사 '을'과 '를'은 앞 체언이 자음 종성일 경우는 '을'과 결합하고, 모음 종성일 경우는 '를'과 결합한다.

3.6. 상보적 분포(相補的 分布, complementary distribution)

3.6.1. 개념

한국어에서 한 음소의 변이음은 일정한 음성 환경에서 자동적으로 일어나기 때문에 '배타적 분포' 또는 '상보적 분포'라고 한다.

단어		환경	발음
곰	[kom]	어두	무성 파열음 [k]
자기	[jagi]	유성음 사이	유성 파열음 [g]
목	[mokˇ]	음절말	무성 불파음 [kˇ]

'곰, 자기, 목'을 발음할 때 [ㄱ]는 음운 환경에 따라서 각각 다른 발음을 하며 이들이 발음되는 3개의 음운 환경은 변하지 않고 일정한 규칙이 있다. 이때 [k]-[g]-[kˇ]는 '상보적 분포'를 가진다고 한다.

3.6.2. 상보적 분포와 변이음

한국어에서 '감기'라는 단어의 첫음절의 'ㄱ'과 두 번째 음절의 'ㄱ'의 발음이 다른데 음절의 위치에 따라서 각각 [k]와 [g]로 발음이 된다. 즉 두 번째 음절에서 [k]가 유성음과 모음 사이에서 유성 파열음 [g]으로 성격이 바뀌게 된다. 또한 '목'에서 종성은 불파음 [kˇ]로 발음한다. 이처럼 한국어에서 [k]와 [g], [kˇ]는 절대로 동일한 위치에서 실현되지 않는 상보적 분포를 이룬다. 그러나 한국어 화자들은 이들을 하나의 음소 [ㄱ]로 인식하기 때문에 음절의 위치에 따라서 각각 다르게 실현되는 음소 '[k]-[g]-[kˇ]' 등의 변이음의 차이를 지각하지 못한다.

반면, 영어에서는 [k]와 [g]는 동일한 위치에 올 수 있으므로 별개의 음소로 인정한다. 이 두 음의 차이는 한국어에서는 변이음의 차이로 보지만 영어 화자는 'coal[koʊl]'과 'goal[goʊl]'에서 보이는 초성의 [k]와 [g]를 각각 개별적인 음소로 인식한다.

1. 음향과 음성의 공통점과 차이점을 설명하시오.

2. 다음 중 음운에 대한 설명으로 틀린 것을 고르시오.

① 말의 뜻을 구별하여 주는 소리의 가장 작은 단위이다.
② 모음은 단모음 10개와 이중 모음 11개로 이루어진다.
③ 자음은 소리 내는 위치에 따라 안울림소리와 울림소리로 나눈다.
④ 자음은 소리를 낼 때 공기의 흐름이 발음 기관에 의해 장애를 받으며 나는 소리이다.
⑤ 모음은 소리를 낼 때 공기의 흐름이 발음 기관에 의해 장애를 받지 않고 나는 소리이다.

답 ③ (해설) 자음은 소리 내는 방법에 따라 안울림소리와 울림소리로 나눈다.

3. 다음 괄호에 알맞은 단어를 쓰시오.

> [ㄱ]는 음운 환경에 따라서 [k]-[g]-[kʰ] 등의 발음이 가능하며 이들 세 음소가 나타나는 환경은 서로 뒤바뀌지 않는다. 이럴 때 [k]-[g]-[kʰ]는 서로 (①)을/를 가진다. 따라서 한국어에서 [ㄱ]는 발음 환경에 따라서 세 개의 (②)이/가 있다.

답 ① 상보적 분포 또는 배타적 분포, ② 변이음

4. 한국어 음절 구성 방식에 대해서 설명하시오.

5. 변이음과 상보적 분포의 관계에 대해서 설명하시오.

04 한국어 모음 체계

 **학습 목표**

- 한국어 모음의 특징을 이해한다.
- 한국어 단모음 체계를 이해한다.
- 한국어 이중 모음 체계를 이해한다.
- 한국어 반모음을 이해한다.
- 한국어 'ㅚ, ㅟ, ㅢ'에 대한 발음을 이해한다.

주요 용어

단모음, 이중 모음, 반모음, 전설 모음, 후설 모음, 원순 모음, 평순 모음

4.1. 한국어 모음의 특징

① 발음할 때 성대를 진동하고 나온 기류가 발음 기관에 방해를 받지 않고 나는 소리이다.

② 모음 단독으로 음절을 구성하여 발음할 수 있다.

③ 단모음 10개와 이중 모음 11개로 구성된다.

> **참고**
>
> 〈표준 발음법〉 제3항
> 표준어의 모음은 다음 21개로 한다.
> ㅏ, ㅐ, ㅑ, ㅒ, ㅓ, ㅔ, ㅕ, ㅖ, ㅗ, ㅘ, ㅙ, ㅚ, ㅛ, ㅜ, ㅝ, ㅞ, ㅟ, ㅠ, ㅡ, ㅢ, ㅣ

모음
- 단모음: ㅏ, ㅐ, ㅓ, ㅔ, ㅗ, ㅚ, ㅜ, ㅟ, ㅡ, ㅣ (10개)
- 이중 모음: ㅑ, ㅒ, ㅕ, ㅖ, ㅛ, ㅘ, ㅙ, ㅝ, ㅞ, ㅠ, ㅢ (11개)

> **참고**
>
> 〈표준 발음법〉 제4항
> 'ㅏ ㅐ ㅓ ㅔ ㅗ ㅚ ㅜ ㅟ ㅡ ㅣ'는 단모음으로 발음한다.
> [붙임] 'ㅚ, ㅟ'는 이중 모음으로 발음할 수 있다.

4.2. 단모음(單母音, single-vowel)

4.2.1. 개념

발음하는 도중에 혀나 입술이 고정되어 움직이지 않고 발음하는 모음이다.

4.2.2. 단모음 체계

(가) 단모음 체계

<table>
<tr><td rowspan="2">혀의 전후
입술 모양
혀의 고저</td><td colspan="2">전설모음</td><td colspan="2">후설모음</td></tr>
<tr><td>평순</td><td>원순</td><td>평순</td><td>원순</td></tr>
<tr><td>고모음</td><td>ㅣ(i)</td><td>ㅟ(y)</td><td>ㅡ(ɨ)</td><td>ㅜ(u)</td></tr>
<tr><td>중모음</td><td>ㅔ(e)</td><td>ㅚ(ø)</td><td>ㅓ(ə)</td><td>ㅗ(o)</td></tr>
<tr><td>저모음</td><td>ㅐ(ɛ)</td><td></td><td>ㅏ(a)</td><td></td></tr>
</table>

Tip

· 표준 발음(원칙): ㅏ, ㅐ, ㅓ, ㅔ, ㅗ, ㅚ, ㅜ, ㅟ, ㅡ, ㅣ (10개)

· 표준 발음(허용): ㅏ, ㅐ, ㅓ, ㅔ, ㅗ, ㅜ, ㅡ, ㅣ (8개)

· 현실 발음: ㅏ, ㅐ, ㅓ, ㅗ, ㅜ, ㅡ, ㅣ (7개)

(나) 단모음 4각도

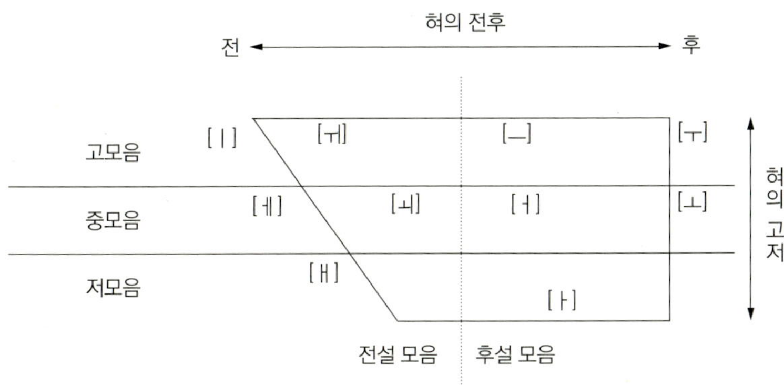

- **주의해야 할 모음의 발음**

① 'ㅔ'와 'ㅐ'

전설 평순 중모음 'ㅔ[e]'와 전설 평순 저모음 'ㅐ[ɛ]'의 구별이 어렵고 현대 한국어는 'ㅔ'가 'ㅐ'에 가깝게 실현되며 통합되어 가는 실정이다. 이러한 발음 습관을 교정하려면 'ㅔ'를 발음할 때 'ㅐ'보다 입을 더 닫고 경구개와 앞 혀의 간격을 좁혀 발음하여야 한다.

② 'ㅗ'와 'ㅜ'

중부 방언의 경우 2음절 이하에 오는 'ㅗ[o]'를 'ㅜ[u]'로 잘못 발음하는 경향도 꽤 보편적으로 나타는 현상 중의 하나이다. 어미 '-고, -고요'를 [-구, -구요]로 발음한다든가 조사 '(으)로'와 '도'를 [(으)루], [두]로 발음하는 경우가 대표적인 예이다. 삼촌[삼춘], 사돈[사둔], 부조[부주]로 발음하는 경우도 같은 예에 속하는 것들이다.

(다) 단모음 발음 방법

모음	내용	방법	
ㅣ	혀를 최대한 높이고 또 최대한 앞으로 내밀어 입술을 평평하게 하고 발음을 한다.		
ㅔ	혀의 높이를 중간 정도로 하고 앞으로 내밀어 입술을 평평하게 하고 발음을 한다.		

ㅐ	혀를 최대한 낮추고 앞으로 내밀어 입술을 평평하게 하고 발음을 한다.	 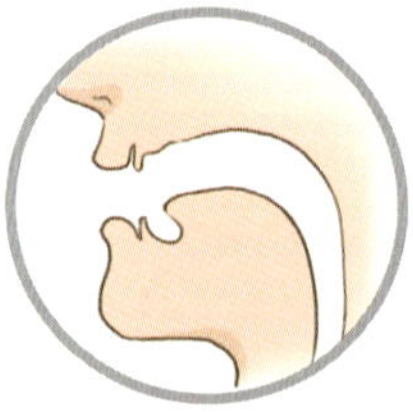
ㅟ	혀를 높이고 앞으로 내밀어 입술을 둥글게 하고 발음을 한다.	 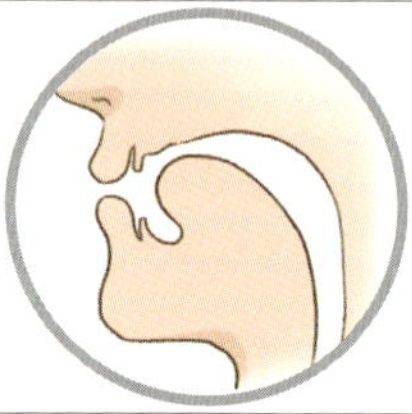
ㅚ	혀의 높이를 중간 정도로 하고 앞으로 내밀어 입술을 둥글게 하고 발음을 한다.	 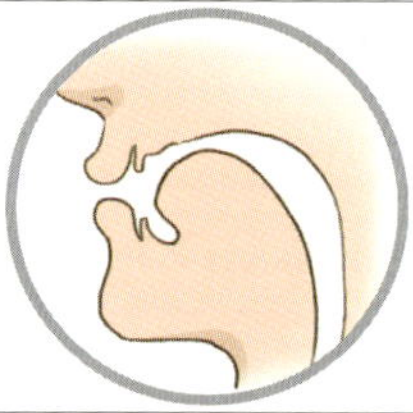
ㅡ	혀를 가장 높이고 뒤로 하여 입술을 평평하게 하고 발음을 한다.	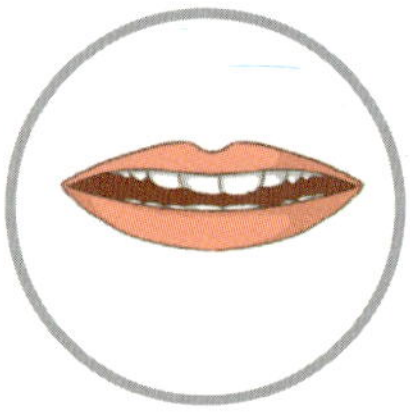 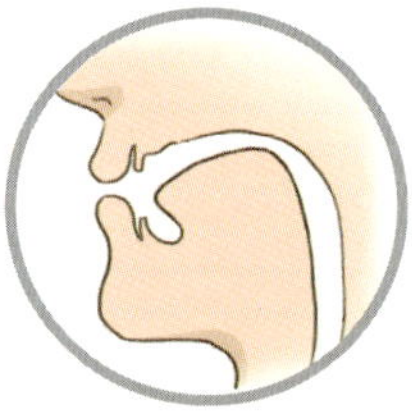
ㅓ	혀를 뒤로 하고 중간 높이로 하여 입술을 평평하게 하고 발음을 한다.	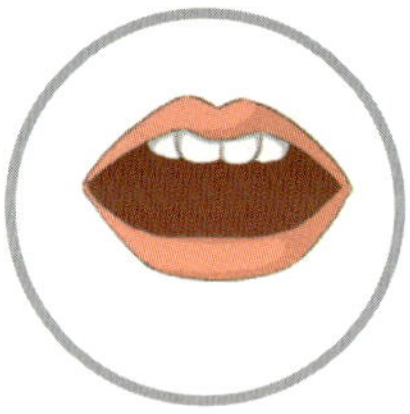 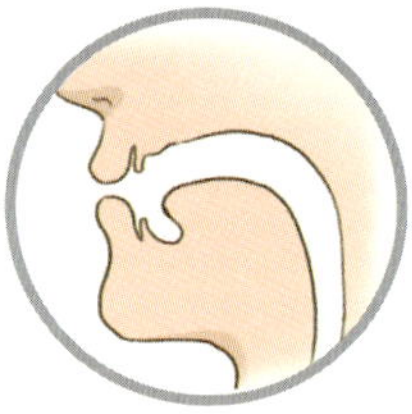
ㅏ	혀를 뒤로 하고 가장 낮추어 입술을 평평하게 하고 발음을 한다.	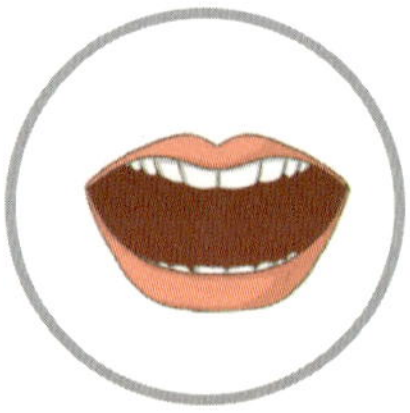 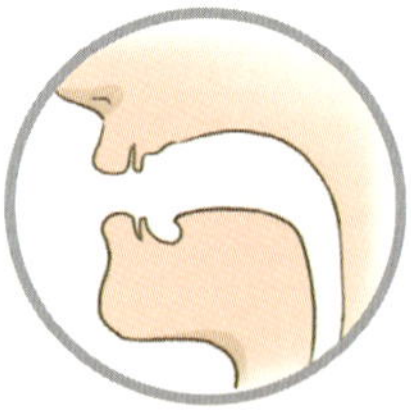
ㅜ	혀를 뒤로 하고 가장 높여 입술을 둥글게 하고 발음을 한다.	 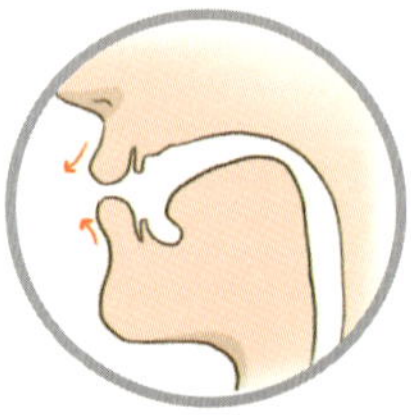

		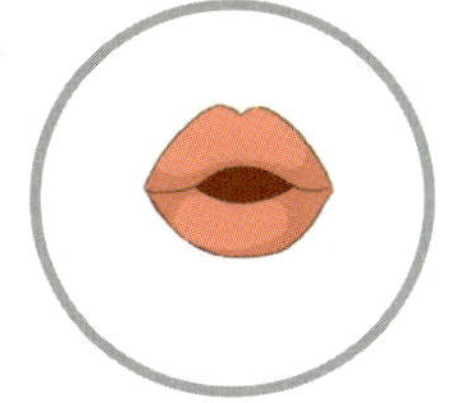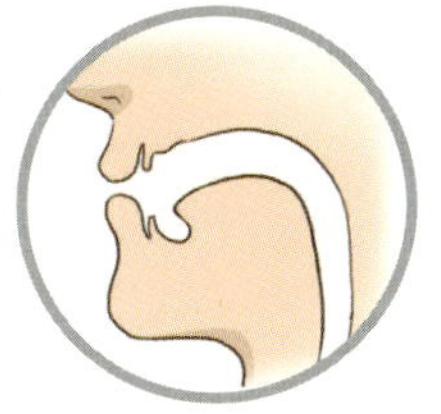
ㅗ	혀를 뒤로 하고 중간 높이로 하여 입술을 둥글게 하고 발음을 한다.	

4.2.3. 단모음의 분류

(가) 혀의 고저 위치

고모음은 발음할 때에 입이 조금 열려서 혀의 위치가 높은 모음이고, 중모음은 그보다는 입이 더 열려서 혀의 위치가 중간인 모음이며, 저모음은 입이 크게 열려서 혀의 위치가 낮은 모음을 가리킨다.

구분	특징	예
고모음	입을 조금 열고 혀를 높여서 소리 나는 모음	ㅣ, ㅟ, ㅡ, ㅜ
중모음	입을 보통으로 열고 혀의 높이를 중간으로 하여 소리 나는 모음	ㅔ, ㅚ, ㅓ, ㅗ
저모음	입을 크게 벌리고 혀의 위치를 가장 낮추어 소리 나는 모음	ㅐ, ㅏ

(나) 혀의 전후 위치

전설 모음은 입천장의 중간점을 기준으로 하여 혀가 그 앞부분에 있을 때 발음되는 모음이고, 후설 모음은 뒷부분에서 발음하는 모음을 가리킨다.

구분	특징	예
전설 모음	혀가 앞쪽에 있을 때 소리 나는 모음	ㅣ, ㅔ, ㅐ, ㅟ, ㅚ
후설 모음	혀가 뒤쪽에 있을 때 소리 나는 모음	ㅡ, ㅓ, ㅏ, ㅜ, ㅗ

(다) 입술의 모양

원순 모음은 발음할 때에 입술을 둥글게 오므려 내는 모음이고, 평순 모음은 그렇지 않은 모음이다.

구분	특징	예
원순 모음	입술 모양이 둥근 상태에서 소리 나는 모음	ㅜ, ㅗ, ㅟ, ㅚ
평순 모음	입술 모양이 평평한 상태에서 소리 나는 모음	ㅣ, ㅔ, ㅐ, ㅡ, ㅓ, ㅏ

4.2.4. 'ㅟ'와 'ㅚ'

현대 한국어 모음에서 'ㅟ, ㅚ'는 단모음 체계에 포함하고 있으나, 〈표준 발음법〉 제4항에서 이중 모음으로 발음하는 것도 허용하고 있다.

전설 원순 모음인 'ㅚ[ø], ㅟ[y]'는 원칙적으로 단모음으로 규정한다. 정확한 발음은 두 입술을 둥글게 한 다음, 그 입술 모양을 그대로 유지하면서, 'ㅚ[ø]'는 'ㅔ[e]'를 발음하듯이, 'ㅟ[y]'는 'ㅣ[i]'를 발음하듯이 발음하여야 한다.

	표준 발음	허용 발음
되다	[되다]	[뒈다]
최다	[최:다]	[췌:다]
쇠다	[쇠다]	[쉐다]
금괴(金塊)	[금괴]	[금궤]
외국	[외:국]	[웨:국]
내외	[내:외]	[내:웨]
외면	[외:면]	[웨:면]

■ 'ㅟ'와 'ㅚ'의 발음

	유형	발음	예
[ㅟ]	단모음	[y]	뉘, 뒤, 취나물, 쉽다, 아쉽다
	이중 모음	[wi]	위, 휘, 가위
[ㅚ]	단모음	[ø]	뵙다, 뫼시다, 참외밭
	이중 모음	[we]	외가, 과외, 금괴

4.3. 이중 모음(二重母音, diphthong)

4.3.1. 개념

① 이중 모음은 반모음과 단모음이 합하여 나는 소리로 혀와 입술이 일정한 자리에서 시작하여 다른 자리로 옮겨 가면서 나는 발음이다.
② 두 모음이 결합하여 연속되는 두 개의 음을 한 음절로 발음한다.

4.3.2. 종류

한국어의 이중 모음은 총 11개이다. 'ㅟ'와 'ㅚ'는 이중 모음으로도 발음이 가능한데, 'ㅚ'는 'ㅞ'와 발음이 매우 유사하다.

	유형	용례	비고
상향 이중 모음	전설 이중 모음 ĭ계	ㅑ, ㅒ, ㅕ, ㅖ, ㅛ, ㅠ	반모음 'ĭ[j]'로 시작하는 이중 모음
	원순 이중 모음 ㅗ/ㅜ계	ㅘ, ㅙ, ㅝ, ㅞ	반모음 'ㅗ/ㅜ[w]'로 시작하는 이중 모음
하향 이중 모음	'ㅡ' + 반모음 ĭ	ㅢ	모음 'ㅡ'와 반모음 'ĭ'가 결합한 이중 모음

(가) 전설 이중 모음

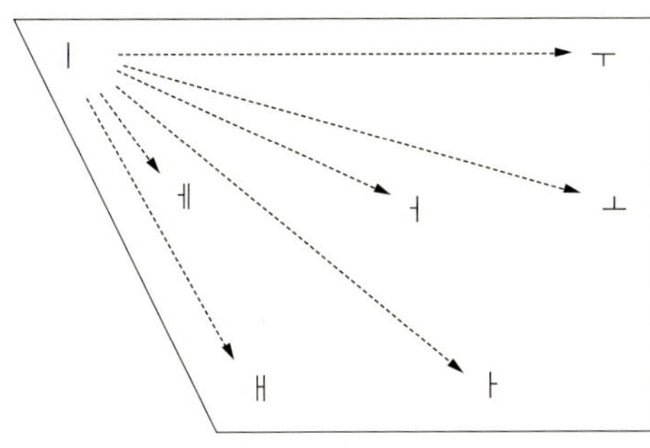

[ㅣ]는 짧고 약하게 발음하고, 뒤에 모음 [ㅜ, ㅗ, ㅓ, ㅔ, ㅐ, ㅏ]를 연속해서 발음한다.

[ㅣ] + [ㅜ] → [ㅠ]

[ㅣ] + [ㅗ] → [ㅛ]

[ㅣ] + [ㅓ] → [ㅕ]

[ㅣ] + [ㅔ] → [ㅖ]

[ㅣ] + [ㅐ] → [ㅒ]

[ㅣ] + [ㅏ] → [ㅑ]

(나) 원순 이중 모음

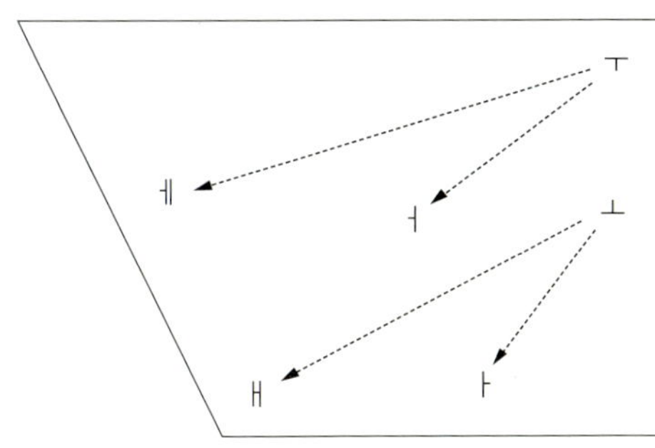

[ㅜ/ㅗ]는 짧고 약하게 발음하고, 뒤에 모음 [ㅔ, ㅓ, ㅐ, ㅏ]를 연속해서 발음한다.

[ㅜ] + [ㅔ] → [ㅞ]

[ㅜ] + [ㅓ] → [ㅝ]

[ㅗ] + [ㅐ] → [ㅙ]

[ㅗ] + [ㅏ] → [ㅘ]

Tip

· 표준 발음(원칙): ㅑ, ㅐ, ㅕ, ㅖ, ㅘ, ㅙ, ㅛ, ㅝ, ㅞ, ㅠ, ㅢ (11개)

· 표준 발음(허용): ㅑ, ㅒ, ㅕ, ㅖ, ㅘ, ㅙ, ㅛ, ㅝ, ㅞ, ㅟ, ㅠ, ㅢ (12개)

· 현실 발음: ㅑ, ㅒ, ㅕ, ㅘ, ㅙ, ㅛ, ㅝ, ㅟ, ㅠ, ㅢ (10개)

Tip

나찬연(2013나: 23) 참조

4.3.3. 이중 모음 발음

① 용언의 활용형 '져, 쪄, 쳐'의 발음

'ㅈ, ㅉ, ㅊ' 다음의 [ㅕ]는 이중 모음으로 발음하지 않고 단모음으로 발음한다.

〈표준 발음법〉 제5항

표기	발음	예
져	[저]	가지어 → 가져[가저], 다지어 → 다져[다저], 지어 → 져[저]
쪄	[쩌]	살찌어 → 살쪄[살쩌], 찌어 → 쪄[쩌]
쳐	[처]	다치어 → 다쳐[다처], 바치어 → 바쳐[바처], 치어 → 쳐[처] 돋치어 → 돋쳐[돋처], 굳히어 → 굳혀[구처] 잊히어 → 잊혀[이처], 붙이어 → 붙여[부처]

② '예, 례' 이외의 'ㅖ'는 [ㅔ]로도 발음

	첫음절			둘째 음절		
	단어	원칙	허용	단어	원칙	허용
계	계집 계시다 계산(計算)	[계:집] [계:시다] [계:산]	[게:집] [게:시다] [게:산]	통계(統計) 시계(時計) 연계(連繫)	[통:계] [시계] [연계]	[통:게] [시게] [연게]
몌	몌별(袂別)	[몌별]	[메별]	단몌(短袂)	[단:몌]	[단:메]
폐	폐단(弊端)	[폐:단]	[페:단]	밀폐(密閉) 개폐(開閉)	[밀폐] [개폐]	[밀페] [개페]
혜	혜성(彗星) 혜택(惠澤)	[혜:성] [혜:택]	[혜:성] [헤:택]	은혜(恩惠) 지혜(知慧)	[은혜] [지혜]	[은혜] [지혜]

③ 'ㅢ' 발음

환경	발음	예	비고
모음 첫음절	[ㅢ]	의미[의:미], 의의(意義)[의:의/의:이]	
자음＋ 첫음절	[ㅣ]	닁큼[닝큼], 늴리리[닐리리]	[ㅣ]로 발음하고 [ㅢ]나 [ㅡ]로 발음하지 않음
		띄어쓰기[띠어쓰기], 귀띔[귀띰]	
		씌어[씨어]	
		틔어[티어]	
		희망[히망], 희어[히어], 희떱다[히떱다] 희미하다[히미하다], 흰무리[힌무리]	
첫음절 이외	[ㅢ] 또는 [ㅣ]	주의(主義)[주의/주이], 내의(內衣)[내:의/내:이] 협의(協議)[혀븨/혀비], 문의(問議)[무:늬/무:니] 성의(誠意)[성의/성이]	[ㅢ]가 원칙 [ㅣ]는 허용
조사	[ㅢ] 또는 [ㅔ]	우리의[우리의/우리에] 강의(講義)의[강:의의/강:의에/강:이의/강:이에]	
첫음절 이외 자음 뒤	[ㅣ]	유희[유히], 무늬[무니], 오늬[오니], 보늬[보니] 하늬바람[하니바람]	

④ 주의해야 할 '의' 발음

	원칙	허용 발음
의사들의 의복	[의사드릐의복]	[의사드레의복]
적십자사 창설의 의의	[적씹짜사창:서릐의:의]	[적씹짜사창:서릐의:이] [적씹짜사창:서레의:의] [적씹짜사창:서레의:이]

4.4. 반모음(半母音, semi-vowel)

4.4.1. 개념

① 반모음은 발음할 때 고정된 위치에 오래 머무르지 않고 잠깐 스쳐 지나간다.
② 발음할 때 장애를 받지 않기 때문에 반모음이라 한다.
③ 발음할 때 모음과 함께 발음하기 때문에 반자음이라 한다.
④ 반모음은 스스로 음절을 이루지 못하므로 온전한 모음이 되지는 못한다.

4.4.2. 종류

한국어에서 '와'와 '워'는 '오＋아', '우＋어'의 결합인 것 같지만, 실제로 각 모음의 시작 부분은 완전한 '오'와 '우'로 발음되지 않는다. 또한 끝부분에서는 '와'와 '워'의 완전한 모음으로 실현되지 않기 때문에 이것을 반모음 또는 활음이라고 부른다.

ǐ [j]	혀가 'ㅣ'의 자리에서 다음 자리로 옮겨 갈 때 발음하는 반모음
ㅗ/ㅜ [w]	혀가 'ㅗ/ㅜ' 자리에서 다음 자리로 옮겨 갈 때 발음하는 반모음

한국어의 반모음 '야', '와', '워'는 각각 'ǐ＋ㅏ, ㅗ＋ㅏ, ㅜ＋ㅓ'로 분석할 수 있다. 반모음은 모음적인 요소와 자음적인 요소를 모두 가지고 있다. 반모음은 모음과 유사하게 발음되지만 모음 '이, 오, 우'를 발음할 때보다 혀가 더 높은 위치에서 발음한다. 그러나 자음처럼 기류의 흐름을 완전히 막지는 않는다.

Tip

[j]: 전설이면서 평순이되 혀의 높이는 고모음보다 높음
[w]: 후설이면서 원순이되 혀의 높이는 고모음보다 높음

1. 한국어의 단모음 체계를 보고 빈칸을 채우시오.

혀의 전후 입술 모양 혀의 고저				
	평순	원순	평순	원순
고모음				

2. 다음 발음법을 보고 해당 모음을 쓰시오.

발음 방법	모음
① 혀를 가장 높이고 뒤로 하여 입술을 평평하게 하고 발음을 한다.	
② 혀를 높이고 앞으로 내밀어 입술을 둥글게 하고 발음을 한다.	
③ 혀를 뒤로 하고 가장 낮추어 입술을 평평하게 하고 발음을 한다.	
④ 혀를 뒤로 하고 가장 높여 입술을 둥글게 하고 발음을 한다.	
⑤ 혀를 뒤로 하고 중간 높이로 하여 입술을 둥글게 하고 발음을 한다.	
⑥ 혀를 뒤로 하고 중간 높이로 하여 입술을 평평하게 하고 발음을 한다.	
⑦ 혀를 최대한 낮추고 앞으로 내밀어 입술을 평평하게 하고 발음을 한다.	

3. 이중 모음은 (   )와/과 (   )이/가 합하여 나는 소리로 혀가 일정한 자리에서 시작하여 다른 자리로 옮겨 가면서 나는 발음이다.

◉ **답** 반모음, 단모음 (해설) 반모음과 단모음을 연속으로 한 음절로 발음한다.

4. 다음 중 모음 'ㅗ, ㅜ, ㅚ, ㅟ'의 공통점으로 맞는 것을 고르시오.

① 혀의 앞부분에서 발음한다.
② 발음할 때 혀의 높이가 낮다.
③ 목청의 울림이 없이 소리 난다.
④ 입술을 둥글게 오므려 발음한다.
⑤ 발음할 때 입술의 모양이 바뀐다.

◉ **답** ④ (해설) 'ㅗ, ㅜ, ㅚ, ㅟ'는 모두 발음할 때 입술 모양이 둥글게 되는 원순 모음이다. ①은 전설 모음, ②는 저모음, ③은 무성음, ⑤는 이중 모음에 대한 설명이다.

05 한국어 자음 체계

🔍 학습 목표

- 한국어 자음의 특징을 이해한다.
- 한국어 자음의 조음 방법과 조음 위치를 이해한다.
- 한국어 자음의 분류를 이해한다.
- 한국어 자음의 발음 방법을 이해한다.

🔑 주요 용어

조음 방법, 조음 위치, 유성음, 무성음, 파열음, 파찰음, 마찰음, 비음, 유음, 양순음, 치조음, 경구개음, 연구개음, 후음, 조음점, 조음체

5.1. 한국어 자음의 특징

① 조음 과정에서 공기의 흐름이 다양한 방해를 받으면서 발음되는 소리이다.

② 자음을 발음하려면 반드시 모음이 필요하다.

③ 어두에 자음군이 올 수 없다.

Tip

자음을 '닿소리'라고 부르기도 하는데 이것은 자음이 다른 소리와 함께 쓰여야만 날 수 있다는 의미이다.

> **참고**
>
> 〈표준 발음법〉 제2항
> 표준어의 자음은 다음 19개로 한다.
> ㄱ, ㄲ, ㄴ, ㄷ, ㄸ, ㄹ, ㅁ, ㅂ, ㅃ, ㅅ, ㅆ, ㅇ, ㅈ, ㅉ, ㅊ, ㅋ, ㅌ, ㅍ, ㅎ

　　자음은 목청을 통과한 공기의 흐름이 목안이나 입안에서 막히거나 통로가 좁혀져서 공기의 흐름이 장애를 입을 때 만들어지는 다양한 소리이다.

조음 방법 \ 조음 위치			양순음 (입술소리)	치조음 (잇몸소리)	경구개음 (센입천장소리)	연구개음 (여린입천장소리)	후음 (목청소리)
무성음	파열음	평음	ㅂ	ㄷ		ㄱ	
		경음	ㅃ	ㄸ		ㄲ	
		격음	ㅍ	ㅌ		ㅋ	
	파찰음	평음			ㅈ		
		경음			ㅉ		
		격음			ㅊ		
	마찰음	평음		ㅅ			
		경음		ㅆ			
		격음					ㅎ
유성음	비음		ㅁ	ㄴ		ㅇ	
	유음			ㄹ			

> **참고**
>
> 〈표준 발음법〉 제4항
> 한글 자모의 수는 스물넉 자로 하고, 그 순서와 이름은 다음과 같이 정한다.
> ㄱ(기역)　ㄴ(니은)　ㄷ(디귿)　ㄹ(리을)　ㅁ(미음)　ㅂ(비읍)　ㅅ(시옷)　ㅇ(이응)
> ㅈ(지읒)　ㅊ(치읓)　ㅋ(키읔)　ㅌ(티읕)　ㅍ(피읖)　ㅎ(히읗)
> ㄲ(쌍기역)　ㄸ(쌍디귿)　ㅃ(쌍비읍)　ㅆ(쌍시옷)　ㅉ(쌍지읒)

<발음 기관과 자음>

센입천장(경구개)
ㅈ, ㅉ, ㅊ

여린입천장(연구개)
ㄱ, ㄲ, ㅋ, ㅇ

윗잇몸(치조)
ㄷ, ㄸ, ㅌ
ㅅ, ㅆ, ㄴ, ㄹ

입술(양순)
ㅁ, ㅂ, ㅍ, ㅃ

목청(성대)
ㅎ

목젖
인강
울대마개(후두개)
후두
식도

기관

성대에서 입술에 이르는 음성 기관은 어떤 음성을 내기 위하여 필요한 위치를 취하고 일정한 운동을 통해 발음을 만들어 내는 기관이다. 조음 기관은 조음점과 조음체로 나눌 수 있다.

조음 기관	설명
조음점(調音點)	스스로 움직이지 못하는 기관으로 조음체가 근접할 때 조음에 관여하는 기관이다. '윗입술, 윗니, 치조, 경구개, 연구개, 위턱' 등이 여기에 포함된다.
조음체(調音體)	스스로 움직이면서 조음에 관여하는 기관으로 '아랫입술, 혀, 아래턱' 등이 여기에 포함된다.

5.2. 자음의 분류

5.2.1. 조음 위치에 따른 분류

소리를 내는 위치에 따른 분류

분류	특징	예
양순음	두 입술이 붙었다가 떨어지면서 내는 소리	ㅂ, ㅃ, ㅍ, ㅁ
치조음	혀끝이 윗잇몸에 닿거나 근접해서 내는 소리	ㄷ, ㄸ, ㅌ, ㅅ, ㅆ, ㄴ, ㄹ
경구개음	혓바닥이 경구개에 닿았다가 떨어지면서 내는 소리	ㅈ, ㅉ, ㅊ
연구개음	혀 뒤가 연구개에 닿았다가 떨어지면서 내는 소리	ㄱ, ㄲ, ㅋ, ㅇ
후음	성문을 좁히면서 기류의 방해를 일으켜서 내는 소리	ㅎ

5.2.2. 조음 방법에 따른 분류

소리를 내는 방법에 따른 분류

분류	특징	예
파열음	폐에서 나오는 공기를 일단 막았다가 터뜨리면서 발음하여 '폐쇄-지속-파열'의 3단계를 거쳐서 내는 소리	ㅂ, ㅃ, ㅍ, ㄷ, ㄸ, ㅌ, ㄱ, ㄲ, ㅋ
파찰음	'폐쇄-지속'의 과정을 거쳐서 서서히 터뜨리면서 마찰을 일으켜 내는 소리	ㅈ, ㅉ, ㅊ
마찰음	입안이나 목청 사이의 좁은 틈에서 마찰을 일으키며 내는 소리	ㅅ, ㅆ, ㅎ
비음	입안의 통로를 막고 코로 공기를 내보내면서 내는 소리	ㅁ, ㄴ, ㅇ
유음	혀끝을 잇몸에 가볍게 대었다가 떼거나(탄설음), 혀끝을 잇몸에 댄 채 공기를 양옆으로 흘려보내면서 내는 소리(설측음)	ㄹ

(가) 파열음

허파에서 나오는 공기의 흐름을 일단 막았다가 그 막은 자리를 터뜨리면서 내는 소리를 말하는데, 일단 막은 것을 강조하여 정지음 또는 폐쇄음이라고도 한다. [ㅂ, ㅍ, ㅃ]는 두 입술을 완전히 막았다가 터뜨리면서 내는 소리이다. [ㄷ, ㅌ, ㄸ]는 혀를 윗잇몸에 대어 기류를 완전히 막았다가 터뜨리면서 내는 소리이다. [ㄱ, ㅋ, ㄲ]는 혀를 연구개에 밀착시켜 기류를 완전히 막았다가 터뜨리면서 내는 소리이다.

① /ㅂ, ㅍ, ㅃ/의 연습
꽃이 피면 벌이 바빠집니다.
빨래를 오래 하면 팔과 발이 아프다.
빨리 풍선에 바람을 불어 넣으세요.
아빠가 발레 공연 표를 사 오셨다.

② /ㄷ, ㅌ, ㄸ/의 연습
동이 틀 때면 가슴이 떨린다.
딸들에게 다 자동차에 타라고 말했다.
어제 만든 도장을 땅에 떨어트려서 깨졌어요.
털옷을 입고 나니 몸이 덜 떨린다.
토요일에 또 다리를 다쳤다.
자전거를 타고 자동차를 도저히 따라갈 수 없다.

③ /ㄱ, ㅋ, ㄲ/의 연습
큰 그릇은 꺼내지 마세요.
가방이 바뀌면 큰일이에요.
아까부터 고소한 땅콩 냄새가 나네요.
제 조카는 잠꾸러기에 개구쟁이예요.
우리 고모부는 까만 개를 한 마리 키우십니다.
끼가 가득한 키 큰 사람.

내가 좋아하는 음식은 갈치, 코다리, 꽁치이다.
이번 겨울에는 까만 코트가 유행이에요.

(나) 파찰음

발음 기관의 특정 부분을 막았다가 서서히 터뜨리면서 마찰을 일으켜 내는 소리이다. 즉, 파열과 마찰의 두 가지 성질을 모두 가지는 소리이다. [ㅈ, ㅊ, ㅉ] 등이 여기에 속한다.

/ㅈ, ㅊ, ㅉ/의 연습
아침 일찍 중국인 친구를 만났다.
잠 잘 때 창문이 쨍 하고 깨졌다.
촛불 앞에서 졸고 있는 우리 강아지 쫑.
처음부터 계획을 잘 짜야 한다.
준호가 진짜 도중하차했나 봐.
처음에는 제목을 일찍 정하려고 했다.
짬을 내서 중학교 때 친구들을 찾아보고 싶다.
아침 일찍부터 주전자를 찾아 다니네.

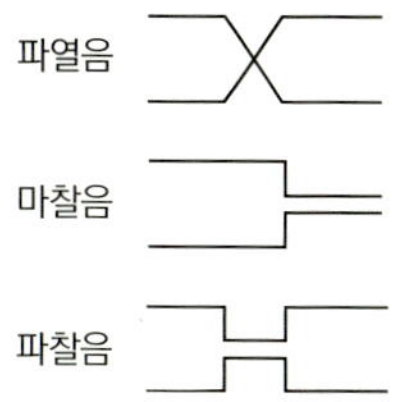

(다) 마찰음

발음 기관의 입안이나 목청 사이의 통로를 좁히고 공기를 그 좁은 틈 사이로 내보내어 마찰을 일으키면서 내는 소리이다. [ㅅ, ㅆ]는 혀끝과 윗잇몸 사이의 기류가 마찰을 일으키며 내는 소리이고, [ㅎ]는 두 성대가 좁아져서 그 사이에 나오는 기류가 마찰을 일으키며 내는 소리이다.

① **/ㅅ/과 /ㅆ/의 연습**
초가을은 선선하고 늦가을은 쌀쌀하다.
쌀을 너무 많이 먹으면 살이 찐다.
물건이 싸면 사는 사람이 많다.
고래 싸움에 새우등 터진다.
고기를 상추에 싸서 맛있게 먹었다.
쓴 소리 한다고만 생각하지 마세요.
슬프게 피리 부는 소리에 더욱 쓸쓸해지는 밤.
화살을 쏘면 씽씽 소리가 나요.
사람들이 쑤근거리는 소리를 들었어요.

② **/ㅎ/의 연습**
기회가 있으면 소개해 줄게요.
성함 좀 말씀해 주시겠습니까?
열심히 공부하면 할 수 있어요.
만난 지 열흘 만에 결혼을 발표했어요.
우리나라로 여행 오면 꼭 전화해 주세요.
사흘에 한 번씩 집에 전화를 하고 있어요.
환경이 나빠져서 허파에 병이 생겼어요.

(라) 비음

발음할 때 연구개와 목젖을 내려 입안의 통로를 막고 코로 공기를 내보내면서
내는 소리이다. [ㅁ]는 두 입술을 닫고 공기를 비강으로 내보내면서 나는 소리이고,
[ㄴ]는 혀끝을 윗잇몸에 대고 공기를 비강으로 내보내면서 나는 소리이다. [ㅇ]는 혀뿌리
를 올려서 공기를 비강으로 내보내면서 나는 소리이다. 비음은 공통적으로 구강으로
의 공기 흐름을 막고 비강으로 발음하는 소리이다. 비음이 없는 '아버지'와 비음이 2개
가 있는 '어머니'의 경우에 코를 손으로 막고 발음을 해 보면, '아버지'는 발음에 큰 차
이가 없지만, '어머니'의 경우에는 정상적인 발음과 다르다.

① / ㄴ /의 연습
여러분, 오래간만입니다.
손님은 언니 친구였어요.
피곤하시면 일찍 주무세요.
저는 매운 음식을 잘 먹어요.
교문 근처의 건물이 병원입니다.

② / ㅁ /의 연습
좋은 꿈 꾸세요.
마음대로 그려 보세요.
감기 때문에 결석했어요.
금요일에 남편과 인삼을 샀어요.
김치, 인삼차는 한국의 대표적인 음식이에요.

③ / ㅇ /의 연습
이 동네에서는 원숭이를 많이 키워요.
호랑이는 동물의 왕이에요.
방학 동안 여행 많이 했어요?
상민 씨는 정말 성격이 좋군요.
동대문 시장에서 가방을 샀어요.
저 건물에서는 강물도 보이고 병원도 보여요.
동생이 고등학교를 졸업하고 대학생이 되었어요.

(마) 유음

기류를 내보낼 때 혀끝을 잇몸에 가볍게 대었다가 떼거나(탄설음), 혀끝을 잇몸
에 댄 채 공기를 그 양옆으로 흘려 보내면서 내는 소리(설측음)이다.

① 탄설음 / ㄹ /의 연습
그 친구의 이름을 알아요?
저 사람에게 한번 물어보세요.
주말에 조카와 동물원에 갔어요.
조금만 걸어가면 새 건물이 보여요.
약간 돌아가지만 이쪽 길이 훨씬 덜 복잡해요.

② 설측음 /ㄹ/의 연습

한글과 중국 글자 중 어느 것이 더 쉬워요?

겨울에 입을 옷을 한 벌 살 거예요.

말 타고 달을 보며 들판을 지나간다.

높은 건물들이 정말 많군요.

③ /ㄹㄹ/의 연습

친구가 몰래 들어와서 놀랐어요.

6시까지 틀림없이 갖다 주세요.

고치는 사람을 빨리 불러야겠어요.

공부하면서 집안 살림하기 바쁘지요?

틀림없이 시계바늘을 다시 돌려 놓았어요.

참고

유음의 종류

종류	정의 및 환경	
탄설음 [r]	– 혀끝이 윗잇몸에 살짝 닿았다가 떨어지면서 나는 소리('ㄹ' 뒤를 제외한 초성) – 동작의 반복(전동음, 설전음) 　예 나라, 라면, 노루	
설측음 [l]	– 혀끝이 윗잇몸에 계속 닿은 채 혀의 양 측면으로 공기가 나가는 소리(음절말, 'ㄹ' 뒤)	
	분류	치조 설측음 [l] 예 달, 날
		구개 설측음 [ʎ] 환경(뒤에 '이' 또는 '야, 여, 요, 유' 등과 같은 y–계 이중 모음) 예 달력, 물리

5.2.3. 소리의 울림에 따른 분류

성대의 진동 유무에 따른 분류

분류	특징	예
무성음 (안울림소리)	소리를 낼 때, 성대의 진동을 동반하지 않는 소리	ㅂ, ㅃ, ㅍ, ㄷ, ㄸ, ㅌ, ㄱ, ㄲ, ㅋ ㅈ, ㅉ, ㅊ, ㅅ, ㅆ, ㅎ
유성음 (울림소리)	소리를 낼 때, 성대의 진동을 동반하는 소리	ㅁ, ㄴ, ㅇ, ㄹ
		모든 모음

5.2.4. 소리의 세기에 따른 분류

기식의 유무와 후두 긴장 유무에 따른 분류

유형	특징	예	기식	후두 긴장
평음 (예사소리)	순하고 부드러운 느낌을 주는 자음	ㄱ, ㄷ, ㅂ, ㅅ, ㅈ	–	–
경음 (된소리)	강하고 단단한 느낌을 주는 자음	ㄲ, ㄸ, ㅃ, ㅆ, ㅉ	–	있음
격음 (거센소리)	크고 거친 느낌을 주는 자음	ㅋ, ㅌ, ㅍ, ㅊ, ㅎ	있음	–

'감감-깜깜-캄캄'이나 '벌떡-뻘떡-펄떡'에서 각각 어두 초성의 'ㄱ-ㄲ-ㅋ'나 'ㅂ-ㅃ-ㅍ'에 의해서 미묘한 어감의 차이가 나타난다.

> **참고**
>
> **발음 연습**
>
> 1. 중앙청 철창살은 쌍철창살이고 시청 철창살은 외철창살이다.
> 2. 옆집 팥죽은 붉은 팥 팥죽이고, 뒷집 콩죽은 검은콩 콩죽이다.
> 3. 저기 있는 말말뚝이 말 맬만한 말말뚝이냐 말 못 맬만한 말말뚝이냐.
> 4. 간장공장 공장장은 간 공장장이고 된장공장 공장장은 장 공장장이다.
> 5. 저기 있는 저분은 박법학 박사이고 여기 있는 이분은 백법학 박사이다.
> 6. 멍멍이네 꿀꿀이는 멍멍해도 꿀꿀하고, 꿀꿀이네 멍멍이는 꿀꿀해도 멍멍하네.
> 7. 내가 그린 구름 그림은 잘 그린 구름 그림이고 네가 그린 구름 그림은 잘 못 그린 구름 그림이다.
> 8. 귀돌이네 담 밑에서 귀뚜라미가 귀뚤뚤뚤, 귀뚤뚤뚤 뚤뚤이네 담 밑에서 귀뚜라미가 뚤뚤뚤뚤, 뚤뚤뚤뚤.
> 9. 들의 콩깍지는 깐 콩깍지인가 안 깐 콩깍지인가. 깐 콩깍지면 어떻고 안 깐 콩깍지면 어떠냐. 깐 콩까지나 안 깐 콩깍지나 콩깍지는 다 콩깍지인데.
> 10. 안촉촉한 초코칩 나라에 살던 안촉촉한 초코칩이 촉촉한 초코칩 나라의 촉촉한 초코칩을 보고 촉촉한 초코칩이 되고 싶어서 촉촉한 초코칩 나라에 갔는데 촉촉한 초코칩 나라의 문지기가 '넌 촉촉한 초코칩이 아니고, 안촉촉한 초코칩이니까 안촉촉한 초코칩 나라에서 살아'라고 해서 안촉촉한 초코칩은 촉촉한 초코칩이 되는 것을 포기하고 안촉촉한 초코칩 나라로 돌아갔다.

1. 다음 표의 빈칸을 채우시오.

조음 위치							
무성음		평음					
		경음					
		격음					
		평음					
		경음					
		격음					
		평음					
		경음					
		격음					

2. 한국어의 자음에 대한 설명으로 틀린 것을 고르시오.

① 한국어의 음운 중 자음은 모두 19개이다.
② 'ㅇ'은 첫소리에서 발음되지 않는 음운이다.
③ 자음 중 목청을 울리며 내는 소리는 모두 2개이다.
④ 소리 내는 방법에 따라 파열음, 파찰음, 마찰음, 비음, 유음으로 나눈다.
⑤ 소리 나는 위치에 따라 입술소리, 혀끝소리, 센입천장소리, 여린입천장소리, 목청소리로 나눈다.

답 ③ (해설) 한국어에서 사용하고 있는 자음은 19개이다. 이 중 울림소리는 4개(ㄴ, ㅁ, ㅇ, ㄹ)가 있으며, 소리 내는 방법에 따라 '파열음, 마찰음, 파찰음, 비음, 유음'으로 분류한다. 또 소리 나는 위치에 따라 '입술소리, 혀끝소리, 센입천장소리, 여린입천장소리, 목청소리'로 나눈다.

3. 다음 보기에서 조음점과 조음체를 구분하시오.

> 경구개, 아래턱, 아랫입술, 연구개, 윗니, 윗입술, 위턱, 치조, 혀

조음점: ____

조음체: ____

답 조음점은 스스로 움직이지 못하는 기관으로 '윗입술, 윗니, 치조, 경구개, 연구개, 위턱' 등이고 조음체는 스스로 움직이는 기관으로 '아랫입술, 혀, 아래턱' 등이다.

한국어 표준 발음

🔍 학습 목표

– 한국어 표준 발음법을 이해한다.
– 한국어의 음운 변동 현상을 이해한다.

🔑 주요 용어

음운 변동, 음운 규칙, 받침의 발음, 연음, 비음화, 유음화, 경음화, 구개음화, 모음조화, 모음 동화, 첨가, 축약, 탈락, 장음, 단음, 두음법칙

6.1. 음운의 변동

(가) 개념

두 소리가 만날 때, 한 소리가 다른 소리에 영향을 받아 바뀌는 현상이다.

(나) 음운 변동의 원인

① 경제성: 음운 변동은 발음을 쉽게 하기 위한 현상
　　예 동화 현상, 축약 현상, 탈락 현상 등
② 명확성: 음운 변동은 발음을 명확하게 하기 위한 현상
　　예 경음화, 'ㄴ' 첨가 등

(다) 음운 변동의 유형

① 결정적 변동

일정한 음운 환경이나 형태소 결합 조건에 따라서 필연적으로 일어나는 음운 변동으로 표준 발음으로 인정한다.

> 밥물[밤물](비음화), 신라[실라](유음화), 국밥[국빱](경음화), 놓고[노코](자음축약), 끝이[끄치](구개음화)

② 수의적 변동

개인적, 지역적 차이에 따라서 임의적으로 일어나는 음운 변동으로 비표준 발음이다.

> 신문　　[신문]　　✗[심문](순음화)
> 감기　　[감:기]　　✗[강기](연구개음화)
> 먹이다　[머기다]　✗[메기다](전설모음화)
> 미시오　[미시오]　✗[미시요](이중모음화)
> 의자　　[의자]　　✗[으자](방언)

어휘적 차이에 의한 수의적 변동은 표준 발음으로 인정한다.

> 돕- + -아서 → 도와서(ㅂ불규칙)　　　잡- + -아서 → 잡아서(규칙)
> 암 + ㅎ + 돼지 → 암퇘지　　　　　　암 + 비둘기 → 암비둘기

(라) 음운 변동과 음운 규칙

<table>
<tr><td></td><td colspan="1">음운 변동</td><td>음운 규칙</td></tr>
<tr><td>교체</td><td>한 음운이 다른 쪽 음운의 성질을 닮아 바뀜.</td><td>평파열음화, 경음화, 비음화, 유음화, 구개음화 등</td></tr>
<tr><td>탈락</td><td>앞뒤 형태소의 두 음운이 마주칠 때, 그 중 한 음운이 완전히 탈락함.</td><td>자음 탈락('ㄹ' 탈락, 'ㅎ' 탈락, 'ㅅ' 탈락)
모음 탈락('ㅡ' 탈락, 'ㅏ' 탈락) 등</td></tr>
<tr><td>축약</td><td>두 개의 음운이 만나서 (두 음의 성질을 모두 지닌) 한 개의 음운으로 줄어듦.</td><td>유기음화, 반모음화 등</td></tr>
<tr><td>첨가</td><td>다른 소리가 덧붙음.</td><td>'ㅅ' 첨가, 'ㄴ' 첨가 등</td></tr>
</table>

(마) 한국어 표준 발음법

음운의 변동은 표준어의 발음에서 모두 허용되는 것은 아닌데, 그중 허용되는 것만을 규범화하여 〈한글 맞춤법〉의 '제3장 소리에 관한 것'과 〈표준어 규정〉의 '제2부 표준 발음법'에서 규정하고 있다.

한글 맞춤법	표준어 규정
제3장 소리에 관한 것 　제1절 된소리 　제2절 구개음화 　제3절 'ㄷ' 소리 받침 　제4절 모음 　제5절 두음법칙 　제6절 겹쳐 나는 소리	제2부 표준 발음법 　제1장 총칙 　제2장 자음과 모음 　제3장 음의 길이 　제4장 받침의 발음 　제5장 음의 동화 　제6장 경음화 　제7장 음의 첨가

6.2. 받침의 발음

(가) 개념

① 한국어에서 음절의 끝에서 발음되는 자음은 [ㄱ, ㄴ, ㄷ, ㄹ, ㅁ, ㅂ, ㅇ]의 7개뿐이다.
② 음절 끝에 이 7개 소리 이외의 자음이 오면 7개 자음 중의 하나로 바꾸어 발음한다.
③ 한국어의 음절 구조상 초성과 종성은 하나의 자음만 발음하기 때문에 일어나는 현상이다.

(나) 홑받침과 쌍받침 발음

〈표준 발음법〉 제8~9항

받침	발음	예
ㄱ, ㄲ, ㅋ	[ㄱ]	목[목], 밖[박], 부엌[부억]
ㄴ	[ㄴ]	간[간], 신[신]
ㄷ, ㅌ	[ㄷ]	곧[곧], 솥[솓]
ㅅ, ㅆ	[ㄷ]	옷[옫], 있다[읻따]
ㅈ, ㅊ	[ㄷ]	낮[낟], 꽃[꼳]
ㅎ	[ㄷ]	히읗[히읃]
ㄹ	[ㄹ]	달[달], 발[발]
ㅁ	[ㅁ]	밤[밤], 몸[몸]
ㅂ, ㅍ	[ㅂ]	밥[밥], 앞[압]
ㅇ	[ㅇ]	강[강], 통[통]

Tip

· 홑받침: 자음 중 1개만 받침에 쓰이는 경우
· 겹받침: 2개의 다른 자음이 쓰이는 경우(ㄳ, ㄵ, ㄶ, ㄼ…)
· 쌍받침: 같은 자음이 2번 쓰이는 경우(ㄲ, ㅆ)

(다) 겹받침 발음

〈표준 발음법〉 제10~11항

원칙	받침	발음	예
겹받침 중 앞 자음 발음	ㄳ	[ㄱ]	몫[목], 삯[삭]
	ㄵ	[ㄴ]	앉고[안꼬]
	ㄶ	[ㄴ]	많다[만타], 않다[안타], 않네[안네]
	ㄼ	[ㄹ]	넓다[널따], 여덟[여덜], 짧다[짤따]
	ㄽ	[ㄹ]	외곬[외골]
	ㄾ	[ㄹ]	핥고[할꼬], 훑지[훌찌]
	ㅀ	[ㄹ]	앓는[알른], 닳아[다라], 뚫네[뚤레]
	ㅄ	[ㅂ]	값[갑], 없다[업따]
겹받침 중 뒤 자음 발음	ㄺ	[ㄱ]	닭[닥], 읽지[익찌], 늙다[늑따], 밝다[박따], 흙과[흑꽈]
	ㄻ	[ㅁ]	삶[삼ː], 젊다[점따]
	ㄿ	[ㅂ]	읊고[읍꼬], 읊다[읍따]

(라) 'ㄺ'과 'ㄼ' 받침 발음

받침	발음	예
ㄺ	[ㄱ](원칙)	밝다[박따], 밝지[박찌], 읽지[익찌], 흙과[흑꽈], 닭과[닥꽈]
	[ㄹ](예외)	어간 받침 ㄺ과 'ㄱ'이 결합하는 경우 밝고[발꼬], 밝게[발께], 읽고[일꼬], 읽게[일께], 맑고[말꼬], 맑게[말께] 얽거나[얼꺼나]
ㄼ	[ㄹ](원칙)	넓다[널따], 여덟[여덜], 짧다[짤따], 얇네[얄레], 엷고[열ː꼬]
	[ㅂ](예외) 밟-	밟다[밥ː따], 밟소[밥ː쏘], 밟지[밥ː찌], 밟게[밥ː께], 밟는[밤ː는]
	[ㅂ](예외) 넓-	넓죽하다[넙쭈카다], 넓둥글다[넙뚱글다], 넓적하다[넙쩌카다]

> **참고**
>
> **겹받침의 끝소리가 드러나지 않아서 소리대로 적는 경우(〈한글 맞춤법〉 제21항)**
>
> | | |
> | --- | --- |
> | 넓- | 널따랗다, 널찍하다 |
> | 얇- | 얄따랗다, 얄팍하다 |
> | 맑- | 말끔하다, 말쑥하다, 말짱하다 |
> | 싫- | 실쭉하다, 실큼하다 |
> | 짧- | 짤따랗다, 짤막하다 |
> | 핥- | 할짝거리다 |
>
> 첫 번째 자음으로 발음하는 경우 어근의 원래 형태를 밝히어 적지 않고 소리 나는 대로 적는다. 두 번째 자음으로 발음하는 경우에는 그 어근의 원래 형태를 밝혀서 적는다.

(마) 표준 발음법과 외래어 표기법에서 받침 규정

> **표준 발음법 제8항**
> 받침소리로는 'ㄱ, ㄴ, ㄷ, ㄹ, ㅁ, ㅂ, ㅇ'의 7개 자음만 발음한다.
>
> **외래어 표기법 제3항**
> 받침에는 'ㄱ, ㄴ, ㄹ, ㅁ, ㅂ, ㅅ, ㅇ'만을 쓴다.

〈표준 발음법〉에서는 받침에서 [ㄷ]으로 발음하는 것으로 규정하고, 〈외래어 표기법〉에서는 [ㅅ]으로 쓰도록 규정하고 있다. 이는 'ㄷ' 계통으로 발음되는 외래어라도 한국어에서 발음될 때는 모음 앞에서 [ㅅ]으로 발음되는 현상을 바탕으로 만든 규정이다. 'racket'을 한 단어로 [라켇]으로 발음되지만, 여기에 모음으로 시작하는 조사와 결합하면 [라케시], [라케슬]로 발음하기 때문에 [ㄷ]이 아닌 [ㅅ]을 받침으로 적는다. 따라서 'racket'의 외래어 표기는 '라켓'으로 적는다.

> **참고**
>
> **음절의 끝소리 규칙**
> 한국어에서 음절의 끝에서 발음되는 자음은 'ㄱ, ㄴ, ㄷ, ㄹ, ㅁ, ㅂ, ㅇ'의 7개뿐이다. 따라서 음절 끝에 이 일곱 소리 이외의 자음이 오면 이 일곱 자음 중의 하나로 발음한다. 이러한 음운의 교체 현상을 '음절의 끝소리 규칙'이라고 한다.

1. ㉠~㉤에서 받침의 발음이 같은 것끼리 묶은 것을 고르시오.

> ㉠ 읊다   ㉡ 여덟   ㉢ 넓다   ㉣ 읽고   ㉤ 밟다

① ㉠, ㉡ / ㉢, ㉣, ㉤　　　　　　② ㉠, ㉡, ㉢ / ㉣, ㉤
③ ㉠, ㉤ / ㉡, ㉢, ㉣　　　　　　④ ㉠, ㉢, ㉤ / ㉡, ㉣
⑤ ㉠, ㉡, ㉢, ㉤ / ㉣

> ◉ 답　③ (해설) ㉠ 읊다[읍따], ㉡ 여덟[여덜], ㉢ 넓다[널따], ㉣ 읽고[일꼬], ㉤ 밟다[밥ː따]로 각각 발음된다. 따라서 ㉠, ㉤이 음절의 끝소리 발음이 같고, ㉡, ㉢, ㉣이 음절의 끝소리 발음이 같다.

2. 다음 중 표기와 발음이 일치하는 것을 고르시오.

① 숲　　　　　　② 닭　　　　　　③ 옷
④ 낮　　　　　　⑤ 공

> ◉ 답　⑤ (해설) ① 숲[숩], ② 닭[닥], ③ 옷[온], ④ 낮[낟], ⑤ 공[공]으로 발음한다.

3. 다음 중 발음이 맞게 표기된 것을 고르시오.

① 밟지[발ː찌]　　　　　② 읽다[일따]　　　　　③ 맑고[말꼬]
④ 넓다[넙따]　　　　　⑤ 읊다[을따]

> ◉ 답　③ (해설) ① 밟지[밥찌], ② 읽다[익따], ④ 넓다[널따], ⑤ 읊다[읍따]로 발음한다.

4. 다음 중 겹받침의 발음이 틀린 것을 고르시오.

① 넋[넉]　　　　　　② 여덟[여덜]　　　　　③ 훑다[훌따]
④ 까닭[까닥]　　　　　⑤ 옮기다[옴기다]

> ◉ 답　③ (해설) 훑다 → [훌따]

5. 다음 중 받침의 발음을 모두 맞게 표기된 것을 고르시오.

① 부엌[부억], 밖[박]　　　　　　② 닻[닫], 볕[볃]
③ 날개[낫깨], 숲[숩]　　　　　　④ 삶[삼], 젖소[젇쏘]
⑤ 닭고기[닥고기], 낮[낫]

> ◉ 답　② (해설) ① 부엌[부억], ③ 날개[낟깨], ④ 젖소[젇쏘] ⑤ 닭고기[닥꼬기], 낮[낟]으로 각각 발음한다.

6.3. 연음(延音)

(가) 개념

받침이 모음으로 시작되는 조사나 어미, 접미사와 결합할 때 받침이 뒤 음절의 초성으로 발음한다.

(나) 종류

① 홑받침, 쌍받침 + '모음으로 시작되는 조사, 어미, 접미사'와 결합한 경우 받침을 연음하여 발음한다.

유형		예
홑받침	ㅅ	옷이[오시], 옷을[오슬]
	ㅈ	낮이[나지], 꽂아[꼬자]
	ㅊ	꽃을[꼬츨], 쫓아[쪼차], 쫓을[쪼츨], 낯을[나츨], 숯에[수체]
	ㅌ	밭에[바테], 밭의[바틔], 같은[가튼]
	ㅍ	앞으로[아프로], 덮이다[더피다], 무릎에[무르페], 짚으면[지프면]
	ㅋ	부엌이[부어키], 부엌을[부어클]
쌍받침	ㄲ	깎아[까까], 꺾어[꺼꺼], 섞여[서껴]
	ㅆ	있어[이써], 하겠어[하게써]

② 겹받침 + '모음으로 시작되는 조사, 어미, 접미사'와 결합한 경우 'ㄵ, ㄺ, ㄻ, ㄾ, ㄿ'의 경우 겹받침 중 두 번째 자음을 연음하여 발음한다.

유형	예	예외
ㄵ	앉아[안자]	
ㄺ	닭을[달글], 흙에서[흘게서]	
ㄻ	젊어[절머], 앎이[알미], 삶으로[살므로]	끊어[끄너] 훑이다[훌치다] 앓아[아라]
ㄾ	핥아[할타], 훑어[훌터]	
ㄿ	읊어[을퍼]	

'ㄳ, ㄽ, ㅄ'의 경우, 'ㅅ'을 연음하되, 경음 [ㅆ]로 발음한다.

유형	예
ㄳ	몫이[목씨], 넋을[넉쓸], 넋이[넉씨], 삯으로[삭쓰로]
ㄽ	곬이[골씨], 외곬으로[외골쓰로]
ㅄ	값이[갑씨], 값을[갑쓸], 값에[갑쎄], 없어[업ː써], 없이[업ː씨], 없으면[업ː쓰면]

어미 ─ 어말 어미 ─ 종결어미 / 연결어미 / 전성어미
어미 ─ 선어말어미

〈표준 발음법〉 제13항

〈표준 발음법〉 제14항

〈표준 발음법〉 제15항

③ 받침 뒤에 모음 'ㅏ, ㅓ, ㅗ, ㅜ, ㅟ' 등으로 시작되는 실질 형태소가 연결되는 경우에는, 받침을 절음하여 대표음으로 바꾼 다음 연음하여 발음한다.

유형	예
홑받침	꽃 위[꼬뒤], 밭 아래[바다래], 늪 앞[느밥], 부엌 안[부어간], 옷 안[오단], 무릎 위[무르뷔]
	젖어미[저더미], 맛없다[마덥따], 겉옷[거돋], 헛웃음[허두슴]
겹받침	넋 없다[너겁따], 닭 앞에[다가페], 값어치[가버치], 값있는[가빈는], 값있다[가빋따]

Tip
절음: 합성어나 단어 사이에서 앞의 받침이 모음을 만날 때, 그 발음이 끊어졌다가 뒤에 오는 모음과 이어지는 소리.

(다) 현실의 발음을 고려하여 표준 발음으로 인정하는 경우

사용 빈도가 높아지면서 단어 경계가 약해진 경우이다.

단어		표준 발음	허용 발음
맛있다	[맏] + [읻따]	[마딛따]	[마싣따]
맛있는	[맏] + [읻는]	[마딘는]	[마신는]
멋있다	[먿] + [읻따]	[머딛따]	[머싣따]
멋있는	[먿] + [읻는]	[머딘는]	[머신는]

(라) 한글 자모의 받침 발음

모음으로 시작된 형태소가 이어질 때에는 보편적인 연음과 달리 예외적으로 발음한다.

〈표준 발음법〉 제16항

자모	발음		
디귿 + 이/을/에	[디그시]	[디그슬]	[디그세]
지읒 + 이/을/에	[지으시]	[지으슬]	[지으세]
치읓 + 이/을/에	[치으시]	[치으슬]	[치으세]
키읔 + 이/을/에	[키으기]	[키으글]	[키으게]
티읕 + 이/을/에	[티으시]	[티으슬]	[티으세]
피읖 + 이/을/에	[피으비]	[피으블]	[피으베]
히읗 + 이/을/에	[히으시]	[히으슬]	[히으세]

1. 다음 중 겹받침의 발음이 틀린 것을 고르시오.

① 넋[넉] ② 닭[닥] ③ 삶[삼] ④ 까닭[까닥] ⑤ 여덟[여덥]

⊙ **답** ⑤ (해설) 여덟[여덜]

2. 다음 중 밑줄 그은 단어의 발음이 맞게 표기된 것을 고르시오.

① 무궁화 <u>꽃이[꼬시]</u> 피었습니다.
② 선을 <u>밟지[발:찌]</u> 말고 걸어가시오.
③ 바위틈으로 흐르는 물이 몹시 <u>맑다[막따]</u>.
④ 손바닥만한 <u>밭을[바츨]</u> 일구며 생활하고 있었다.
⑤ <u>넓게[넙께]</u> 펼쳐져 있는 평야가 내 시야에 들어왔다.

⊙ **답** ③ (해설) ① 꽃이[꼬치], ② 밟지[밥:찌], ④ 밭을[바틀], ⑤ 넓게[널께]로 발음한다.

3. 다음 중 발음이 맞는 것을 고르시오.

① 읊다[을따] ② 여덟[여덥] ③ 밟다[발:따] ④ 읽고[익꼬] ⑤ 넓다[널따]

⊙ **답** ⑤ (해설) ① 읊다[읍따], ② 여덟[여덜], ③ 밟다[밥:따], ④ 읽고[일꼬]로 발음한다.

4. 다음 중 받침의 발음이 다른 하나를 고르시오.

① 맑다 ② 밝지 ③ 늙고 ④ 닭 ⑤ 흙

⊙ **답** ③ (해설) ① 맑다[막따], ② 밝지[박찌], ④ 닭[닥], ⑤ 흙[흑] 등은 겹받침 중에서 두 번째 자음을 발음하고 ③ 늙고[늘꼬]로 첫 번째 자음을 발음한다.

5. 다음 중 받침의 발음이 틀린 것을 고르시오.

① 흙에서[흘게서] ② 앉아[안자] ③ 삶으로[살므로] ④ 훑이다[훌티다] ⑤ 읊어[을퍼]

⊙ **답** ④ (해설) '훑이다'는 [훌치다]로 발음한다.

6. 다음 중 발음이 틀린 표기끼리 짝지은 것을 고르시오.

① 부엌을[부어클] — 무릎에[무르페] ② 삯으로[삭쓰로] — 흙에서[흘게서]
③ 값있는[가빈는] — 숱이[수시] ④ 통닭이[통달기] — 멋있는[머신는]
⑤ 매닭에[매다메] — 까붊에[까부메]

⊙ **답** ⑤ (해설) ③ '숱이'는 구개음화된 [수치]가 맞는 발음이다. ⑤ 겹받침은 모음으로 시작되는 형식 형태소를 만나 2번째 자음이 연음이므로 [매달메], [까불메]로 발음한다.

6.4. 비음화(鼻音化)

(가) 개념

① 파열음인 [ㄱ, ㄷ, ㅂ]가 비음 [ㅁ, ㄴ] 앞에서 비음 [ㅇ, ㄴ, ㅁ]로 바뀌는 음운 현상(비음동화)이다.

② 비음 [ㅁ, ㅇ] 뒤에 오는 [ㄹ]가 [ㄴ]로 바뀌는 음운 현상('ㄹ'의 비음화)이다.

〈표준 발음법〉 제18항

(나) 파열음의 비음화(비음동화)

파열음 [ㄱ, ㄷ, ㅂ]는 비음 [ㅁ, ㄴ] 앞에서 비음에 동화되어 [ㅇ, ㄴ, ㅁ]로 발음된다. 역행 동화의 일종이다.

유형	후행 자음	발음	예
받침 ㄱ (ㄲ, ㄳ, ㄺ, ㅋ)		[ㅇ]	먹는[멍는], 국민[궁민], 책 넣는다[챙넌는다]
			깎는[깡는]
			몫몫이[몽목씨]
			긁는[긍는], 흙만[흥만], 흙 말리다[흥말리다]
			키읔만[키응만]
받침 ㄷ (ㅅ, ㅆ, ㅈ, ㅊ, ㅌ, ㅎ)	ㅁ, ㄴ	[ㄴ]	닫는[단는]
			짓는[진ː는], 옷맵시[온맵씨], 옷 맞추다[온마추다]
			있는[인는]
			맞는[만는], 젖멍울[전멍울]
			쫓는[쫀는], 꽃망울[꼰망울]
			붙는[분는], 겉문[건문]
			놓는[논는], 쌓네[싼네], 놓네[논네], 놓나[논나]
받침 ㅂ (ㅍ, ㄼ, ㄿ, ㅄ)		[ㅁ]	잡는[잠는], 밥물[밤물], 밥 먹는다[밤멍는다]
			앞마당[암마당]
			밟는[밤ː는]
			읊는[음는]
			없는[엄ː는], 값 매기다[감매기다]

(다) 유음의 비음화('ㄹ' 비음화)

① 유음 [ㄹ]가 앞 음절의 끝소리 비음 [ㅁ, ㅇ] 뒤에서 동화되어 [ㄴ]로 발음된다. 순행 동화의 일종이다.

〈표준 발음법〉 제19항

유형	후행 자음	발음	예
받침 ㄱ	ㄹ	[ㅇ] [ㄴ]	막론[망논], 백리[뱅니], 석류[성뉴], 백로[뱅노]
받침 ㅇ			강릉[강능], 항로[항:노], 대통령[대:통녕]
받침 ㅁ		[ㅁ] [ㄴ]	담력[담:녁], 침략[침냑], 능름[능늠]
받침 ㅂ			압력[암녁], 협력[혐녁], 십리[심니]

② 3음절 한자어의 경우
  파생어에서 유음의 비음화 현상이 일어난다.

유형	후행 자음	발음	예
받침 ㄴ	ㄹ	[ㄴ] [ㄴ]	의견란[의:견난], 임진란[임:진난], 동원령[동:원녕] 이원론[이:원논], 결단력[결딴녁], 공권력[공꿘녁] 상견례[상견녜], 횡단로[횡단노], 생산량[생산냥] 입원료[이붠뇨], 구근류[구근뉴], 견인력[겨닌녁] 낙관론[낙꽌논], 대관료[대관뇨], 중계권료[중계꿘뇨]

③ 비음동화와 'ㄹ' 비음화의 공통점과 차이점

	비음동화	'ㄹ' 비음화
공통점	비음이 아닌 자음이 비음으로 바뀐다.	
차이점	파열음의 비음화, 역행 동화 받침 'ㄱ, ㄷ, ㅂ'이 후행 초성 'ㅁ, ㄴ'을 만나서 받침이 각각 [ㅇ, ㄴ, ㅁ]으로 바뀜.	유음의 비음화, 순행 동화 받침 'ㄱ, ㅇ, ㅁ, ㅂ'이 후행 초성 'ㄹ'을 만나서 후행 초성이 [ㄴ]으로 바뀜.

참고

동화의 유형

대상	갈래	특징	예
대상	자음 동화	자음의 발음이 바뀌는 것	비음화, 유음화
	모음 동화	모음의 발음이 바뀌는 것	전설모음화
방향	순행 동화	뒷소리가 앞소리를 닮는 변화	칼날[칼랄], 찰나[찰라]
	역행 동화	앞소리가 뒷소리를 닮는 변화	신라[실라], 밥물[밤물]
	상호 동화	앞뒤 소리가 모두 변하는 것	독립[동닙], 십리[심니]
정도	완전 동화	두 자음이 같은 소리로 변하는 것	천리[철리], 밥물[밤물]
	불완전 동화	두 자음이 비슷한 소리로 변하는 것	먹는[멍는], 종로[종노]

1. 다음 문장에서 [ ]의 발음이 틀린 것을 고르시오.

① 내 친구는 전라도[절라도]가 고향이란다.
② 정이품송은 속리산[속니산]에 있다고 한다.
③ 8월 15일 광복절에는 천안에 있는 독립[동닙]기념관에 다녀와야겠어.
④ 이번 겨울엔 눈이 많이 내려 대관령[대괄령]이 자주 통제되었다.
⑤ 방학하자마자 강릉[강능]할머니 댁에 다녀와야겠다.

> **답** ② (해설) 속리산은 [송니산]으로 발음한다.

2. 다음 자음동화가 일어나는 단어 중 양쪽이 서로 닮아서 두 자음이 모두 바뀐 단어를 고르시오.

① 칼날　　　　　　② 담력　　　　　　③ 입는
④ 백로　　　　　　⑤ 닫는

> **답** ④ (해설) 백로[뱅노]는 첫음절의 종성과 둘째 음절의 초성이 서로 닮아서 두 자음이 모두 바뀌는 상호 동화 작용이 일어나는 단어이다.

3. 다음 글을 읽고 자음동화 현상이 일어나는 단어를 모두 골라 쓰시오.

> 들에는 가을 걷이가 한창이다. 소나무 아래에 누워 작년 여름에 동강에서 급류타기 하던 일을 떠올린다. 그때 담력이 약한 나는 무서웠지만 꾹 참았다.

> **답** 급류, 담력, 작년 (해설) 자음과 자음이 만나면, 서로 영향을 주고받아 한쪽이나 양쪽 모두 비슷한 소리로 바뀌는 현상을 '자음동화'라고 한다. '급류[금뉴], 담력[담녁], 작년[장년]'으로 각각 발음한다.

4. 다음 〈보기〉 중 인접해 있는 두 자음 중에서 앞의 자음만 바뀐 것으로 짝지어진 것을 고르시오.

> 〈보기〉　밥물, 담력, 백록담, 독립, 신라, 침략

① 밥물, 담력　　　　② 담력, 백록담　　　　③ 백록담, 독립
④ 침략, 신라　　　　⑤ 밥물, 신라

> **답** ⑤ (해설) 밥물[밤물], 담력[담녁], 백록담[뱅녹땀], 독립[동닙], 신라[실라], 침략[침냑]으로 발음한다. 이 중 두 자음 중에서 앞의 자음만이 바뀐 단어는 '밥물', '신라' 등 두 개이다.

6.5. 유음화(流音化)

(가) 개념

① 'ㄴ'이 'ㄹ'의 앞이나 뒤에 오면 [ㄹ]로 바뀌는 현상
② 'ㄹ + ㄴ'→[ㄹ][ㄹ]로 바뀌는 순행적 유음화와 'ㄴ + ㄹ'→[ㄹ][ㄹ]로 바뀌는 역행적 유음화가 있다.

(나) 종류

① 순행적 유음화

받침 'ㄹ, ㄾ, ㅀ'일 때 후행 자음이 'ㄴ'인 경우 고유어와 한자어에 모두 적용된다.

〈표준 발음법〉 제20항

유형	후행 자음	발음	예
받침 ㄹ	ㄴ	[ㄹ][ㄹ]	칼날[칼랄], 물난리[물랄리], 줄넘기[줄럼끼] 할는지[할른지], 실내[실래], 찰나[찰라]
받침 ㅀ			닳는[달른], 뚫는[뚤른], 뚫네[뚤레]
받침 ㄾ			핥네[할레], 핥는[할른], 훑는[훌른]

② 역행적 유음화

받침 'ㄴ'일 때 후행 자음이 'ㄹ'인 경우 한자어에만 적용된다.

유형	후행 자음	발음	예
받침 ㄴ	ㄹ	[ㄹ][ㄹ]	난로[날ː로], 변론[별ː론], 반론[발ː론], 현리[혈리] 분량[불ː량], 권력[궐ː력], 신라[실라], 천리[철리] 한류[할류], 연령[열령], 산란[살란], 산림[살림] 광한루[광ː할루], 대관령[대ː괄령], 신선로[신설로]

③ 비음화와 유음화의 차이

유형	원리	예
비음화	**[ㅂ, ㄷ, ㄱ]** + [ㄴ, ㅁ] → [ㅁ, ㄴ, ㅇ]	밥물[밤물], 닫는[단는], 먹는[멍는]
	[ㅁ, ㅇ] + **[ㄹ]** → [ㄴ]	담력[담녁], 종로[종노]
유음화	**[ㄴ]** + [ㄹ] → [ㄹ]	안락[알락]
	[ㄹ] + **[ㄴ]** → [ㄹ]	설날[설랄]

Tip
한자어 '란, 량, 력, 론, 료, 례, 령' 등이 접사처럼 붙는 경우 'ㄴ-ㄹ'을 '[ㄴ] [ㄴ]'로 발음한다.
예 의견란[의ː견난], 생산량[생산냥]

조음 위치 동화에 의한 비표준 발음

① 연구개음화

연구개음이 아닌 [ㅂ, ㄷ, ㅁ, ㄴ] 등이 연구개음의 영향으로 [ㄱ, ㅇ]로 바뀌는 현상. 수의적 음운 변동으로 비표준 발음이다.

대표음	후행 자음	발음	예
[ㄴ]		[ㅇ] [ㄱ]	건강 → [건강 / ✗ 겅강], 둔갑 → [둔갑 / ✗ 둥갑] 반기다 → [반기다 / ✗ 방기다]
[ㅁ]			감기 → [감ː기 / ✗ 강ː기], 담그다 → [담그다 / ✗ 당그다] 꼼꼼하다 → [꼼꼼하다 / ✗ 꽁꼼하다]
[ㄷ]	ㄱ	[ㄱ] [ㄲ]	숟가락 → [숟까락 / ✗ 숙까락], 뒷공론 → [뒫꽁논 / ✗ 뒥꽁논] 맡기다 → [맏끼다 / ✗ 막끼다], 옷감 → [옫깜 / ✗ 옥깜] 있고 → [읻꼬 / ✗ 익꼬], 꽃길 → [꼳낄 / ✗ 꼭낄])
[ㅂ]			밥그릇 → [밥끄른 / ✗ 박끄른], 접견 → [접껸 / ✗ 적껸] 갑갑하다 → [갑까파다 / ✗ 각까파다] 앞가지 → [압까지 / ✗ 악까지]

② 양순음화

양순음이 아닌 자음이 양순음 [ㅁ, ㅂ, ㅃ, ㅍ] 등의 영향을 받아 [ㅁ, ㅂ, ㅃ]로 바뀌는 현상. 수의적 음운 변동으로 비표준 발음이다.

대표음	후행 자음	발음	예
[ㄴ]	ㅁ	[ㅁ] [ㅁ]	신문 → [신문 / ✗ 심문], 안무 → [안무 / ✗ 암무] 한 말[-斗] → [한말 / ✗ 함말], 젖먹이→[전머기 / ✗ 점머기]
[ㄷ]			옷매무새 → [온매무새 / ✗ 옴매무새]
[ㄴ]	ㅂ	[ㅁ] [ㅂ]	진보 → [진보 / ✗ 짐보], 안 부터 → [안부터 / ✗ 암부터]
		[ㅁ] [ㅃ]	산불 → [산뿔 / ✗ 삼뿔], 문법 → [문뻡 / ✗ 뭄뻡]
[ㄷ]	ㅂ	[ㅂ] [ㅃ]	꽃바구니 → [꼳빠구니 / ✗ 꼽빠구니] 샛밥 → [샏빱 / ✗ 샙빱], 젖비린내 → [젇삐린내 / ✗ 접삐린내] 꽃밭 → [꼳빧 / ✗ 꼽빧]
	ㅍ	[ㅂ] [ㅍ]	밑판 → [믿판 / ✗ 밉판]

1. 다음 중 표준 발음이 아닌 것을 고르시오.

① 전라도[절라도]   ② 반론[발론]   ③ 줄넘기[줄럼끼]

④ 백로[뱅노]   ⑤ 선릉[설능]

> ◉ **답**   ⑤ (해설) ①, ②, ③ 유음화, ④ 비음화, ⑤ [설릉] 유음화

2. 다음 중 발음의 표기가 틀린 것을 고르시오.

① 난로[날로]   ② 광한루[광:할루]   ③ 의견란[의결란]

④ 임진란[임진난]   ⑤ 분량[불량]

> ◉ **답**   ③ (해설) ①, ⑤는 1음절 한자어끼리 결합한 단어에서 'ㄴ'과 'ㄹ'이 만나면 앞의 'ㄴ'이 'ㄹ'로 유음화된다. 받침 'ㄴ'과 첫소리 'ㄹ'이 만나는 환경에서도 뒤의 'ㄴ'이 'ㄹ'로 유음화된다. ②, ③, ④는 받침 'ㄴ'과 첫소리 'ㄹ'이 만나는 환경에서, 2음절이나 그 이상으로 된 한자어 뒤에 1음절 한자어 형태소가 결합하는 조건에서는 뒤의 'ㄹ'이 'ㄴ'으로 비음화된다. 따라서 [의견난]이 맞는 발음이다.

3. 다음 중 유음화 현상으로 짝지어진 것을 고르시오.

① 밥물[밤물] — 담력[담녁]   ② 안락[알락] — 설날[설랄]

③ 종로[종노] — 먹는[멍는]   ④ 닫는[단는] — 국물[궁물]

> ◉ **답**   ② (해설) ①, ③, ④는 비음화 현상의 예들이다.

4. '핥네'의 발음으로 맞는 것을 고르시오.

① [할테]   ② [할네]   ③ [한네]   ④ [할레]

> ◉ **답**   ④ (해설) 첫소리의 'ㄴ'이 'ㅊ' 뒤에 연결되는 경우에는 [ㄹ][ㄹ]로 발음한다.

5. 다음 단어 중에서 발음이 틀린 것을 고르시오.

① 공권력[공궐력]   ② 광한루[광:할루]

③ 할는지[할른지]   ④ 대관령[대:괄령]

> ◉ **답**   ① (해설) ②, ③, ④에서 받침 'ㄴ'은 'ㄹ'의 앞이나 뒤에서 [ㄹ]로 발음한다. 다만 한자어의 경우에는 받침 'ㄴ' 뒤의 'ㄹ'은 'ㄴ'으로 발음한다. 따라서 ①은 [공꿘녁]으로 발음한다.

6.6. 경음화(硬音化)

(가) 개념

두 개의 무성음이 만나면 뒤의 평음 [ㄱ, ㄷ, ㅂ, ㅅ, ㅈ]가 경음 [ㄲ, ㄸ, ㅃ, ㅆ, ㅉ]로 바뀌는 발음 현상이다.

(나) 종류

① 파열음 뒤의 경음화

불파음 다음에 오는 무성음은 경음이 된다.

유형	변화	예
받침 ㄱ (ㄲ, ㅋ, ㄳ, ㄺ)	[ㄱ]→[ㄲ]	국고[국꼬], 복권[복꿘], 독감[독깜], 목걸이[목꺼리]
	[ㄷ]→[ㄸ]	깎다[깍따], 부엌도[부억또], 깍두기[깍뚜기], 삯돈[삭똔]
	[ㅂ]→[ㅃ]	국밥[국빱], 넋받이[넉빠지], 칡범[칙뺌]
	[ㅅ]→[ㅆ]	국수[국쑤], 색시[색:씨], 목사[목싸]
	[ㅈ]→[ㅉ]	닭장[닥짱], 딱지[딱찌], 국자[국짜]
받침 ㄷ (ㅅ, ㅆ, ㅈ, ㅊ, ㅌ)	[ㄱ]→[ㄲ]	옷고름[온꼬름], 꽃고[꼳꼬], 밭갈이[받까리]
	[ㄷ]→[ㄸ]	있던[읻떤], 뻗대다[뻗때다], 꽃다발[꼳따발]
	[ㅅ]→[ㅆ]	낯설다[낟썰다]
	[ㅈ]→[ㅉ]	솥전[솓쩐]
받침 ㅂ (ㅍ, ㄿ, ㄼ, ㅄ)	[ㄱ]→[ㄲ]	덮개[덥깨]
	[ㄷ]→[ㄸ]	곱돌[곱똘]
	[ㅅ]→[ㅆ]	몹시[몹:씨], 맵시[맵씨], 법석[법썩]
	[ㅈ]→[ㅉ]	집적거리다[집쩍꺼리다], 옆집[엽찝], 값지다[갑찌다] 넓죽하다[넙쭈카다], 읊조리다[읍쪼리다]

② 용언 어간 뒤의 경음화

어간 유형	후행 자음	예
받침 ㄴ(ㄵ)		신고[신:꼬], 껴안다[껴안따], 앉고[안꼬], 얹다[언따]
받침 ㅁ(ㄻ)	ㄱ, ㄷ, ㅅ, ㅈ	삼고[삼:꼬], 더듬지[더듬찌], 닮고[담:꼬], 젊지[점:찌]
받침 ㄼ		넓게[널께], 떫지[떨:찌]
받침 ㄾ		핥다[할따], 훑소[훌쏘]

※ 체언 뒤에 'ㄱ, ㄷ'은 경음화가 일어나지 않는다.

여덟도[여덜도], 여덟과[여덜과]

③ 한자어 종성 'ㄹ' 뒤의 경음화

유형	후행 자음	예
한자어 받침 ㄹ	ㄷ	갈등[갈뜽], 발동[발똥], 절도[절또]
	ㅅ	말살[말쌀], 일시[일씨], 몰상식[몰쌍식], 불세출[불쎄출]
	ㅈ	갈증[갈쯩], 물질[물찔], 발전[발쩐]

그러나 한자어 종성 'ㄹ' 다음의 'ㄱ, ㅂ'은 평음과 경음이 모두 나타난다.

후행 자음	발음	예
ㄱ	[ㄱ]	발견(發見)[발견], 실감(實感)[실감], 발굴(發掘)[발굴]
	[ㄲ]	결격(缺格)[결껵], 물가(物價)[물까], 빈혈기(貧血氣)[빈혈끼]
ㅂ	[ㅂ]	칠백(七百)[칠백], 결부(結付)[결부], 불법(佛法)[불법]
	[ㅃ]	황달병(黃疸病)[황달뼝], 특별법(特別法)[특뼐뻡]

④ 관형사형 어미 'ㄹ' 뒤의 경음화

유형	후행 자음	예	연음	끊어 읽기
관형사형 '-(으)ㄹ' 뒤	ㄱ	할 것을 갈 곳	[할꺼슬] [갈꼳]	[할#거슬] [갈#곧]
	ㄷ	갈 데가 할 도리 좋을 대로	[갈떼가] [할또리] [조을때로]	[갈#데가] [할#도리] [조을#대로]
	ㅂ	할 바를	[할빠를]	[할#바를]
	ㅅ	할 수는 만날 사람	[할쑤는] [만날싸람]	[할#수는] [만날#사람]
	ㅈ	할 적에	[할쩌게]	[할#저게]

⑤ 'ㄹ'로 시작되는 어미의 경음화
표기에 반영하지 않고, 발음만 인정한다.

유형	후행 자음	예
'-(으)ㄹ'로 시작되는 어미	ㄱ	할걸[할껄], 할게[할께]
	ㅂ	할밖에[할빠께]
	ㅅ	할세라[할쎄라], 할수록[할쑤록]
	ㅈ	할지라도[할찌라도], 할지언정[할찌언정], 할진대[할찐대]

⑥ 합성어 사이의 경음화

〈표준 발음법〉 제28항

유형	후행자음	예
기능상 사이시옷이 있을 만한 합성어	ㄱ	문고리[문꼬리], 길가[길까], 바람결[바람껼], 강가[강까]
		☞ 고래기름[고래기름]
	ㄷ	눈동자[눈똥자], 물동이[물똥이], 그믐달[그믐딸], 초승달[초승딸]
		☞ 은돈[은돈]
	ㅂ	신바람[신빠람], 발바닥[발빠닥], 아침밥[아침빱], 등불[등뿔], 비빔밥[비빔빱]
		☞ 불법(佛法)[불법], 말방울[말방울], 손발[손발], 쌀밥[쌀밥] 콩밥[콩밥], 볶음밥[보끔밥]
	ㅅ	산새[산쌔], 굴속[굴:쏙], 창살[창쌀]
		☞ 밤송이[밤송이]
	ㅈ	손재주[손째주], 술잔[술짠], 잠자리[잠짜리], 강줄기[강쭐기]
		☞ 기와집[기와집], 잠자리(곤충)[잠자리]

⑦ 'ㅎ + ㅅ' 축약으로 인한 경음화

〈표준 발음법〉 제12항

받침	발음	예
ㅎ	ㅎ + ㅅ → [ㅆ]	닿소[다쏘], 좋소[조:쏘], 놓소[노쏘]
ㄶ		많소[만:쏘], 끊습니다[끈씀니다], 끊사오니[끈싸오니]
ㅀ		싫소[실쏘], 앓습니다[알씀니다]

⑧ 구와 보조용언에서 경음화

구	한강 다리[한강따리], 이번 주[이번쭈]
보조용언	할 듯하다[할뜨타다], 할 법하다[할뻐파다], 할 성싶다[할썽십따]

⑨ 주의해야 할 한자어 발음

평음으로 발음			경음으로 발음		
단어	한자	발음	단어	한자	발음
간단	簡單	[간단] ✘ [간딴]	산보	散步	[산:뽀]
공과	功過	[공과] ✘ [공꽈]	장기	長技	[장끼]
공과금	公課金	[공과금] ✘ [공꽈금]	점괘	占卦	[점꽤]
교과서	敎科書	[교:과서] ✘ [교꽈서]	태권도	跆拳道	[태꿘도]
등기	登記	[등기] ✘ [등끼]	고가품	高價品	[고까품]
창고	倉庫	[창고] ✘ [창꼬]	대가	代價	[대:까]
인사고과	人事考課	[인사고과] ✘ [인사고꽈]			
고가도로	高架道路	[고가도로] ✘ [고까도로]			

> **참고**
>
> **두 모음 사이에서 나는 경음 표기**
>
> > 깨끗하다, 소쩍새, 가꾸다, 가까이, 거꾸로, 부뚜막, 어깨, 오빠, 가끔, 새끼, 부쩍
> > 해쓱하다, 어떠하다, 기쁘다, 이따금, 꾀꼬리, 메뚜기, 아끼다, 부썩, 어찌, 으뜸
>
> **'ㄴ, ㄹ, ㅁ, ㅇ' 받침 뒤에서 나는 경음 표기**
>
> 받침 'ㄴ, ㄹ, ㅁ, ㅇ'은 평음을 경음화시키는 필연적인 조건이 되지 않기 때문에 표기로 나타난다.
>
> | 받침 | 예 |
> |------|-----|
> | ㄴ | 산뜻하다, 잔뜩, 단짝, 번쩍, 눈썹, 안쓰럽다, 진눈깨비, 혼쭐나다 |
> | ㄹ | 살짝, 훨씬, 물씬, 절뚝거리다, 날짜, 아뿔싸, 알쏭달쏭, 딸꾹질 |
> | ㅁ | 담뿍, 움찔, 듬뿍, 함빡 |
> | ㅇ | 몽땅, 엉뚱하다, 쌍꺼풀, 장딴지 |

(다) 예외

① 피동·사동의 접미사 '-기-'는 경음으로 발음하지 않는다.

> 안기다[안기다], 남기다[남기다], 굶기다[굼기다], 옮기다[옴기다]

> ※ 명사화 접미사 '-기'의 경우

> 줄넘기[줄럼끼], 굴착기[굴착끼], 뽑기[뽑끼]

② 같은 한자가 겹쳐진 단어의 경우에는 경음으로 발음하지 않는다.

> 허허실실[허허실실](虛虛實實), 절절-하다[절절하다](切切-)

> **참고**
>
> **어두 경음화**
>
> 요즘 10대에서 20대 사이에서 어두 경음화 현상이 두드러지고 있다. 어두에서 평음(ㄱ, ㄷ, ㅂ, ㅅ, ㅈ)이 경음(ㄲ, ㄸ, ㅃ, ㅆ, ㅉ)으로 발음하는 경우이다. 이들은 모두 비표준 발음이다.
>
> | | 비표준 발음 |
> |---|-----|
> | ㄱ | 가짜[*까짜], 검다[*껌다], 개구리[*깨구리], 고추[*꼬추], 과[*꽈]… |
> | ㄷ | 다른[*따른], 닦다[*딲따], 동글다[*똥글다], 둑[*뚝], 둥글다[*뚱글다]… |
> | ㅂ | 번데기[*뻔데기], 병아리[*뼝아리], 볶다[*뽁따], 불다[*뿔다], 비뚤다[*삐뚤다] … |
> | ㅅ | 사나이[*싸나이], 생방송[*쌩방송], 생얼[*쌩얼], 소나기[*쏘나기], 소주[*쏘주]… |
> | ㅈ | 자르다[*짜르다], 작다[*짝따], 저쪽[*쩌쪽], 제일[*쩨일], 좀[*쫌]… |

1. 다음 밑줄 친 단어 중 경음화 현상이 일어나지 않은 것을 고르시오.

① 나는 신발을 <u>신고</u> 달려 나갔다.
② 그는 그 일을 빨리 <u>할 것을</u> 재촉하였다.
③ 그녀는 <u>문고리</u>를 잡고 열어주지 않았다.
④ 그 소설은 남북의 <u>갈등</u>을 실감나게 그렸다.
⑤ 그 소녀는 멀리서 달려와 나의 품에 <u>안긴다</u>.

◉▶ 답 ⑤ (해설) "피동·사동의 접미사 '-기-'는 된소리로 발음하지 않는다."라는 원칙에 따라 [안긴다]로 발음해야 한다. ①은 [신꼬], ②는 [할 꺼슬], ③은 [문꼬리], ④는 [갈뜽]으로 발음해야 한다.

2. 다음 밑줄 친 단어 중 경음화 현상의 조건이 다른 하나를 고르시오.

① 집에 오는 길에 <u>책방</u>에 들렀다.
② <u>꽃밭</u>에는 꽃들이 모여 삽니다.
③ 많이 <u>담다</u> 보니 봉지가 찢어졌다.
④ <u>짚신</u>도 짝이 있다더니 너도 애인이 있구나.
⑤ 사과 껍질을 <u>깎다</u> 보니 사과가 작아져 버렸어.

◉▶ 답 ③ (해설) 경음화의 일반적인 조건과 예외적인 조건을 파악하는 문제이다. ③은 앞의 음절이 유성음으로 끝났지만 경음화가 일어난 경우에 해당하며, ①, ②, ④, ⑤는 두 개의 무성음이 만나서 경음화가 된 경우에 해당한다.

3. 다음 겹받침의 발음이 맞는 것을 고르시오.

① 넓고 — [널꼬]   ② 밟는 — [발른]
③ 넓죽하다 — [널쭈카다]   ④ 읽지 — [일찌]

◉▶ 답 ① (해설) ② '밟는'은 [밥는>밤는]이 되고, ③ '넓죽하다'는 [넙죽하다>넙쭈카다]가 되고, ④ '읽지'는 [익지>익찌]가 된다.

4. 다음 한자어의 발음이 틀린 것을 고르시오.

① 빈혈기(貧血氣)[빈혈끼]   ② 물가(物價)[물까]
③ 황달병(黃疸病)[황달뼝]   ④ 불법(佛法)[불뻡]

◉▶ 답 ④ (해설) 한자어 말음 'ㄹ' 다음의 'ㄱ, ㅂ'은 평음과 경음이 모두 나타난다. ④ '불법(佛法)'은 [불법]으로 발음한다.

5. 다음 단어의 발음이 틀린 것을 고르시오.

① 할 걸[할껄]   ② 간단[간단]
③ 발바닥[발바닥]   ④ 사나이[사나이]

◉▶ 답 ③ (해설) '발바닥'은 합성어 사이의 경음화 현상이 일어나서 [발빠닥]으로 발음한다.

6.7. 구개음화(口蓋音化)

(가) 개념

① 받침 'ㄷ, ㅌ, ㄾ'이 'ㅣ'나 반모음 'ǐ'로 시작되는 형식 형태소(조사나 접미사)와 만나면 'ㄷ, ㅌ'이 구개음 [ㅈ, ㅊ]로 바뀌는 현상이다.

② 실질 형태소와 결합할 경우 구개음화 현상이 일어나지 않는다.

(나) 유형

① 현대 한국어에서 구개음화는 표준 발음으로 인정하지만, 표기에 반영하지 않는다.

유형	음운 환경	발음	예
받침 ㄷ		[ㅈ]	곧이듣다[고지듣따], 굳이[구지], 해돋이[해도지] 미닫이[미다지], 땀받이[땀바지]
받침 ㅌ	'ㅣ'나 반모음 'ǐ' 앞	[ㅊ]	같이[가치], 붙이다[부치다], 피붙이[피부치] 밭이[바치], 낱낱이[난:나치]
받침 ㄾ			벼훑이[벼훌치]
받침 ㄷ	접미사 '-히-' 결합	[치]	굳히다[구티다 → 구치다] 닫히다[다티다 → 다치다] 묻히다[무티다 → 무치다]

② 결합 양상

단어 ＼ 환경	'ㅣ' 모음	'ㅣ' 모음 이외
	구개음화 현상	연음
밭	밭이[바치]	밭은[바튼], 밭을[바틀], 밭에[바테]
숱	숱이[수치]	숱을[수틀], 숱에[수테]

(다) 예외

단어 내부	마디, 어디, 잔디, 느티나무, 디디다, 견디다, 버티다
합성 명사	밭+이랑[반니랑], 홑+이불[혼니불]

1. 다음 〈보기〉의 설명과 관련된 음운 현상이 일어나는 단어를 고르시오.

> 〈보기〉
> · 모음 'ㅣ'와 관련하여 생각해 볼 수 있다.
> · 발음할 때 'ㅈ, ㅊ'의 소리를 내는 순간에 혀가 입안의 어느 부위에 닿느냐로 이해할 수 있다.
> · 먼 거리를 걸을 때보다 가까운 거리를 걸을 때가 힘이 덜 든다. 마찬가지로 두 음운을 입안의 서로 가까운 부분에서 소리내는 것이 더 발음하기 쉽다.

① 궂은　　　　② 잊어 버리고　　　③ 낮이　　　　④ 빻다　　　　⑤ 해돋이

◎▶ **답** ⑤(해설) 〈보기〉의 설명에 해당하는 음운 현상은 '구개음화'로 '해돋이, 같이, 굳이' 등이 있다.

2. 다음 밑줄 친 단어 중 구개음화 현상이 일어나지 않은 것을 고르시오.

① 댁의 <u>맏이</u>는 몇 살 입니까?　　　　② 농촌에는 <u>가을걷이</u>가 한창입니다.
③ 겉만 보고 <u>겉이</u> 까맣다고 하지 마라.　　④ 그림을 그려서 벽에 <u>붙여</u> 보자.
⑤ 경복궁에는 <u>꽃이</u> 많이 피어서 매우 아름답다.

◎▶ **답** ⑤ (해설) ⑤ 꽃이[꼬치]로 발음하며, 이것은 음절의 끝소리 규칙에 따라 모음으로 시작되는 자립성 없는 형태소와 결합했을 경우의 발음이다.

3. 다음 중 '미닫이'와 같은 음운 변동이 일어나지 않은 단어를 고르시오.

① 같이　　　　② 굳이　　　　③ 피붙이　　　　④ 밥물　　　　⑤ 꽃밭이

◎▶ **답** ④ (해설) '미닫이'는 [미다지]로 발음이 되는데 이와 같은 음운의 현상을 구개음화라 한다. '같이, 굳이, 해돋이, 피붙이, 꽃밭이' 등이 구개음화가 일어나는 단어이다.

4. 다음 〈보기〉에서 구개음화가 일어나는 단어가 몇 개인지 고르시오.

> 〈보기〉
> 가을걷이가 끝나면 우리 같이 해돋이를 보러 갈래?

① 1개　　　　② 2개　　　　③ 3개　　　　④ 4개　　　　⑤ 5개

◎▶ **답** ③ (해설) 음절 말음이 'ㄷ, ㅌ'인 형태소가 'ㅣ'모음을 만나 'ㅈ, ㅊ'으로 바뀌어 소리 나는 현상을 구개음화라고 한다. 이와 같은 구개음화가 일어나는 단어는 '가을걷이[가을거지], 같이[가치], 해돋이[해도지]' 등 3개이다.

5. 다음 중 구개음화가 일어나지 않은 단어를 고르시오.

① 낱낱이　　　　② 굳히다　　　　③ 벼훑이　　　　④ 해돋이　　　　⑤ 디디다

◎▶ **답** ⑤ (해설) '낱낱이, 굳히다, 벼훑이, 해돋이'에서는 구개음화가 일어나는데 단어 내부에서 'ㄷ + ㅣ'의 결합인 '디디다'는 구개음화가 일어나지 않는다.

6.8. 모음조화(母音調和)

(가) 개념

① 양성 모음 'ㅏ, ㅗ'는 'ㅏ, ㅗ'와, 음성 모음 'ㅓ, ㅜ'는 'ㅓ, ㅜ'와 어울리려는 현상이다.
② 용언의 어간과 어미 사이나 의성어와 의태어에서 가장 뚜렷이 나타난다.

〈표준어 사정 원칙〉 제8항

종류	모음	어감
양성 모음	ㅏ, ㅗ, ㅑ, ㅛ, ㅘ, ㅚ, ㅐ, ㅒ	작다, 빠르다, 가볍다, 밝다
	알록달록, 살랑살랑, 오목오목, 졸졸, 찰찰, 달달	
음성 모음	ㅓ, ㅜ, ㅕ, ㅠ, ㅝ, ㅟ, ㅔ, ㅖ, ㅡ, ㅣ	크다, 느리다, 무겁다, 어둡다
	얼룩덜룩, 설렁설렁, 우묵우묵, 줄줄, 철철, 들들	

(나) 종류

① 어간과 어미의 결합

〈한글 맞춤법〉 제16항

기본형	활용형					
잡다	잡아	잡아서	잡아도	잡아야	잡아라	잡았다
접다	접어	접어서	접어도	접어야	접어라	접었다
보다	보아	보아서	보아도	보아야	보아라	보았다
주다	주어	주어서	주어도	주어야	주어라	주었다

② 의성어와 의태어

양성 모음	깨작깨작	반짝반짝	모락모락	퐁당퐁당	아장아장
음성 모음	끼적끼적	번쩍번쩍	무럭무럭	풍덩풍덩	어정어정

(다) 모음조화 파괴

15세기 한국어에서는 비교적 엄격하게 지켜지던 모음조화가 'ㅡ'와 대립하던 'ㆍ'가 소멸되고 'ㅣ'가 음성 모음화되면서 현대 한국어에서 상당히 파괴되었다.

유형	모음조화를 지킨 경우	모음조화를 지키지 않은 경우
용언 활용	곱-+-아→고와 서럽-+-어→서러워 한스럽-+-어→한스러워 무겁-+-어→무거워	아름답-+-어→아름다워 차갑-+-어→차가워 날카롭-+-어→날카로워 놀랍-+-어→놀라워
체언	일흔, 구멍, 스물, 구름	오뚝이, 나무, 일곱, 가루, 마루
의성어 의태어	사각사각 / 서걱서걱 소곤소군 / 수군수군 종알종알 / 중얼중얼	보슬보슬, 깡충깡충, 꼼질꼼질 몽실몽실, 반들반들, 남실남실 자글자글, 대굴대굴, 생글생글

  그러나 현대 한국어에서 모음조화가 많이 약화되기는 했지만 '-아/-어, -아서/
-어서, -아도/-어도, -아라/-어라, -았-/-었-' 등과 같이 '-아/어'가 포함된 어
미들은 모음조화를 잘 지키고 있다. 따라서 '가깝다, 괴롭다'의 경우에도 '*가
까와(서), *괴로와(서)'가 되어야 할 것이다. 그러나 이렇게 되면 현실 발음인
'가까워(서), 괴로워(서)'와 차이가 커지게 되는 문제가 있다. 그래서 '가깝다, 괴롭
다'와 같이 어간이 2음절 이상인 'ㅂ' 불규칙 용언에 한해서는 현실 발음을 인정
하고 있다.

1. 다음은 모음조화에 대한 설명이다. 틀린 것을 고르시오.

① 용언의 활용 과정에서도 일어난다.
② 모음조화는 의성어와 의태어에서 가장 뚜렷하게 나타난다.
③ 한국어의 중요한 특질 중의 하나이다.
④ 근대 한국어까지 매우 엄격하게 지켜졌지만 현대에 들어와서 문란해졌다.
⑤ 양성 모음 'ㅏ, ㅗ'는 양성 모음끼리, 음성 모음 'ㅓ, ㅜ'는 음성 모음끼리 어울리려는 현상으로 국어의 중요한 특질 가운데 하나이다.

> **답** ④ (해설) 모음조화는 중세 국어에서 매우 엄격하게 지켜졌지만, '보슬보슬', '생글생글'과 같이 현대로 오면서 잘 지켜지지 않는 경우가 많아졌다. 이러한 현상은 의성어, 의태어뿐만 아니라 '가깝-+-어 → 가까워', '아름답-+-어 → 아름다워'와 같이 용언의 활용 과정에서도 나타난다.

2. 다음 중 밑줄 친 부분의 표기가 맞는 것을 고르시오.

① <u>깡충깡충</u> 뛰는 게 마치 토끼 같다.　　② 입맛에 안 맞으면 그냥 <u>뱉어라</u>.
③ 모두들 <u>앉어</u> 주세요.　　④ 그 말도 맞는 것 <u>같애</u>.

> **답** ② (해설) 모음조화는 양성 모음은 양성 모음끼리, 음성 모음은 음성 모음끼리 같이 나타나는 것을 말한다. 즉 어간의 끝음절 모음이 'ㅏ', 'ㅗ'일 때는 양성 모음 어미를 취하고 나머지 모음들은 음성 모음 어미를 취한다. 따라서 '앉다'는 '앉아라(앉-+-아라)', '같다'는 '같아(같-+-아)'로 활용한다. 어간의 끝음절 모음이 'ㅏ', 'ㅗ'가 아닌 '뱉다'는 '뱉어라(뱉-+-어라)'로 활용한다.

3. 다음 중 활용할 때 양성 모음 어미가 결합하는 것들로 짝지어진 것을 고르시오.

① 괴롭다 — 잠그다　　② 두렵다 — 맵다
③ 담그다 — 곱다　　④ 가깝다 — 괴롭다

> **답** ③ (해설) '괴롭다', '두렵다' 등의 'ㅂ' 불규칙 용언들 중 2음절 이상의 용언 어간들은 모음조화의 예외이다. 1음절 용언인 '돕-', '곱-' 등은 모음조화를 지키지만 2음절 이상 용언 어간들은 모두 음성 모음 어미를 취한다. 또 '담그다', '잠그다' 등의 어간들은 제2음절의 'ㅡ'를 탈락시키고 양성 모음 어미들과 결합한다.

4. 다음 중 밑줄 친 부분의 표기가 맞는 것을 고르시오.

① 네 말이 맞는 것 <u>같아</u>.　　② 어서 문을 <u>잠궈라</u>.
③ 목적지가 점점 <u>가까와졌다</u>.　　④ 이리 와서 좀 <u>앉어</u>.

> **답** ① (해설) ② '잠그다' → '잠가라'는 모음조화 규칙의 예외에 해당한다. '잠그다'에 명령형 어미 '-어라'가 결합하면 '잠그-+-어라→잠거라'가 되어야 하는데 표기법상 올바른 것은 '잠가라'이다. ③ 'ㅂ' 불규칙 용언 중에서 어간이 2음절 이상일 때에는 항상 음성 모음 어미를 취하도록 하고 있다. 따라서 '가까워(서), 가까워졌다'가 바른 표기이다. ④ '앉아'를 '앉어'와 같이 실제로 발음한다. 하지만 현행 표기법에서는 이러한 현실을 전혀 인정하지 않고 있다. 따라서 표기에서는 '앉아'라고 써야 한다.

6.9. 모음 동화(母音同化)

(가) 개념

① 일정한 모음이 주변의 일정한 음운의 영향을 받아서 바뀌는 현상이다.
② 'ㅣ' 모음 앞에서 양순음이나 연구개음이 있을 때 자주 발생한다.

(나) 'ㅣ' 모음 역행 동화(전설모음화)

앞 음절의 후설 모음 'ㅏ, ㅓ, ㅗ, ㅜ'는 뒤 음절에 전설 모음 'ㅣ'가 오면 이에 끌려서 전설 모음 'ㅐ, ㅔ, ㅚ, ㅟ'로 발음되는 현상으로 일부 단어에서 표기에 반영하여 표준어로 인정한다.

〈표준어 사정 원칙〉 제9항

Tip

'ㅣ' 모음 역행 동화가 일어나지 않은 표준어: 아지랑이, 미장이, 유기장이

유형	예
표준어	냄비, 새끼, 서울내기, 시골내기, 신출내기, 풋내기. 깍쟁이, 댕기다 소금쟁이, 담쟁이덩굴, 멋쟁이, 골목쟁이, 발목쟁이, 동댕이치다
ㅏ → [ㅐ]	아비[*애비/아비], 잡히다[*재피다/자피다]
ㅓ → [ㅔ]	먹이다[*메기다/머기다], 어미[*에미/어미]
ㅗ → [ㅚ]	속이다[*쇠기다/소기다], 고기[*괴기/고기]
ㅜ → [ㅟ]	죽이다[*쥐기다/주기다], 굶기다[*귐기다/굼기다]

(다) 'ㅣ' 모음 순행 동화(이중모음화)

'ㅣ'의 뒤에 후설 모음 'ㅓ, ㅗ'가 오면 'ㅣ'의 영향을 받아 각각 'ㅕ, ㅛ'로 바뀌는 현상으로 일부 단어만 표준 발음으로 인정한다.

〈표준 발음법〉 제22항

유형	단어	표준 발음	허용 발음
표준어	되어	[되어]	[되여]
	피어	[피어]	[피여]
	-이오	[이오]	[이요]
	아니오	[아니오]	[아니요]
ㅓ → [ㅕ]	기어[*기여/기어], 먹이었다[*머기엳따/머기얻따]		
ㅗ → [ㅛ]	미시오[*미시요/미시오], 당기시오[*당기시요/당시시오]		

1. 다음 〈보기〉의 설명 중 맞는 것을 고르시오.

> 〈보기〉
> ㄱ. '되어'는 [되어]만 표준 발음이다.
> ㄴ. '피어'는 [피어], [피여] 둘 다 표준 발음으로 인정한다.
> ㄷ. '–이오'는 [이오]만 표준 발음이다.
> ㄹ. '아니오'는 [아니오/아니요] 둘 다 표준 발음으로 인정한다.

① ㄱ, ㄴ   ② ㄱ, ㄷ   ③ ㄴ, ㄹ   ④ ㄷ, ㄹ

◎ **답** ③ (해설) '되어'와 '피어'의 용언의 어미는 [어]로 발음함을 원칙으로 하되, [여]로 발음함도 허용하므로 [되어/되여], [피어/피여] 모두 발음하는 것이 가능하다. ㄱ에서 [되여]도 표준 발음이다. ㄷ에서 '이오'도 [이오/이요] 둘 다 표준 발음으로 허용한다.

2. 다음 밑줄 친 단어의 표기가 틀린 것을 고르시오.

① 얼마나 심려가 크시<u>요</u>?
② 건강은 건강할 때 지키는 것이 중요하<u>오</u>.
③ 늑장 부리다가는 차 시간을 놓치게<u>요</u>?
④ 빨리 집으로 돌아가<u>오</u>.

◎ **답** ① (해설) 종결어미는 '오'이고, 높임 조사는 '요'가 쓰인다.

3. 다음 중 발음 표기가 틀린 것을 고르시오.

① 미시오[미시요]   ② 아니오[아니요]
③ 되어[되여]   ④ 피어[피여]

◎ **답** ① (해설) '미시오'는 [미시오]로 발음하는 것이 표준 발음법이다.

6.10. 음의 첨가(添加)

6.10.1. 'ㄴ' 첨가

(가) 개념

① 한국어의 합성어와 파생어를 구성할 때, 앞 단어가 모음으로 끝나고 뒤 단어가 'ㅁ, ㄴ'으로 시작되면 [ㄴ]가 첨가된다.

② 앞 음절의 발음과 상관없이 뒤에 오는 모음이 'ㅣ'나 반모음 'ĭ'로 시작될 때에 [ㄴ] 또는 [ㄴ][ㄴ]로 발음하는 현상이다.

(나) 'ㄴ' 첨가 유형

〈표준 발음법〉 제29항

Tip

· 합성어: 둘 이상의 실질 형태소가 결합하여 하나의 단어가 된 말.

· 파생어: 실질 형태소에 접사가 결합하여 하나의 단어가 된 말.

받침	후행 모음	발음	예
'ㄹ' 이외 자음	ㅣ	[니]	막일[망닐], 삯일[상닐], 맨입[맨닙], 솜이불[솜ː니불], 헛일[헌닐] 꽃잎[꼰닙], 홑이불[혼니불]
	ㅑ	[냐]	내복약[내ː봉냑], 야옹야옹[야옹냐옹], 염색약[염ː생냑]
	ㅕ	[녀]	호박엿[호ː방녇], 늑막염[능망념], 직행열차[지캥녈차], 한여름[한녀름] 남존여비[남존녀비], 늦여름[는녀름], 콩엿[콩녇], 맹연습[맹ː년습] 색연필[생년필]
	ㅛ	[뇨]	담요[담ː뇨], 눈요기[눈뇨기], 영업용[영엄뇽]
	ㅠ	[뉴]	국민윤리[궁민뉼리], 밤윷[밤ː늋], 식용유[시굥뉴]

(다) 'ㄴ' 첨가 후 유음화

받침	후행 모음	발음	예
ㄹ	ㅣ	[리]	들일[들ː릴], 솔잎[솔립], 설익다[설릭따]
	ㅑ	[랴]	물약[물략]
	ㅕ	[려]	물엿[물렫], 서울역[서울력], 불여우[불려우]
	ㅠ	[류]	휘발유[휘발류], 유들유들[유들류들]

(라) 두 단어를 이어서 한 마디로 발음하는 경우

받침	예
ㄴ	한 일[한닐], 옷 입다[온닙따], 서른 여섯[서른녀섣], 3연대[삼년대], 먹은 엿[머근녇] 그런 여자[그런녀자], 안 열리다[안녈리다]
ㄹ	할 일[할릴], 잘 입다[잘립따], 스물 여섯[스물려섣], 1연대[일련대], 먹을 엿[머글렫] 유월 유두[유월류두]

그러나 '잘 입다, 못 이기다' 등을 두 단어로 인식하고서 발음하는 경우에 [자립때]나 [모디기다]와 같이 연음하여 발음할 수 있다. 이때는 'ㄴ(또는 ㄹ)'의 첨가 없이도 발음한다.

(마) 예외

① 다음과 같은 말들은 'ㄴ' 음을 첨가하여 발음하되, 표기대로 발음할 수 있다.
　☞ 'ㄴ' 첨가 현상과 연음 현상을 모두 표준어로 인정한다.

> 야금야금[야금냐금/야그먀금], 욜랑욜랑[욜랑뇰랑/욜랑욜랑], 이죽이죽[이중니죽/이주기죽]
> 검열[검ː녈/거ː멸], 금융[금늉/그뮹]

② 다음과 같은 단어에서는 'ㄴ(ㄹ)' 음을 첨가하여 발음하지 않는다.

> 6·25[유기오], 3·1절[사밀쩔], 8·15[파리로], 송별연[송ː벼련], 등용문[등용문]

③ '-이오?'(이것은 책이오?)를 줄여서 '-요?'라고 할 경우 'ㄴ'이나 'ㄹ'의 첨가 없이 받침을 연음하여 발음한다.

> 문요?[무뇨], 담요?[다묘], 물요?[무료], 상요?[상요]

6.10.2. 'ㅅ' 첨가

(가) 개념

받침이 유성음이고 후행 자음이 무성 평음일 때 뒤의 평음이 경음으로 변하는 현상으로, 이를 표시하기 위하여 합성어의 앞말이 모음으로 끝났을 때는 받침으로 사이시옷을 적는다.

(나) 조건

① 발음상 사잇소리가 있어야 한다.

사잇소리	초+불→촛불[초뿔/촏뿔] 배+사공→뱃사공[배싸공/밷싸공] 시내+가→시냇가[시ː내까/시ː낻까]	합성 명사의 앞 단어가 모음으로 끝났을 때 받침으로 '사이시옷(ㅅ)'을 적는다.
예외	고래+기름→고래기름[고래기름] 기와+집→기와집[기와집] 밤+송이→밤송이[밤ː송이] 은+돈→은돈[은돈] 콩+밥→콩밥[콩밥] 말+방울→말방울[말방울] 참+기름→참기름[참기름] 오리+발→오리발[오ː리발]	합성 명사이지만 발음상 소리의 덧남이 없다.

② 의미의 분화가 나타난다.

단어	발음	의미
머리방	[머리방]	미용실
머릿방	[머리빵/머릳빵]	안방 뒤에 달린 작은 방
고기배	[고기배]	생선의 배
고깃배	[고기빼/고긷빼]	고기잡이를 하는 배
나무집	[나무집]	나무로 만든 집
나뭇집	[나무찝/나묻찝]	나무를 파는 집

(다) '고유어＋고유어', '고유어＋한자어', '한자어＋고유어' 합성어

〈한글 맞춤법〉 제30항

① 사이시옷 뒤에 'ㄱ, ㄷ, ㅂ, ㅅ, ㅈ'이 결합하는 경우
　자음만을 경음으로 발음하는 것을 원칙으로 하되, 사이시옷을 [ㄷ]로 발음하는 것도 허용한다.

후행 자음	발음	예		예외
		고유어＋고유어	고유어＋한자어, 한자어＋고유어	
ㄱ	[ㄲ]	냇가[내ː까/낻ː까], 샛길[새ː낄/샏ː낄] 나뭇가지, 댓가지, 뒷갈망 머릿기름, 바닷가, 뱃길 선짓국, 조갯살, 킷값	샛강, 촛국, 핏기, 횟가루	개구멍
ㄷ	[ㄸ]	빨랫돌[빨래똘/빨랟똘], 콧등[코뜽/콛뜽] 맷돌, 부싯돌, 잿더미, 핏대 바윗돌, 바윗덩어리	봇둑	배다리
ㅂ	[ㅃ]	깃발[기빨/긷빨], 대팻밥[대ː패빱/대ː팯빱] 귓밥, 나룻배, 모깃불, 햇볕 혓바늘, 쳇바퀴	귓병, 콧병, 머릿방, 뱃병 아랫방, 횟배, 사잣밥	예부터
ㅅ	[ㅆ]	햇살[해쌀/핻쌀], 뱃속[배쏙/밷쏙] 우렁잇속	텃세, 햇수, 자릿세	예스럽다
ㅈ	[ㅉ]	뱃전[배쩐/밷쩐], 고갯짓[고개찓/고갣찓] 고랫재, 못자리, 쇳조각 아랫집, 잇자국, 찻집	찻잔, 찻종, 탯줄, 전셋집	기와집 초가집 새집

② 사이시옷 뒤에 'ㄴ, ㅁ'이 결합하는 경우

후행 자음	발음	예		예외
		고유어+고유어	한자어+고유어	
ㄴ	[ㄴ]	멧나물[멘나물], 콧날[콘날] 아랫니[아랜니], 옛날[옌ː날]	곗날[곈ː날/곈ː날] 제삿날[제ː산날] 훗날[훈ː날]	
ㅁ	[ㄴ]	깻묵[깬묵], 냇물[낸ː물] 뒷머리[뒨ː머리], 잇몸[인몸] 뱃머리[밴머리], 빗물[빈물] 아랫마을[아랜마을] 텃마당[턴마당]	양칫물[양친물] 툇마루[퇸ː마루/퉨ː마루]	머리말 인사말 예사말 나라말

③ 사이시옷 뒤에 'ㅣ'나 반모음 'ǐ'가 결합되는 경우

후행 자음	발음	예	
		고유어+고유어	한자어+고유어
ㅣ	[ㄴ][ㄴ]	베갯잇[베갠닏], 깻잎[깬닙] 나뭇잎[나문닙], 댓잎[댄닙] 두렛일[두렌닐], 욧잇[욘닏] 뒷일[뒨ː닐], 뒷입맛[뒨ː님맏]	가욋일[가왼닐/가웬닐] 사삿일[사산닐] 훗일[훈ː닐] 예삿일[예ː산닐]
ㅠ	[ㄴ][ㄴ]	뒷윷[뒨ː눋]	
ㅕ	[ㄴ][ㄴ]	도리깻열[도리깬녈]	

(라) '한자어+한자어' 합성어

원칙	한자어+한자어	기차간, 수도세, 전세방, 우유병, 장미과
	한자어+ㅅ+고유어	기찻길, 수돗가, 전셋집, 우윳빛, 장밋빛
예외	아래 6개 한자어만 사이시옷을 적는다. 곳간(庫間)[고깐/곧깐], 셋방(貰房)[세ː빵/섿ː빵], 숫자(數字)[수ː짜/숟ː짜] 찻간(車間)[차깐/찯깐], 툇간(退間)[퇴ː깐/퉫ː깐], 횟수(回數)[회쑤/휃쑤]	

경음화와 사잇소리 현상 비교

		경음화	사잇소리 현상
조건 1		형태소+형태소의 결합	단어(형태소)+단어(형태소)→합성명사
조건 2		무성음+무성음→경음	유성음+유성음→경음
종류	원칙	(가) 무성음+무성음 체언+조사/어간+어미/어근+접사	(가) 유성음+무성음
	허용	(나) 유성음(ㄴ, ㅁ)+무성음 → 경음	(나) 유성음+'ㅁ, ㄴ'→'ㄴ'소리 덧남 (다) 앞말+'ㅣ'나 반모음 'ĵ' → 'ㄴ' 또는 'ㄴㄴ' 소리 덧남
예		(1) ① 국밥, 꽃다발, 앞길, 옆집, 젖소 ② 책도, 밥도, 떡과 ③ 깎다, 있던, 낯설다 ④ 덮개, 읊조리다 ⑤ 안고, 넘고, 젊지	(2) ① 촛불, 뱃사공, 밤길, 봄비, 촌사람 등불, 말소리, 길가 ② 잇몸, 콧날 ③ 솜이불, 논일, 물약, 솔잎, 아랫니 눈요기, 부엌일, 집일
유형	일반적	(가) 무성음+무성음 (1)의 ①: 합성의 예 (1)의 ②: 체언+조사의 예 (1)의 ③: 어간+어미의 예 (1)의 ④: 어근+접사의 예	(가) 유성음+무성음 (2)의 ①예
	허용	(나) 유성음(ㄴ, ㅁ)+무성음 → 경음 (1)의 ⑤ : 어간+어미의 예	(나) 유성음+'ㅁ, ㄴ'→'ㄴ' 소리 덧남 (2)의 ②예 (다) 앞말+'ㅣ'나 반모음 'ĵ' → 'ㄴ' 또는 'ㄴㄴ' 소리 덧남 – (2)의 ③예

1. 다음 문장에서 [ ]의 발음이 틀린 것을 고르시오.

① 동네 사람들은 반신반의[반:신바:니]하는 표정들이었다.
② 대관령[대:괄령] 고개를 넘어야 할머니 댁에 갈 수 있다.
③ 학교 홈페이지의 의견란[의:결란]에 글을 올려 주십시오.
④ 이 마을은 지난여름에 홍수로 큰 물난리[물랄리]를 겪어야 했다.
⑤ 그는 눈보라[눈:보라]를 무릅쓰고 세 차례나 연길, 용정 등을 왕래했다.

◉ **답** ③ (해설) 의견란은 '[의 : 견난]'이 표준 발음이다.

2. 사이시옷이 들어가는 2음절 한자어로만 짝지어진 것을 고르시오.

① 횟수(回數) ― 댓가(代價) ― 찻간(車間)
② 툇간(退間) ― 곳간(庫間) ― 잇점(利點)
③ 곳간(庫間) ― 셋방(貰房) ― 숫자(數字)
④ 찻간(車間) ― 촛점(焦點) ― 툇간(退間)
⑤ 숫자(數字) ― 댓가(代價) ― 찻간(車間)

◉ **답** ③ (해설) '한자어＋한자어' 합성어는 사이시옷을 표기하지 않지만 "곳간, 셋방, 숫자, 찻간, 툇간, 횟수" 등 6개의 단어에는 'ㅅ'을 표기한다.

3. 다음 문장에서 [ ]의 발음이 틀린 것을 고르시오.

① 영화의 사전 검열[거:멸]이 폐지되었다.
② 우리 삼촌은 올해 서른여섯[서른녀섣] 살이다.
③ 날씨가 추워져 두꺼운 솜이불[소미불]을 꺼냈다.
④ 아이들에게는 알약 대신 물약[물략]을 조제해 주었다.
⑤ 젊은이들이 군에 입대하는 동료를 위해 송별연[송:벼련]을 열었다.

◉ **답** ③ (해설) 솜이불은 '[솜 : 니불]'로 발음한다.

4. 다음 문장 중 표기가 맞는 것을 고르시오.

① 등굣길에 문방구에 들러야 해.
② 윗층에서 무슨 소리가 들리는 것 같다.
③ 햇님이 구름 속에 숨었어요.
④ 머릿말을 잘 읽어 보면 어느 정도 내용을 알 수 있다.
⑤ 요즘은 전세집을 구하기 어렵다.

◉ **답** ① (해설) '등굣길'의 경우 [등교낄/등굗낄]로 발음되며, '길'이 고유어 명사이기 때문에 '등굣길'로 쓴다. ② '층'이나 '쪽'처럼 뒤에 오는 단어가 본래 거센소리 또는 된소리일 경우 사이시옷을 적지 않으므로 '위층'으로 쓴다. ③ '해님'의 경우는 '–님'이 단어가 아니라 접미사이기 때문에 사이시옷을 쓰지 않는다. ④ '머리말'의 표준 발음이 [머리말]이기 때문에 사이시옷을 적을 수 없다. ⑤ 한자어 '전세'와 고유어 '집'이 결합하는 경우는 사이시옷을 넣어서 '전셋집'으로 쓴다.

6.11. 음의 축약(縮約)

6.11.1. 자음 축약

(가) 개념

파열음이나 파찰음의 평음 [ㅂ, ㄷ, ㄱ, ㅈ]와 [ㅎ]가 서로 만나서 격음 [ㅍ, ㅌ, ㅋ, ㅊ]로 바뀌는 현상으로 표기에 반영하지 않는다.

(나) 단어 안에서 발음하는 경우(유기음화)

〈표준 발음법〉 제12항

조건		축약형	예
ㄱ	ㅎ	[ㅋ]	국화[구콰], 먹히다[머키다], 각하[가카], 정직하다[정ː지카다]
ㄹㄱ			읽히다[일키다], 밝히다[발키다]
ㄷ		[ㅌ]	맏형[마텽] ☞ 닫히다[다티다→다치다], 굳히다[구티다→구치다]
ㅌ			숱하다[수타다]
ㅅ			긋하다[구타다]
ㅂ		[ㅍ]	좁히다[조피다], 입학[이팍], 급하다[그파다], 입히다[이피다]
ㄼ			밟히다[발피다], 넓히다[널피다]
ㅈ		[ㅊ]	꽂히다[꼬치다], 잊히다[이치다]
ㄵ			앉히다[안치다], 얹히다[언치다]
ㅎ ㄶ ㅀ	ㄱ	[ㅋ]	놓고[노코], 쌓고[싸코], 빨갛고[빨가코], 많고[만ː코], 끊고[끈코] 끊기다[끈키다], 뚫고[뚤코]
	ㄷ	[ㅌ]	좋던[조ː턴], 않던[안턴]
	ㅈ	[ㅊ]	쌓지[싸치], 많지[만ː치], 닳지[달치], 옳지[올치]

자음 축약으로 인한 경음화

어간 받침	후행 자음	발음	예
ㅎ	ㅅ	[ㅆ]	닿소[다쏘], 닿습니다[다씀니다]
ㄶ			많소[만쏘], 많습니다[만씀니다]
ㅀ			싫소[실쏘], 싫습니다[실씀니다]

(다) 둘 또는 그 이상의 단어를 이어서 발음하는 경우

받침	발음	표기	둘 다 가능함	
			연음	끊어 읽기
ㅅ		옷 한 벌 뭇 형벌	[오탄벌] [무텅벌]	[옫#한#벌] [묻#형벌]
ㅈ	[ㅌ]	낮 한때 온갖 힘	[나탄때] [온:가팀]	[낟#한때] [온갇#힘]
ㅊ		꽃 한 송이 몇 할	[꼬탄송이] [며탈]	[꼳#한#송이] [멷#할]
ㅌ		숱하다	[수타다]	[숟#하다]
ㅂ	[ㅍ]	밥 한 사발	[바판사발]	[밥#한#사발]
ㄱ	[ㅋ]	국 한 대접	[구칸대:접]	[국#한#대:접]

> **참고**
>
> **자음 축약이 표기에 반영된 경우(〈한글 맞춤법〉 제40항)**
> 어간의 끝음절의 '하'의 'ㅏ'가 줄고 'ㅎ'이 다음 음절의 초성과 어울려서 격음으로 될 적에는 격음으로 적는다.
>
> | 본말 | 준말 |
> | --- | --- |
> | 가하다 | 가타 |
> | 간편하게 | 간편케 |
> | 결근하고자 | 결근코자 |
> | 다정하다 | 다정타 |
> | 당(當)하지 | 당치 |
> | 무능하다 | 무능타 |
> | 부지런하다 | 부지런타 |
> | 실천하도록 | 실천토록 |
> | 연구하도록 | 연구토록 |
> | 정결하다 | 정결타 |
> | 청하건대 | 청컨대 |
> | 회상하건대 | 회상컨대 |
> | 흔하다 | 흔타 |

6.11.2. 모음 축약

(가) 개념

어간의 종성 모음과 어미의 초성 모음이 만날 때 어간 모음이 반모음으로 바뀌면서 하나로 축약되고, 표기에 반영한다.

(나) 종류

① 모음으로 끝나는 어간과 모음 어미가 만나서 한 음절로 축약한다.

선행 모음	후행 모음	축약형	예
ㅏ	ㅣ	ㅐ	싸이다 → 쌔다
	ㅕ	ㅐ	하여 → 해, 더하여 → 더해, 흔하여 → 흔해
	ㅕㅆ	ㅒㅆ	하였다 → 했다
ㅕ	ㅣ	ㅖ	펴이다 → 폐다, 켜이다 → 켸다
ㅗ	ㅣ	ㅚ	보이다 → 뵈다, 쏘이다 → 쐬다
	ㅏ	ㅘ	보아 → 봐, 쏘아 → 쏴, 꼬아 → 꽈 ㅣㅏ놓아 → 놔
	ㅏㅆ	ㅘㅆ	보았다 → 봤다, 쏘았다 → 쐈다, 꼬았다 → 꽜다
ㅜ	ㅣ	ㅟ	누이다 → 뉘다, 꾸이다 → 뀌다
	ㅓ	ㅝ	주어 → 줘, 두어 → 둬, 수어 → 숴
	ㅓㅆ	ㅝㅆ	주었다 → 줬다, 두었다 → 뒀다, 수었다 → 쉈다
ㅡ	ㅣ	ㅢ	뜨이다 → 띄다, 쓰이다 → 씌다,
ㅣ	ㅓ	ㅕ	가지어 → 가져, 견디어 → 견뎌, 기어서 → 겨서
	ㅓㅆ	ㅕㅆ	가지었다 → 가졌다, 견디었다 → 견뎠다
	ㅐ	ㅒ	이애 → 얘
ㅚ	ㅓ	ㅙ	되어 → 돼, 괴어 → 괘, 뵈어 → 봬
	ㅓㅆ	ㅙㅆ	되었다 → 됐다, 괴었다 → 괬다, 뵈었다 → 뵀다

※ 모음 축약이 안 되는 경우

	맞음	틀림
사귀다	사귀어, 사귀었다, 사귄	*사겨, *사겼다, *사긴
바뀌다	바뀌어, 바뀌었던, 바뀐	*바끼어, *바끼었다, *바낀

〈한글 맞춤법〉 제34~36항

② 어간 끝 모음 'ㅏ, ㅗ, ㅜ, ㅡ' 뒤에 '-이어'가 결합하여 축약할 때에는 두 가지 형식으로 나타난다. 모두 표준어로 인정한다.

〈한글 맞춤법〉 제37~38항

어간 모음		앞(어간) 음절에 붙어서 축약되는 경우	뒤(어미) 음절에 붙어서 축약되는 경우
ㅏ	까이어	깨어	까여
	싸이어	쌔어	싸여
ㅗ	꼬이어	꾀어	꼬여
	보이어	뵈어	보여
	쏘이어	쐬어	쏘여
ㅜ	누이어	뉘어	누여
ㅡ	쓰이어	씌어	쓰여
	트이어	틔어	트여
	뜨이어	띄어	뜨여

1. 다음 밑줄 친 단어와 음운 변동이 다른 것을 고르시오.

> 현서가 그림을 <u>그려</u> 보여 주었어요.

① 빨갛고　　　② 담가　　　③ 미뤄　　　④ 남겨　　　⑤ 막히다

⊙▶ 답　② (해설) 밑줄 친 단어 '그려'는 '그리+어 → 그려(ㅣ+ㅓ → ㅕ)'인 음운 축약 현상이 일어나는 단어이다. ① 빨갛고[빨가코]: ㅎ+ㄱ → ㅋ, ② 담가: 담그+아 → 담가 (음운 탈락), ③ 미뤄: 미루+어 → 미뤄('ㅜ+ㅓ → ㅝ'인 음운 축약), ④ 남겨: 남기+어 → 남겨('ㅣ+ㅓ → ㅕ'인 음운 축약), ⑤ 막히다[마키다]: ㄱ+ㅎ → ㅋ

2. 다음 중 음운 현상이 다른 하나를 고르시오.

① 그려　　　② 소나무　　　③ 하얗다　　　④ 놓다　　　⑤ 미뤄

⊙▶ 답　② (해설) ② 소나무: 솔+나무 → 소나무(음운의 탈락), 나머지는 음운 축약 현상으로 ① 그려: 그리+어 → 그려, ③ 하얗다[하야타]: ㅎ+ㄷ → ㅌ, ④ 놓다[노타]: ㅎ+ㄷ → ㅌ, ⑤ 미뤄: 미루+어 → 미뤄

3. 다음 중 음운 축약 현상이 일어나는 단어가 아닌 것을 고르시오.

① 빨갛고　　　② 심하다　　　③ 씹히면　　　④ 하얗다　　　⑤ 젖히다

⊙▶ 답　② (해설) ① 빨갛고[빨가코]: ㅎ+ㄱ → ㅋ, ③ 씹히면[씨피면]: ㅂ+ㅎ → ㅍ, ④ 하얗다[하야타]: ㅎ+ㄷ → ㅌ, ⑤ 젖히다[저치다]: ㅈ+ㅎ → ㅊ

4. 다음 단어 중에서 음운 축약 현상이 일어나는 단어로만 모두 짝지어진 것을 고르시오.

> 빨갛고, 심하다, 씹히면, 같으니, 졸리다, 하얗다, 놓으면, 젖히다, 넓히다, 좁히다

① 씹히면, 하얗다, 젖히다　　　　　② 빨갛고, 같으니, 하얗다
③ 빨갛고, 심하다, 좁히다　　　　　④ 젖히다, 놓으면, 넓히다
⑤ 졸리다, 좁히다, 심하다

⊙▶ 답　① (해설) 빨갛고[빨가코]: ㅎ+ㄱ → ㅋ, 씹히면[씨피면]: ㅂ+ㅎ→ㅍ, 하얗다[하야타]: ㅎ+ㄷ → ㅌ, 젖히다[저치다]: ㅈ+ㅎ → ㅊ

5. 발음할 때 음운 축약이 일어나는 단어를 고르시오.

① 잡으니　　　② 밭이　　　③ 빨갛고　　　④ 닭장　　　⑤ 삼천리

⊙▶ 답　③ (해설) 빨갛고[빨가코]: 'ㅎ+ㄱ → ㅋ'으로 음운 축약 현상이 일어난다.

6.12. 음의 탈락(脫落)

두 형태소(단어, 조사, 어미)가 결합하는 과정에서 발음의 편의성을 위해서 자음이나 모음이 탈락하는 현상이다.

6.12.1. 자음 탈락

(가) 'ㄹ' 탈락

① 합성과 파생 과정에서 'ㄹ' 탈락

〈한글 맞춤법〉 제28항

후행 자음	예
ㄴ	나날이(날-날-이), 부나비(불-나비), 소나무(솔-나무) 하느님(하늘-님), 무논(물-논), 따님(딸-님), 아드님(아들-님)
ㄷ	다달이(달-달-이), 마되(말-되), 여닫이(열-닫이)
ㅅ	마소(말-소), 부손(불-손), 무수리(물-수리), 부삽(불-삽), 화살(활-살)
ㅈ	싸전(쌀-전), 우짖다(울-짖다), 차지다(찰-지다), 차조(찰-조) 무자위(물-자위), 바느질(바늘-질)
예외	달나라(달-나라), 물난리(물-난리), 물놀이(물-놀이), 물동이(물-동이) 물새(물-새), 물장난(물-장난), 잘잘못(잘-잘못)

② 용언의 활용 과정에서 'ㄹ' 탈락

조건		예
어미 초성	ㄴ	살-+-느냐→사느냐, 살-+-는데→사는데 알-+-느냐→아느냐, 알-+-는데→아는데
	ㅅ	살-+-신다→사신다, 살-+-시고→사시고 알-+-신다→아신다, 알-+-시고→아시고
자음군단순화		멀-+-ㄴ→먼, 멀-+-ㄹ까→멀까, 멀-+-ㅁ→멈 살-+-ㄹ수록→살수록, 살-+-ㅂ시다→삽시다

(나) 'ㅎ' 탈락

① 'ㅎ'을 포함한 어간 받침과 모음으로 시작된 어미나 접미사와 결합하는 경우

〈표준 발음법〉 제12항

어간 받침	발음	예
ㅎ	탈락	낳은[나은], 놓아[노아], 넣은[너은], 찧으니까[찌으니까], 쌓을[싸을] 쌓이다[싸이다], 쌓인[싸인]
ㄶ		끊은[끄는], 끊일[끄닐], 많아[마ː나], 많을[마ː늘], 않은[아는] 않으니까[아느니까]
ㅀ		끓이다[끄리다], 끓이니까[끄리니까], 곯으니까[고르니까], 앓아[아라] 닳아[다라], 싫을[시를], 싫어도[시러도], 옳은[오른], 앓은[아른]

② 'ㄴ'으로 시작하는 어미와 결합하는 경우

어간 받침	발음		예
	어간 받침	후행 자음	
ㅎ	[ㄴ]	[ㄴ]	놓는[논는], 놓나[논나], 놓네[논네]
ㄶ			끊는[끈는], 끊네[끈네], 끊나[끈나]
ㅀ	[ㄹ]	[ㄹ]	끓는[끌른], 끓네[끌레], 끓나[끌라]

③ 'ㅎ'을 탈락시킨 비표준 발음

간호[*가노], 올해[*오래], 전화[*저놔], 잔하고[*자나고], 겸하니[*겨마니]

6.12.2. 모음 탈락

(가) '으' 탈락

유형	환경	예
매개모음 탈락	모음 다음	사-+-으면→사면, 가-+-으니까→가니까
	어간 'ㄹ' 다음	놀-+-으면→놀면, 돌-+-으면→돌면
어간 말음 탈락	'ㅓ' 앞	뜨-+-어→떠, 끄-+-어→꺼, 크-+-어→커
	'ㅏ' 앞	고프-+-아→고프아→고파, 바쁘-+-아→바쁘아→바빠

(나) 동음 탈락

환경			예
규칙	ㅏ+ㅏ	ㅏ	가아→가, 나아→나, 타아→타, 가았다→갔다, 나았다→났다
	ㅓ+ㅓ	ㅓ	서어→서
	ㅕ+ㅓ	ㅕ	켜어→켜, 펴어→펴
불규칙	ㅐ+ㅓ	ㅐ	개-+-어서→개어서[개어서/개:서] 깨[破]-+-어라→깨어라[깨어라/깨:라] 내-+-었고→내었고[내얻꼬/낻:꼬] 매-+-어라→매어라[매어라/매:라] 새[漏]-+-었고→새었고[새얻꼬/샌:꼬]
	ㅔ+ㅓ	ㅔ	베-+-어서→베어서[베어서/베:서] 세-+-어서→세어서[세어서/세:서] 데-+-어서→데어서[데어서/데:서]

〈한글 맞춤법〉 제34항

1. 다음 중 음운 탈락 현상이 일어나지 않은 것을 고르시오.

① 우짖다　　　② 마소　　　③ 빻다　　　④ 둥그니　　　⑤ 바느질

◉ 답　③ (해설) '빻다'는 음운의 축약이 일어난 단어로 [빠타]로 발음한다.

2. 다음 중 용언의 활용에서 음운 탈락 현상이 일어나는 것을 고르시오.

① 트 + 어라　　　② 주 + 어라　　　③ 되 + 어　　　④ 잡 + 히 + 어　　　⑤ 다니 + 어도

◉ 답　① (해설) '주+어라, 되+어, 잡+히+어, 다니+어도'는 음운 축약이 일어난다.

3. 다음 중 음운 현상이 나머지와 다른 하나를 고르시오.

① 마소　　　② 소나무　　　③ 속리산　　　④ 따님　　　⑤ 차돌

◉ 답　③ (해설) ①, ②, ④, ⑤는 음운 탈락 현상이 일어난 단어이고, ③ 속리산[송니산]은 자음동화가 일어나는 단어이다.

4. 다음 중 음운 현상이 나머지와 다른 하나를 고르시오.

① 날 + 니 → [나니]　　　　　② 둥글 + 니 → [둥그니]
③ 긋 + 어 → [그어]　　　　　④ 울 + 짖다 → [우짖다]
⑤ 흙 + 먼지 → [흥먼지]

◉ 답　⑤ (해설) '나니, 둥그니, 그어, 우짖다'는 음운 탈락이 일어나는 단어이다. '흙먼지'의 경우는 비음동화 현상이다.

5. 다음 중 음운 탈락 현상이 일어난 단어를 고르시오.

① 젖히다　　　② 씹히면　　　③ 놓이다　　　④ 남기어　　　⑤ 되었다

◉ 답　③ (해설) '젖히다, 씹히면, 남기어, 되었다'는 음운 축약이 일어나 [저치다], [씨피면], [남겨], [돼따] 등이 된다.

6.13. 음의 장단(長短)

현대 한국어 화자들 중에서 음의 장단을 정확하게 발음하는 경우는 매우 드물다. 특히 젊은 세대에서 모음의 장음과 단음을 구분하지 않고 보통 짧게 발음하려는 경향을 보인다. 그러나 〈표준 발음법〉에서 장음과 단음을 구분해서 발음하도록 규정한다.

6.13.1. 장음(긴소리)

한국어 표준 발음에서 긴소리와 짧은소리 두 가지만을 인정하는데, 그것도 단어의 제1음절에서만 긴소리를 인정하고 그 이하의 음절은 모두 짧게 발음함을 원칙으로 한다.

〈표준 발음법〉 제6항

① 단어의 제1음절에서만 긴소리로 발음하고 그 이하의 음절은 모두 짧게 발음하는 것을 원칙으로 한다.

긴소리		짧은소리	
제1음절		제2음절 이하	
[눈:]	눈보라, 눈뭉치, 눈사람	[눈]	첫눈, 함박눈, 진눈깨비, 싸락눈, 함박눈
[말:]	말씨, 말동무, 말소리	[말]	참말, 거짓말, 서울말, 시골말, 중국말
[밤:]	밤나무, 밤송이, 밤알	[밤]	쌍동밤, 군밤, 찐밤, 쪽밤, 꿀밤
[만:]	많다, 많이	[만]	수많이
[멀:]	멀리, 멀다	[멀]	눈멀다
[벌:]	벌리다	[벌]	떠벌리다
[별:]	별자리, 별똥	[별]	샛별, 저녁별, 별똥별

② 합성어에서 둘째 음절 이하에서도 분명한 긴소리로 발음하는 경우

반신반의(半信半疑)[반:신바:늬/반:신바:니], 재삼재사(再三再四)[재:삼재:사]
반관반민(半官半民)[반:관반:민], 선남선녀(善男善女)[선:남선:녀]
전신전화(電信電話)[전:신전:화]

③ 같은 음절이 반복되어 두 음절이 되어 있는 경우에는 둘째 음절을 긴소리로 발음하지 않는다.

반반(半半)[반:반], 영영(永永)[영:영], 동동(動動)[동:동], 점점(漸漸)[점:점]
간간(間間)이[간:가니], 서서(徐徐)이[서:서이], 시시비비(是是非非)[시:시비비]

④ 긴소리가 연달아 오는 경우, 둘째 음절 이하에서는 긴소리로 발음하지 않는다.

선[선:]＋무당[무:당]→선무당[선:무당], 한[한:]＋없이[업:씨]→한없이[하:넙씨]

⑤ 기본형과 활용형이 모두 긴소리인 경우

유형	예
종결 '-으오/-오'	살다[살:다] ― 사오[사:오] 호다[호:다] ― 호오[호:오]
ㄱ받침 용언	작다[작:따] ― 작은[자:근] ― 작아[자:가] 적다[적:따] ― 적은[저:근] ― 적어[저:거]
ㄷ받침 용언	얻다[얻:따] ― 얻은[어:든] ― 얻어[어:데]
ㅅ받침 용언	웃다[욷:따] ― 웃은[우:슨] ― 웃어[우:세]
ㄹ받침 용언	멀다[멀:다] ― 먼[먼:] ― 멀어[머:러] 끌다[끌:다] ― 끈[끈:] ― 끌어[끄:러] 썰다[썰:다] ― 썬[썬:] ― 썰어[써:러] 벌다[벌:다] ― 번[번:] ― 벌어[버:러]
ㄼ받침 용언	떫다[떨:따] ― 떫은[떨:븐] ― 떫은[떨:븐] 엷다[열:따] ― 엷은[열:븐] ― 엷어[열:비]
어간이 다음절인 경우	더럽다[더:럽따] ― 더러운[더:러운] 걸치다[걸:치다] ― 걸쳐[걸:처](걸다[걸:다]) 졸리다[졸:리다] ― 졸려[졸:려](졸다[졸:다])

⑥ 용언의 단음절 '어간+-아/어'가 축약되는 경우 긴소리로 발음한다.

보아→봐[봐:], 기어→겨[겨:], 되어→돼[돼:], 두어→둬[둬:], 이어→여[여:], 띠어→뗘[뗘:]
시어→셔[셔:], 주어→줘[줘:], 꾸어→꿔[꿔:], 쑤어→쒂[쒂:], 뵈어→봬[봬:], 쇠어→쇄[쇄:]
죄어→좨[좨:], 괴어→괘[괘:], 하여→해[해:]

⑦ 예외

모음 축약형의 짧은소리

오아→와, 지어→져, 찌어→쪄, 치어→쳐, 가아→가, 서어→서, 켜어→켜

⑦ 표현적 장음

특정한 낱말의 어감을 변화시키기 위해 장모음으로 바꾸어 발음하는 것으로 형용사나 부사에 많이 나타나며 화자의 주관적인 느낌이 반영되어 상태나 정도를 강조하게 된다.

여러분 부~자 되세요.
새해 복 많~이 받으세요.
저기 멀~리서 버스가 온다.
이 가방 정~말 예쁘네.

6.13.2. 단음(짧은소리)

〈표준 발음법〉 제7항

　한국어 표준 발음에서 긴소리를 가진 용언 어간이 짧게 발음되는 경우는 한국어에서 가장 규칙적으로 나타나는 현상 중의 하나이다.

① 단음절인 용언 어간에 모음으로 시작된 어미가 결합되는 경우

유형	용언 받침	예	
받침 있는 경우	ㄴ	신다[신ː따] ― 신어[시너]	안다[안ː따] ― 안아[아나]
	ㄷ	묻다[묻ː따] ― 물어[무러]	
	ㄹ	알다[알ː다] ― 알아[아라]	살다[살ː다] ― 살아[사라]
	ㅁ	감다[감ː따] ― 감으니[가므니]	넘다[넘ː따] ― 넘으면[너므면]
	ㅂ	밉다[밉ː따] ― 미워[미워]	
	ㅅ	붓다[붇ː따] ― 부어[부어]	
	ㄻ	닮다[담ː따] ― 닮아[달마]	
	ㄼ	밟다[밥ː따] ― 밟으면[발브면]	넓다[널따] ― 넓어[널버]
받침 없는 경우	ㅗ	쏘다[쏘ː다] ― 쏘아[쏘아]	호다[호ː다] ― 호아[호아]
	ㅜ	쑤다[쑤ː다] ― 쑤어[쑤어]	
	ㅚ	꾀다[꾀ː다] ― 꾀어[꾀어]	죄다[죄ː다] ― 죄어[죄어]
	ㅟ	쉬다[쉬ː다] ― 쉬어[쉬어]	뉘다[뉘ː다] ― 뉘어[뉘어]

② 기본형은 긴소리이지만 용언 어간에 피동·사동의 접미사가 결합하는 경우 짧은소리로 발음한다.

접미사	예
－이－	꼬이다[꼬이다], 안기다[안기다], 옮기다[옴기다], 쏘이다[쏘이다], 떼이다[떼이다]
－히－	밟히다[발피다]
－리－	울리다[울리다], 알리다[알리다]
－기－	감기다[감기다], 넘기다[넘기다]

③ 합성어의 경우는 본 발음과 상관없이 짧게 발음한다.

짧은소리	밀물, 썰물, 쏜살같이, 작은아버지
예외	먼동[먼ː동], 헌데[헌ː데]

④ 1음절 용언 어간의 음의 길이는 다음의 세 가지로 분류한다.

종류	예
항상 길게 실현되는 어간	없다[업ː따], 끌다[끌ː다]
자음 앞에서는 길게 발음하고 모음 앞에서는 짧게 발음하는 어간	감다[감ː따], 감아[가마], 신다[신ː따], 신어[시너]
항상 짧게 실현되는 어간	잡다[잡따], 먹다[먹따]

⑤ 합성 동사의 경우 동사의 첫음절은 본래의 긴소리에 관계없이 짧게 발음한다.

껴+안대[안:따]→껴안대[껴안따], 내+뱉대[뱉:따]→내뱉대[내:뱉따], 빼+내대[내:다]→빼내대[빼:내다]
뛰어+넘대[넘:따]→뛰어넘대[뛰어넘따/뛰여넘따], 갈아+대대[대:다]→갈아대대[가라대다]
몰아+넣대[너:타]→몰아넣대[모라너타], 죽어+지내대[지:내다]→죽어지내대[주거지내다]

⑥ 둘 또는 셋 이상의 단어들을 한 마디로 발음하는 경우에는 후행 체언은 긴소리로 발음하지 않는다.

밤[밤:]	이 밤이[이바미]
사람[사:람]	그 사람도[그사람도]
오리[오:리]	저 오리는 [저오리는]

⑦ 예외

피동형 · 사동형의 긴소리 용언	끌리다[끌:리다], 벌리다[벌:리다], 없애다[업:쌔다] 웃기다[운:끼다], 썰리다[썰:리다], 더럽히다[더:러피다]
축약형	싸이다→쌔다[쌔:다], 누이다→뉘다[뉘:다], 펴이다→폐다[폐:다] 트이다→틔다[티:다], 쏘이다→쐬다[쐬:다]

6.13.3. 음의 길이에 의한 의미의 구별

　한국어에서 같은 모음을 특별히 길거나 짧게 소리를 내서 단어의 뜻을 구별하는 경우가 있다. 음의 길이는 뜻을 구별해 준다는 점에서 모음이나 자음과 같은 자격을 가진다. 그러나 독립적으로 존재할 수 없기 때문에 운소라고 한다.
　동일한 형태인데 음의 길이가 길고 짧음에 따라 뜻이 달라지는 단어로는 다음과 같은 예들이 있다.

단어	의미	단어	의미
가정(家庭)	가족	발[足]	신체
가:정(假定)	조건이나 전제	발:[簾]	가리개
거리[街]	길거리	밤[夜]	야간
거:리(距離)	간격	밤:[栗]	군밤
굴[石花]	조개류	벌(罰)	~ 받다
굴:(窟)	동굴	벌:[蜂]	곤충
대장(臺帳)	문서	성인(成人)	어른
대:장(大將, 隊長)	우두머리	성:인(聖人)	본 받을 만한 사람
말[馬]	동물	말다[捲]	둘둘말다
말:[言]	언어	말:다[禁止]	금지
무력(無力)	힘없음	묻다[埋]	파묻다
무:력(武力)	힘	묻:다[問]	질문

1. 다음 중 첫음절을 긴소리로 발음하는 것을 고르시오.

① 첫눈   ② 눈멀다

③ 함박눈   ④ 눈보라

> ◉ **답** ④ (해설) 단어의 첫음절에서만 긴소리가 나타나는 것을 원칙으로 하므로 [눈ː보라]로 발음한다. ①, ②, ③, 제2음절 이하에 놓인 것들로 위의 규정에 따라 [천눈], [눈멀다], [함방눈]과 같이 짧게 발음한다.

2. 다음 중 소리의 장단 표기가 틀린 것을 고르시오.

① 얻어[어ː더]   ② 미워[미ː워]

③ 엷어[열ː버]   ④ 작아[자ː가]

> ◉ **답** ② (해설) 단음절인 용언 어간이 모음으로 시작된 어미와 결합되는 경우에 그 용언 어간은 짧게 발음하므로 [미워]로 발음한다. ①, ③, ④, 용언 어간이 모음으로 시작된 어미 앞에서 규칙적으로 짧게 발음되는 데도 불구하고 나타나는 예외들이다.

3. 다음 중 긴소리 표기가 틀린 것을 고르시오.

① 밤에 밤ː을 구워 먹었다.   ② 말ː이 말을 한다고?

③ 눈에 눈ː이 들어 갔다.   ④ 사ː과를 하면서 사과를 하나 주었다.

> ◉ **답** ② (해설) 말[馬]은 짧은소리, 말[言]은 긴소리로 발음한다.

4. 다음 밑줄 친 단어의 발음이 틀린 것을 고르시오.

① 아이는 두 손을 **벌려[벌ː려]** 과자를 받았다.

② 창밖에 **눈보라[눈ː보라]**가 그치다.

③ 그는 고향에서 **멀리[멀ː리]** 도망갔다.

④ 오늘 점심에 먹게 감자 좀 **쪄[쩌ː]**.

> ◉ **답** ④ (해설) 한 음절로 축약되는 '오아→와, 지어→져, 찌어→쩌, 치어→쳐, 가아→가, 서어→서, 켜어→켜' 등과 같은 단어는 짧게 발음한다.

5. 다음 단어 중 장음 발음이 틀린 것을 고르시오.

① 감기다[감ː기다]   ② 끌리다[끌ː리다]

③ 벌리다[벌ː리다]   ④ 없애다[업ː쌔다]

> ◉ **답** ① (해설) 용언에 피동, 사동접미사와 결합하는 경우에는 단음으로 발음한다. 그러나 '끌리다, 벌리다, 없애다'는 어간을 짧게 발음한다.

6.14. 두음법칙

(가) 개념

① 한국어에서 'ㅣ, ㅑ, ㅕ, ㅛ, ㅠ' 앞에서의 'ㄹ'과 'ㄴ'이 'ㅇ'이 되고, 'ㅏ, ㅓ, ㅗ, ㅜ, ㅡ, ㅐ, ㅔ, ㅚ' 앞의 'ㄹ'은 'ㄴ'으로 변하는 현상이다.
② 다만 '라디오, 로봇, 뉴스, 뉴욕' 등과 같은 외래어일 경우에는 첫음절에서 'ㄹ'이나 'ㄴ'의 발음이 가능하다.

(나) 종류

① 단어의 초성 외에는 본음대로 적는다.

유형 1) 'ㅣ', 'ㅕ' 앞의 'ㄴ'이 'ㅇ'으로 바뀌는 경우

유형		첫음절	첫음절 이외
'ㄴ'→'ㅇ'	여	여자(女子), 연세(年歲), 연도(年度)	남녀(男女), 소녀(少女), 만년(晩年)
	요	요소(尿素), 요도(尿道)	당뇨(糖尿), 배뇨(排尿)
	유	유대(紐帶)	결뉴(結紐)
	이	이토(泥土), 익명(匿名) 이승(尼僧), 익사(溺死)	운니(雲泥), 은닉(隱匿) 비구니(比丘尼), 탐닉(耽溺)

유형 2) 'ㅣ', 'ㅕ' 앞의 'ㄹ'이 'ㅇ'으로 바뀌는 경우

유형		첫음절	첫음절 이외
'ㄹ'→'ㅇ'	야	양심(良心)	개량(改良), 선량(善良)
	여	역사(歷史)	경력(經歷), 병력(病歷)
	예	예의(禮儀)	사례(謝禮), 혼례(婚禮)
	요	용궁(龍宮)	와룡(臥龍), 쌍룡(雙龍)
	유	유행(流行)	하류(下流), 급류(急流)
	이	이발(理髮)	도리(道理), 진리(眞理)
	양	양산(量産)	감량(減量), 계량(計量)

〈한글 맞춤법〉 제10항

〈한글 맞춤법〉 제11항

유형 3) 'ㅣ', 'ㅑ' 앞의 '를'이 'ㄴ'으로 바뀌는 경우

유형		초성	초성 이외
'ㄹ'→'ㄴ'	나	낙원(樂園)	쾌락(快樂), 극락(極樂)
	내	내일(來日)	거래(去來), 왕래(往來)
	노	노인(老人)	부로(父老), 연로(年老)
	뇌	뇌성(雷聲)	지뢰(地雷), 낙뢰(落雷)
	누	누각(樓閣)	고루(高樓), 광한루(廣寒樓)
	능	능묘(陵墓)	동구릉(東九陵), 왕릉(王陵), 정릉(貞陵) 강릉(江陵), 태릉(泰陵), 선릉(宣陵)

② 한자어 접두사와 결합하는 경우

접두사처럼 쓰이는 한자어 형태소가 결합한 단어의 경우, 뒤의 단어는 두음법칙에 따라 적는다.

신-여성(新女性), 역-이용(逆利用), 연-이율(年利率), 열-역학(熱力學), 중-노동(重勞動)
몰-이해(沒理解), 과-인산(過燐酸), 가-영수(假領收), 등-용문(登龍門), 불-이행(不履行)
사-육신(死六臣), 생-육신(生六臣), 선-이자(先利子), 소-연방(蘇聯邦), 청-요리(淸料理)
반-나체(半裸體), 실-낙원(失樂園), 중-노인(中老人), 내-내월(來來月), 상-노인(上老人)
비-논리적(非論理的)

예외인 경우

예외	두음법칙 적용
미립자(微粒子), 소립자(素粒子)	강입자(强粒子)
수류탄(手榴彈)	총유탄(銃榴彈)
파렴치(破廉恥)	몰염치(沒廉恥)

③ 한자어 합성어의 경우

두 개 단어가 결합하여 된 합성어(또는 이에 준하는 구조)의 경우, 뒤의 단어는 두음법칙에 따라 적는다.

해외여행(海外旅行), 남존여비(男尊女卑), 낙화유수(落花流水), 무실역행(務實力行)
육체노동(肉體勞動), 부화뇌동(附和雷同), 사상누각(砂上樓閣), 평지낙상(平地落傷)

④ '고유어＋한자어'의 경우

고유어 뒤에 한자어가 결합한 경우는 뒤의 한자어 형태소가 하나의 단어로 인식되므로, 두음법칙을 적용하여 적는다.

개-연(蓮), 구름-양(量), 숫-용(龍), 어린이-난(欄), 아기-능(陵)

⑤ 모음이나 'ㄴ' 받침 뒤에 이어지는 '렬, 률'은 '열, 율'로 적는다.

열/렬	열(列)	수열(數列), 나열(羅列), 서열(序列), 진열(陳列), 전열(前列)
		행렬(行列)
	열(烈)	선열(先烈), 의열(義烈), 치열(熾烈)
		극렬(極烈)
	열(裂)	분열(分裂), 균열(龜裂), 사분오열(四分五裂)
		동렬(凍裂)
	열(劣)	비열(卑劣), 우열(優劣), 천열(賤劣)
		승렬(勝劣)
율/률	율(律)	규율(規律), 운율(韻律), 자율(自律), 선율(旋律)
		법률(法律)
	율(率)	백분율(百分率), 비율(比率), 실패율(失敗率)
		명중률(命中率), 합격률(合格率), 능률(能率)
	율(栗)	외율(煨栗), 조율(棗栗)
		황률(黃栗)
	율(慄)	전율(戰慄), 요율(僚慄)
		참률(慘慄)

(다) 예외

① 어휘 유형에 따른 단어

유형		예
한자어	냥(兩)	돈 만 냥
	년(年)	몇 년
	리(里)	몇 리냐?
	리(理)	그럴 리가 없다.
고유어	녀석	고얀 녀석
	년	괘씸한 년
	님	바느질 실 한 님
	닢	엽전 한 닢, 가마니 두 닢
외래어		라면, 로봇, 립스틱, 라디오, 램프, 뉴스, 뉴욕

② 의존명사가 아니지만 두음법칙이 적용되는 경우

이장(里長), 이치(理致), 양면(兩面), 연(年) 3회

1. 다음 중 표기가 맞는 것을 고르시오.

① 쌍용(雙龍)　　　② 남존녀비(男尊女卑)　③ 혼예(婚禮)　　　④ 누각(樓閣)

> **답** ④ (해설) ① '雙龍'의 '龍'은 어두가 아니므로 두음법칙이 적용되지 않고 본음대로 '쌍룡'이라 적는다. ③ '婚禮'가 '禮'도 어두가 아니므로 '혼례'가 된다. ② '男尊女卑'는 앞의 두 음절과 뒤의 두 음절이 의미상 나누어지므로 뒤의 말에도 두음법칙이 적용되어 '남존여비'로 적어야 한다. ④ '樓閣'의 '樓'는 본음이 '루'이지만 두음법칙에 따라 '누각'으로 적어야 한다.

2. 다음 중 표기가 틀린 것을 고르시오.

① 신립(申砬)　　　② 하륜(河崙)　　　③ 선동열(宣東烈)　　　④ 채윤(蔡倫)

> **답** ③ (해설) 사람의 성과 이름은 붙여 쓰더라도 이름의 첫머리는 두음법칙이 적용된다. '신입, 하윤, 채윤'이 올바른 표기이지만, 역사적 인물의 외자로 된 이름 가운데 관행적으로 본음으로 굳어진 경우는 '신립, 하륜, 채륜'과 같이 쓰는 것도 허용된다. 현대인의 경우는 외자 이름이라도 두음법칙의 예외가 허용되지 않는다. ③ '宣東烈'의 '烈'은 본음이 '렬'이고 어두가 아니므로 두음법칙이 적용되지 않은 '선동렬'이 올바른 표기이다.

3. 표기가 맞는 것들로 짝지어진 것을 고르시오.

① 백분률(百分率)] — 합격률(合格率)　　　② 백분율(百分率)] — 합격률(合格率)
③ 백분률(百分率)] — 합격율(合格率)　　　④ 백분율(百分率)] — 합격율(合格率)

> **답** ② (해설) '率'은 본음이 '률'이므로 어두가 아니면 '률'로 적는 것이 원칙이다. 그러나 앞말이 모음이나 ㄴ 받침으로 끝난 경우에는 예외적으로 '율'로 적도록 하였다. '合格率'은 원칙대로 '합격률'[합껵뉼]로 적고, '百分率'은 ㄴ 받침 뒤에 이어지므로 '백분율'[백뿐뉼]로 적어야 한다.

4. 다음 단어는 '란(欄)'이 결합된 것들이다. 표기가 맞는 것으로 짝지어진 것을 고르시오.

① 어린이난 — 가정난　　　② 어린이난 — 가정란
③ 어린이란 — 가정난　　　④ 어린이란 — 가정란

> **답** ② (해설) '欄'(본음 '란') 앞에 서구 외래어나 고유어가 결합한 경우에는 '난'으로 적고, 한자어가 결합한 경우에는 '란'으로 적는다. '어린이'는 고유어이므로 '어린이난'이 되고, '가정(家庭)'은 한자어이므로 '家庭欄'을 한 덩어리로 보아 '가정란'으로 적는다.

5. 다음 중 표기가 틀린 것들로 짝지어진 것을 고르시오.

① 늠늠하다(凜凜--) — 신연도(新年度)　　　② 낙락장송(落落長松) — 역역하다(歷歷--)
③ 실낙원(失樂園) — 폐활량(肺活量)　　　④ 알칼리양(alkali量) — 파렴치(破廉恥)

> **답** ① (해설) ① '凜凜하다'에서 '凜'의 본음은 '름'이므로 어두에서는 두음법칙이 적용되고, 비어두에서는 두음법칙이 적용되지 않은 '늠름하다'로 적는다. '新年度'는 '新年＋度'의 구성으로 보아 '신년도'로 적는다. ② '歷歷하다'도 어두에서는 두음법칙에 따라 '역', 비어두에서는 본음 '력'으로 적는다. ③ '失樂園'은 의미상 '失＋樂園'의 구성이므로 '실낙원'이 옳은 표기이다.

Ⅲ

한국어 문법

07 단어의 구조

🔍 **학습 목표**

– 형태소와 단어의 개념을 이해한다.
– 단어의 종류와 단어의 구조를 이해한다.
– 어근과 접사의 개념을 이해한다.
– 합성어와 파생어의 차이를 이해한다.

🔑 **주요 용어**

형태소, 단어, 어근, 접사, 합성어, 파생어

7.1. 형태소

(가) 개념

형태소(形態素, morpheme)는 문법 단위 중에서 의미를 가진 최소의 단위(minimal meaningful unit)이다. 여기서 의미는 어휘적 의미뿐만 아니라 문법적 의미도 포함된다.

'사랑'을 '사-랑'이나 'ㅅ-ㅏ-ㄹ-ㅏ-ㅇ'으로 쪼개면 각각의 요소들이 아무런 의미를 가지지 못하는 것처럼, 형태소를 더 쪼개면 의미를 잃거나 다른 의미로 변해 버린다.

문장	철수는 도서관에서 전공 책을 공부했다.	1문장
형태소	철수, 는, 도서관, 에서, 전공, 책, 을, 공부, 하-, -였-, -다	11개 형태소

> **참고**
>
> **유일 형태소(unique morpheme)**
> 형태소 중에는 '오솔길'의 '오솔-', '착하다'의 '착-', '아름답다'의 '아름-'과 같이 다른 단어와 결합하지 않으며 단독으로 쓰이지 않는 것들이 있다. 이것들을 유일 형태소 또는 특이 형태소라고 부른다.

(나) 형태소의 종류

기준	구분	특징
자립성	자립형태소 (自立形態素)	다른 형태소와의 결합이 없어도 자립적으로 쓰여 문장의 한 성분이 될 수 있다. **예** 학생, 가방, 책, 가을, 하늘
	의존형태소 (依存形態素)	다른 형태소와 결합해야만 문장의 성분으로 쓰일 수 있다. 형태소 앞이나 뒤에 하이픈(-)을 두어 의존적임을 표시한다. **예** 용언 어간(가-, 먹-, 좋-), 선어말어미(-시-, -었-), 종결어미(-다, -네, -니), 연결어미(-고, -게), 조사(이/가), 의존명사(데, 것, 줄)
의미	실질형태소 (實質形態素)	실질적인 개념을 나타낸다. 어휘형태소(語彙形態素)라고도 부른다. **예** 명사, 대명사, 수사, 관형사, 부사, 감탄사, 용언의 어간
	형식형태소 (形式形態素)	형식적인 관계를 나타낸다. 문법형태소(文法形態素)라고도 부른다. **예** 조사, 어미

7.2. 단어

단어(單語, word)는 최소의 자립형식(minimal free form)이다. 한 단어 내부에는 휴지(pause)를 둘 수 없고, 다른 단어를 개입시켜 한 단어 내부를 분리할 수도 없다.

Tip
휴지란 조음(調音) 활동의 일시적인 정지를 말한다.

| 단어(單語) | 작은어머니(아버지 동생의 아내) |
| 구(句) | 키가 작은 어머니 → 키가 작은 친구의 어머니 |

형태소와 단어는 모두 의미를 가지고 있지만, 형태소는 '의미를 가진 최소 단위'이기 때문에 단어와 같거나 단어보다 작은 단위이며 형태소가 모여서 단어를 이룬다. '좋고'는 하나의 단어이지만 '좋-'과 '-고'라는 두 개의 형태소로 구성되어 있다.

7.2.1. 단어의 구성 요소

단어를 구성하는 형태소는 크게 어근(語根, root)과 접사(接辭, affix)로 구분된다. 이들이 결합하여 새로운 단어를 만들어 내는 절차를 단어형성법 또는 조어법(word-formation)이라고 한다.

■ 어근과 접사

| 어근 | • 어근은 단어의 중심부를 이루며 실질적인 의미를 지닌 형태소이다. 어근은 자립적이며 다른 문법 형태들과 제약이 없이 어울릴 수 있는 어근과 그렇지 못한 어근으로 나뉜다.
예 철수는 유명한 대학교 <u>학생</u>답다.
　　영희의 눈은 매우 <u>아름</u>답다.
　　→ 어근인 '학생'과 다르게 '아름'은 다른 접미사나 조사와의 결합이 제약된다.
• 어근(語根)과 용언의 형태가 변할 때 중심이 되는 어간(語幹)을 구분하는 것이 필요하다. 사동사 '먹이다'에서 어근은 '먹-'이지만 어간은 사동접미사 '-이-'가 포함된 '먹이-'이다. |
| 접사 | • 접사는 단어의 중심부를 이루지 못하고 어근의 앞이나 뒤에 붙어서 어휘적 의미를 덧붙여 주거나 문법적 의미를 나타내는 형태소이다.
• 접사는 어근의 앞뒤 어느 쪽에 붙느냐에 따라 접두사(接頭辭, prefix)와 접미사(接尾辭, suffix)로 나뉜다.
예 접두사+어근: 새빨갛다, 빗나가다, 개꿈, 헛걸음, 군소리, 맨손
　　어근+접미사: 겁쟁이, 자본가, 덮개, 옷걸이 |

> **참고**
>
> 단어 형성의 단위로, '어근'과 '접사' 이외에 '어기(語基, base)'가 설정되기도 한다. 그러나 어기는 어근과 어간을 아우르는 용어이기 때문에 단어 형성에 꼭 필요한 개념은 아니다.

7.2.2. 단어의 종류

하나의 형태소로 이루어진 단어를 단일어(單一語, simple word)라 하며, 형태소가 둘 이상이 모여 이루어진 단어를 복합어(複合語, complex word)라고 한다. 복합어는 어근끼리 결합하는 합성어(合成語, compound word)와 어근과 접사가 결합하는 파생어(派生語, derivation word)로 나뉜다.

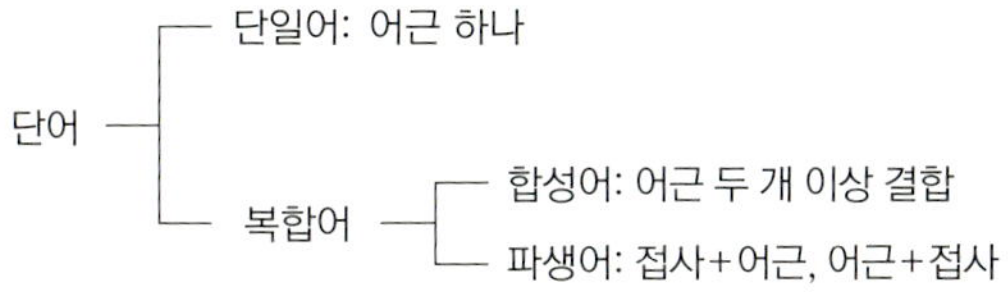

Tip

구(句, phrase)는 둘 이상의 단어가 모여 통사적 단위를 이룬 것이다. 구는 단어보다는 크고 절(節, clause)보다는 작은 단위이다.

Tip

형태소가 모여서 단어를 형성하는 문제를 다루는 문법의 부문을 형태론(morphology)이라 하고, 단어가 모여서 문장을 형성하는 문제를 다루는 문법의 부문을 통사론(syntax)이라 한다. 단어는 형태론의 최대 단위이며, 통사론의 최소 단위이다.

Tip

단어 형성의 기제로 논의되는 것은 크게 규칙(rule)과 유추(analogy)이다.
· 단어 형성 규칙: X+Y→XY / X+장이→간판장이, 옹기장이, 점장이…
· 유추: XY→ZY / 신(新): 신세대 = 쉰: X, X=쉰세대

Tip

합성어와 파생어를 구별하기 위해서는 직접구성성분(immediate constituent, 줄여서 IC) 분석을 해야 한다. 직접구성성분은 어떤 구성을 일차적으로 나누었을 때 나뉜 구성성분을 말한다. '높낮이'는 '높-', '낮-', '-이'의 세 개의 형태소가 결합한 것인데, '높낮-'이 용언 어간으로 존재한다. 따라서 '높낮이'는 직접구성성분인 용언 어간 '높낮-'과 접미사 '-이'가 결합한 파생어이다.

참고

한국어에는 합성어와 파생어 이외에 통사적 구성이 단어로 된 것도 있다. 아래의 단어들은 모두 조사나 어미가 결합한 것으로 볼 수 있는 단어들이다.

예　눈엣가시, 닭의똥, 공짜로, 스스로, 꿈에도, 그야말로, 새벽같이　　〈조사 결합〉
　　거보시오, 심봤다, 오래도록, 빌어먹을, 곱게곱게, 거름주기　　〈어미 결합〉

7.3. 단일어

단일어는 일반적으로 하나의 형태소로 이루어진 단어로, 그 구조가 매우 간단하다. 또한 단일어와 복합어를 구분할 때에 '어미'는 고려하지 않으므로, '먹다, 먹고, 먹으니'와 같은 단어들은 어간과 어미라는 두 개의 형태소로 이루어져 있지만 모두 단일어에 속한다.

'눈', '코', '입', '하늘', '바다' 등은 더 이상 쪼갤 수 없는 단일어임
'좋다', '좋으니', '좋아' 등은 어간과 어미로 분석되지만 단일어임

7.4. 복합어

복합어는 형태소가 둘 이상 모여 이루어진 단어로, 주로 이미 있는 단어나 형태들을 사용하여 만들어진다.

7.4.1. 합성어

합성어는 둘 이상의 어근이 모여서 이루어진 단어이다.

(가) 합성어의 특징

① 합성어는 구성 요소의 의미가 단순하게 합성되지 않고 새로운 의미를 획득하기도 한다. 이를 융합합성어라 부른다.

밤낮, 갈등(葛藤), 산수(山水), 춘추(春秋)

② 합성어는 어휘형태소가 결합하여 형성되므로, 구(句, phrase)와 구별이 필요하다. 일반적으로 합성어는 구성성분 사이에 다른 형태가 개입할 수 없지만 구는 가능하다.

작은어머니와 함께 시장 구경을 갔다.	〈합성어〉
키가 작은 새어머니와 함께 시장 구경을 갔다.	〈구 구성〉

철수는 다른 학생들보다 {뛰어나다, *뛰어는 나다}.	〈합성어〉
철수는 그 음식을 {먹어 보았다, 먹어는 보았다}.	〈구 구성〉

Tip

· 밤낮: 밤과 낮을 가리지 않고 늘.

· 갈등(葛藤): 칡과 등나무가 서로 얽히는 것과 같이, 개인이나 집단 사이에 목표나 이해관계가 달라 서로 적대시하거나 충돌함.

· 산수(山水): 산과 물이라는 뜻으로, 경치를 이르는 말.

· 춘추(春秋): 어른의 나이를 높여 이르는 말.

③ 합성어는 한국어의 구성 요소의 배열 방식에 따라 통사적 합성어(syntactic compound)와 비통사적 합성어(asyntactic compound)로 구분된다. 통사적 합성어는 구성요소의 배열 방식이 구 구성의 단어 배열 방식과 동일한 합성어이며, 비통사적 합성어는 한국어의 일반적인 단어 배열 방식과 다른 합성어이다.

산나물, 작은아버지, 알아보다	〈통사적 합성어〉
덮밥, 늦더위, 날뛰다, 검푸르다, 부슬비	〈비통사적 합성어〉

(나) 합성어의 종류

① 합성명사

합성명사는 합성어 중에서 그 수가 가장 많다.

고무신, 산나물, 벽돌	〈명사+명사〉
콧물, 핏줄, 담뱃대	〈명사+ㅅ+명사〉
첫사랑, 새언니, 이것	〈관형사+명사〉
어린이, 굳은살, 건널목	〈용언의 관형사형+명사〉
늦더위, 덮밥, 접칼	〈용언의 어간+명사〉
잘못	〈부사+부사〉
산들바람, 부슬비, 곱슬머리	〈부사+명사〉
갈림길, 목걸이, 재떨이, 줄넘기	〈명사+자립적이지 못한 명사(갈림, 걸이, 떨이, 넘기)〉
곳곳, 집집, 마디마디	〈동일명사 반복〉

② 합성동사

철들다, 빛나다, 힘들다, 힘쓰다, 본받다	〈명사+동사〉
굶주리다, 뛰놀다, 오르내리다	〈동사 어간+동사〉
갈아입다, 들어가다, 파고들다, 타고나다	〈동사의 부사형+동사〉
바로잡다, 그만두다	〈부사+동사〉

③ 합성형용사

낯설다, 재미없다	〈명사+형용사〉
잘나다, 못나다	〈부사+형용사〉
검푸르다, 굳세다	〈형용사 어간+형용사〉
검디검다, 크디크다	〈형용사 반복〉

④ 합성부사

밤낮, 오늘날, 이것저것	〈명사+명사〉
온종일, 한바탕, 어느새	〈관형사+명사〉
길이길이, 두근두근, 번쩍번쩍	〈부사 반복〉
사이사이, 가지가지, 하나하나	〈명사 반복〉
곧잘, 잘못, 이리저리	〈부사+부사〉

Tip

명사와 명사의 결합(산나물), 용언의 관형사형과 명사의 결합(작은아버지), 연결어미를 매개로 용언과 용언의 결합(알아보다)은 모두 국어의 문장에서 쓰이는 구성이다. 그러나 용언의 어간과 명사의 결합(덮밥, 늦더위), 용언의 어간과 용언의 어간의 결합(날뛰다, 검푸르다), 불규칙 어근과 명사의 결합(부슬비)는 국어의 문장에서 쓰이는 구성이 아니다.

Tip

반복을 통해 이루어진 합성어를 반복합성어(reduplicative compound)라고 한다.

7.4.2. 파생어

파생어는 어근과 접사가 모여서 만들어진 단어이다.

(가) 파생어의 특징

① 파생접사 중에는 많은 어근과 결합하여 파생어를 형성하는 것과 적은 수의 어근과만 결합하는 것이 있다. 파생어 형성에 참여하는 정도를 파생접사의 생산성(productivity)이라고 한다. 파생접사 중에 생산성이 높은 것들로는 '-들(우리들)', '-님(선생님)', '-답-(학생답다)' 등이 있다.

② 파생접미사와 어미(語尾)는 실질적인 의미를 지니는 말의 뒤에 결합한다는 공통된 특징을 가지기 때문에 둘을 구별할 필요가 있다.

■ 파생접미사와 어미의 구분

구분	파생접미사	어미
새로운 단어 형성	가능함	불가능함
선행 요소와 결합 제약	어근과 결합 제약이 심함	어간과 결합 제약이 없음
품사 변형	어근의 품사를 바꿀 수 있음	어간의 품사를 바꿀 수 없음
의미	의미가 불규칙적임	의미가 일정함
결합 단위	단어 이하 단위	단어 이상 단위

(나) 접두사에 의한 파생어

접두사는 어근의 품사를 바꾸는 기능이 없고 어근의 의미를 보충하는 역할만 한다. 한국어는 접미사에 비해서 접두사의 수가 많지 않다.

후행 성분의 의미를 한정하고 수식한다는 점에서 명사에 붙는 접두사는 관형사와 비슷하고, 동사와 형용사에 붙은 접두사는 부사와 비슷하다. 그러나 관형사와 체언 사이에는 다른 말이 끼어들 수 있고, 부사는 비교적 자유롭게 다른 자리로 이동할 수 있는 반면, 접두사는 그러한 성질을 갖지 못한다.

■ 접두사와 관형사의 구분

접두사	관형사
어근에 붙여 써야 한다. 예 풋사과	단어이므로 체언과 띄어 써야 한다. 예 새 옷
결합되는 명사가 제한적이다. 예 햇감자(책, 강아지 ×)	결합되는 명사가 제한적이지 않다. 예 헌 옷(책, 신발, 친구 등)
접두사와 어근 사이에 다른 말이 개입할 수 없다. 예 홑 + 이불 → 홑 + 예쁜 + 이불(×)	관형사와 체언 사이에 다른 말이 개입할 수 있다. 예 새 + 친구 → 새 + 학교 + 친구(○)
구를 수식할 수 없다. 예 선[머슴과 무당](×)	구를 수식할 수 있다. 예 새[가방과 신발](○)

① 관형사성 접두사가 붙은 파생어

　체언 앞에 붙어 관형사와 유사한 기능을 하는 접두사를 관형사성 접두사라고
한다.

■ 관형사성 접두사의 종류

접두사	의미	예
개–	① 야생 상태의, 질이 떨어지는, 흡사하지만 다른	① 개금, 개떡, 개살구
	② 헛된, 쓸데없는	② 개꿈, 개나발, 개수작, 개죽음
	③ 정도가 심한	③ 개망나니, 개잡놈
군–	① 쓸데없는	① 군것, 군기침, 군말, 군살, 군침
	② 가외로 더한, 덧붙은	② 군사람, 군식구
날–	① 말리거나 익히거나 가공하지 않은	① 날것, 날김치, 날고기, 날장작
	② 다른 것이 없는	② 날바늘, 날소일, 날장구
	③ 장례를 다 치르지 않은	③ 날상가, 날상제, 날송장
	④ 지독한	④ 날강도, 날건달, 날도둑놈
	⑤ 교육을 받지 않았거나 경험이 없어 어떤 일에 서투른	⑤ 날뜨기
덧–	거듭된, 겹쳐 신거나 입는	덧니, 덧버선, 덧신, 덧저고리
돌–	품질이 떨어지는, 야생으로 자라는	돌배, 돌미역, 돌조개
맏–	① 맏이	① 맏며느리, 맏손자, 맏아들
	② 그해에 처음 나온	② 맏나물, 맏배
메–	찰기가 없이 메진	메조, 메벼
맨–	다른 것이 없는	맨다리, 맨땅, 맨발, 맨주먹
불–	붉은 빛깔을 가진	불개미, 불곰, 불여우, 불호박
빗–	기울어진	빗금, 빗면, 빗이음, 빗천장
선–	서툰, 충분치 않은	선무당, 선웃음, 선잠
시–	남편의	시아버지, 시어머니, 시동생
숫–	더럽혀지지 않아 깨끗한	숫눈, 숫사람, 숫처녀, 숫총각
알–	① 겉을 덮어 싼 것이나 딸린 것을 다 제거한	① 알감, 알몸, 알바늘, 알밤
	② 작은	② 알바가지, 알요강, 알항아리
	③ 진짜, 알짜	③ 알가난, 알거지, 알부자
암–	① 새끼를 배거나 열매를 맺는	① 암꽃, 암놈, 암캐, 암컷, 암탉, 암퇘지, 암평아리
	② 오목한 형태를 가진, 상대적으로 약한	② 암나사, 암단추, 암무지개, 암키와
수–	① 새끼를 배지 않거나 열매를 맺지 않는	① 수꿩, 수소, 수캐, 수컷, 수탉, 수탕나귀, 수퇘지, 수평아리
	② 길게 튀어나온 모양의, 안쪽에 들어가는, 잘 보이는	② 수나사, 수단추, 수무지개, 수키와, 수톨쩌귀
올–	빨리 자란	올밤, 올콩, 올벼
찰–	① 끈기가 있고 차진	① 찰떡, 찰벼, 찰옥수수, 찰흙
	② 매우 심한, 지독한	② 찰거머리, 찰깍쟁이
	③ 제대로 된, 충실한	③ 찰개화, 찰교인
	④ 품질이 좋은	④ 찰가자미, 찰복숭아
풋–	① 처음 나온, 덜 익은	① 풋감, 풋고추, 풋과실, 풋김치, 풋나물, 풋콩
	② 미숙한, 깊지 않은	② 풋사랑, 풋잠

한-	① 큰	① 한걱정, 한길, 한시름
	② 정확한, 한창인	② 한가운데, 한겨울, 한낮, 한밤중, 한복판, 한잠
	③ 같은	③ 한패, 한마을, 한집안
핫-	솜을 둔	핫바지, 핫옷, 핫이불
햇-	그해에 난	햇감자, 햇과일, 햇병아리
헛-	이유 없는, 보람 없는	헛걸음, 헛고생, 헛소문, 헛수고
홀-	짝이 없이 혼자뿐인	홀몸, 홀아비, 홀어미
홑-	한 겹으로 된, 하나인, 혼자인	홑바지, 홑옷, 홑이불, 홑몸

② 부사성 접두사가 붙은 파생어

용언 앞에 붙어 부사와 유사한 기능을 하는 접두사를 부사성 접두사라고 한다.

■ 부사성 접두사의 종류

접두사	의미	예
덧-	거듭, 겹쳐	덧대다, 덧붙이다
데-	불완전하게, 불충분하게	데되다, 데삶다, 데생기다, 데익다
되-	① 도로	① 되돌아가다, 되찾다, 되팔다
	② 도리어, 반대로	② 되잡다, 되잡히다
	③ 다시	③ 되살리다, 되새기다, 되씹다
뒤-	① 몹시, 마구, 온통	① 뒤끓다, 뒤덮다, 뒤섞다, 뒤엉키다, 뒤흔들다
	② 반대로, 뒤집어	② 뒤바꾸다, 뒤받다, 뒤엎다
드-	심하게, 높이	드날리다, 드넓다, 드높다, 드세다, 드솟다
들이-	몹시, 마구, 갑자기	들이갈기다, 들이꽂다, 들이닥치다, 들이덮치다, 들이퍼붓다
들-	무리하게 힘을 들여, 마구, 몹시	들볶다, 들끓다, 들쑤시다
빗-	① 기울어지게	① 빗대다, 빗뚫다, 빗물다
	② 잘못	② 빗나가다, 빗듣다, 빗디디다
새-	매우 짙고 선명하게	새까맣다, 새빨갛다, 새뽀얗다, 새카맣다, 새하얗다
시-	매우 짙고 선명하게	시꺼멓다, 시뻘겋다, 시뿌옇다, 시커멓다, 시퍼렇다
설-	충분하지 못하게	설깨다, 설듣다, 설마르다, 설익다
외-	홀로	외따로, 외떨어지다
짓-	① 마구, 함부로, 몹시	① 짓개다, 짓누르다, 짓두들기다, 짓밟다, 짓씹다, 짓이기다, 짓찧다
	② 심한	② 짓고생, 짓망신, 짓북새
치-	위로 향하게, 위로 올려	치뜨다, 치닫다, 치받다, 치솟다
헛-	보람 없이, 잘못	헛살다, 헛디디다, 헛보다, 헛먹다

(다) 접미사에 의한 파생어

① 파생명사

파생명사는 명사, 동사, 형용사 뒤에 접미사가 붙어서 만들어진 새로운 명사이다.

덮개, 지우개, 베개, 갈개	〈-개〉
멋쟁이, 겁쟁이, 수다쟁이	〈-쟁이〉
놀이, 먹이, 높이, 책꽂이, 재떨이, 구두닦이, 절름발이	〈-이〉
달리기, 읽기, 쓰기, 크기, 밝기, 글짓기, 줄넘기, 더하기	〈-기〉
웃음, 춤, 기쁨, 부끄러움	〈-음〉

> **참고**
>
> '-기'와 '-음'은 접미사뿐만 아니라 어미로도 사용되기 때문에, 부사의 수식이나 선어말어미 통합 여부로 둘을 구별해야 한다.
>
> **예** 이번 체육대회에서는 <u>달리기</u>를 하지 않는다. 〈접사〉
>
> 토끼는 매우 빨리 <u>달리기</u> 때문에 거북이가 이길 수 없다. 〈어미〉
>
> 나는 네 <u>웃음</u>만 봐도 기분이 좋아. 〈접사〉
>
> 그가 성공하자 모두 크게 <u>웃었음</u>은 물론 춤까지 췄다. 〈어미〉

■ 접미사의 종류

접미사	의미	예
-꾼	① 어떤 일을 전문적으로 하는 사람, 어떤 일을 잘하는 사람	① 살림꾼, 심부름꾼, 씨름꾼, 장사꾼
	② 어떤 일을 습관적으로 하는 사람, 어떤 일을 즐겨 하는 사람	② 낚시꾼, 말썽꾼, 잔소리꾼, 주정꾼
	③ 어떤 일 때문에 모인 사람	③ 구경꾼, 일꾼, 장꾼
	④ '어떤 일을 하는 사람'에 낮잡는 뜻을 더함	④ 건달꾼, 도망꾼, 뜨내기꾼, 머슴꾼
	⑤ 어떤 사물이나 특성을 많이 가진 사람	⑤ 꾀꾼, 덜렁꾼, 재주꾼
-꾸러기	(명사 뒤) 그것이 심하거나 많은 사람	장난꾸러기, 욕심꾸러기, 잠꾸러기, 말썽꾸러기
-내기	① (명사 뒤) 그 지역에서 태어나고 자라서 그 지역 특성을 지니고 있는 사람	① 서울내기, 시골내기
	② (어근이나 접두사 뒤) 그런 특성을 지닌 사람, 흔히 그런 사람을 낮잡아 이를 때 씀	② 신출내기, 여간내기, 풋내기
-님	① '높임'의 뜻	① 사장님, 선생님, 대통령님
	② 대상을 인격화하여 높임	② 달님, 별님, 토끼님, 해님
	③ 대상을 높이고 존경의 뜻을 더함	③ 공자님, 맹자님, 부처님, 예수님
-둥이	(명사 뒤) 그러한 성질이 있거나 그와 긴밀한 관련이 있는 사람	귀염둥이, 바람둥이, 막내둥이, 해방둥이
-들	복수(複數)의 뜻	사람들, 그들, 너희들, 사건들
-뱅이	(명사 뒤) 그것을 특성으로 가진 사람	가난뱅이, 게으름뱅이, 주정뱅이
-보	① (명사 뒤) 그것을 특성으로 지닌 사람	① 꾀보, 싸움보, 잠보, 털보
	② (동사나 형용사 어간 뒤) 그러한 행위를 특성으로 지닌 사람	② 먹보, 울보
	③ (어근 뒤) 그러한 특징을 지닌 사람	③ 땅딸보, 뚱뚱보

Tip

'-쟁이'는 '-장이'에서 만들어진
접미사이다.

-배기	① 그 나이를 먹은 아이 ② 그것이 들어 있거나 차 있음 ③ 그런 물건	① 두 살배기, 다섯 살배기 ② 나이배기 ③ 공짜배기, 대짜배기, 진짜배기
-박이	① 무엇이 박혀 있는 사람이나 짐승 또는 물건 ② 무엇이 박혀 있는 곳, 한곳에 일정하게 고정되어 있음	① 점박이, 네눈박이, 차돌박이 ② 장승박이, 붙박이
-아치	(명사 뒤) 그 일에 종사하는 사람	벼슬아치, 동냥아치
-어치	(명사, 명사구 뒤) 그 값에 해당하는 분량	한 푼어치, 천 원어치, 얼마어치
-장이	(명사 뒤) 그것과 관련된 기술을 가진 사람	간판장이, 땜장이, 미장이, 옹기장이
-쟁이	(명사 뒤) 그것이 나타내는 속성을 많이 가진 사람	겁쟁이, 고집쟁이, 떼쟁이, 멋쟁이
-질	① 그 도구를 가지고 하는 일 ② 신체 부위를 이용한 어떤 행위 ③ 직업이나 직책에 비하 ④ 주로 좋지 않은 행위에 비하 ⑤ 그것을 가지고 하는 일 ⑥ 그런 소리를 내는 행위	① 가위질, 걸레질, 망치질, ② 곁눈질, 손가락질, 주먹질 ③ 선생질, 목수질, 회장질 ④ 노름질, 싸움질, 자랑질 ⑤ 물질, 불질, 풀질, 흙질 ⑥ 딸꾹질, 수군덕질
-새	모양, 상태, 정도	걸음새, 모양새, 생김새, 짜임새
-씨	태도, 모양	마음씨, 말씨, 발씨
-깔	상태 또는 바탕	성깔, 맛깔, 빛깔
-거리	주기적으로 일어나는 동안	이틀거리, 달거리, 해거리

② 파생동사

　파생동사는 명사, 동사, 형용사 뒤에 접미사가 붙어서 만들어진 새로운 동사이다. 피동사와 사동사는 파생동사이다.

사랑하다, 공부하다, 좋아하다, 싫어하다	〈-하-〉
사용되다, 형성되다, 거짓되다, 못되다, 안되다	〈-되-〉
까불거리다, 반짝거리다, 출렁거리다, 머뭇거리다	〈-거리-〉
깨뜨리다, 밀어뜨리다, 떨어뜨리다	〈-뜨리-〉
넘치다, 밀치다, 부딪치다	〈-치-〉
보이다, 잡히다, 밀리다, 안기다	〈피동접미사〉
먹이다, 넓히다, 돌리다, 웃기다, 끼우다, 돋구다, 맞추다	〈사동접미사〉

참고

접미사 '-하-'는 '스마트하다', '젠틀하다'와 같이 외국어에 결합하여 형용사나 동사를 만드는 데 매우 생산적으로 사용된다.

③ 파생형용사

　파생형용사는 명사, 동사, 형용사 뒤에 접미사가 붙어서 만들어진 새로운 형용사이다.

어른스럽다, 복스럽다, 걱정스럽다, 자랑스럽다	〈-스럽-〉
슬기롭다, 신비롭다, 자유롭다, 향기롭다	〈-롭-〉
남자답다, 사람답다, 학생답다, 정답다, 참답다	〈-답-〉
건강하다, 다정하다, 고요하다, 깨끗하다	〈-하-〉
가느다랗다, 굵다랗다, 기다랗다, 높다랗다	〈-다랗-〉

참고

① 접미사 '-답-'은 '[한국대학교 학생]-답다'와 같이 구(句)에 붙을 수 있는 것과 '정답다'와 같이 구에 붙을 수 없는 것으로 구분된다. 전자의 '-답-'을 '통사적 파생의 접미사'로 부르기도 한다.

② '-스럽-'과 '-답-'은 의미가 유사하지만 차이가 있다. 예를 들어 '어른스럽다'는 '어른은 아니지만 어른의 속성이 많다'는 뜻이지만, '어른답다'는 '어른이면서 어른의 속성이 많다'는 뜻이다.

④ 파생부사

파생부사는 명사, 동사, 형용사 뒤에 접미사가 붙어서 만들어진 새로운 부사이다.

길이, 높이, 깨끗이, 반듯이	〈-이〉
조용히, 순순히, 고요히	〈-히〉
너무, 자주	〈-우〉
마음껏, 정성껏, 힘껏	〈-껏〉

⑤ 파생관형사

파생관형사는 주로 명사에 '-적(的)'이 붙어서 만들어진 관형사이다.

| 심리적, 과학적, 문화적, 낭만적, 규범적 |

Tip

접미사 '-적(的)'은 '그 성격을 띠는', '그에 관계된', '그 상태로 된'의 의미를 더한다.

참고

명사+'-적'이 결합한 단어는 명사로 사용되기도 한다. 이때에 '-적' 뒤에는 조사가 결합한다.

예 그의 이론은 과학적이다.
저 남자는 낭만적으로 행동한다.

1. 다음에서 의존형태소이면서 실질형태소인 것을 고르시오.

① '공부하다'의 '공부' ② '빛나다'의 '빛' ③ '먹었다'의 '먹-'
④ '먹었다'의 '-었-' ⑤ '친구는'의 '는'

> **답** ③ (해설) 동사의 어간은 어미가 있어야 하는 의존형태소이며, 실질적인 뜻을 나타내는 실질형태소이다.

2. 아래 문장의 형태소를 분석하시오.

대한민국의 주권은 국민에게 있다.	
㉮ 자립형태소	
㉯ 의존형태소	
㉰ 실질형태소	
㉱ 형식형태소	

> **답** ㉮ 자립형태소: 대한민국/주권/국민 ㉯ 의존형태소: 의/은/에게/있-/-다
> ㉰ 실질형태소: 대한민국/주권/국민/있- ㉱ 형식형태소: 의 / 은 / 에게 / -다
> (해설) 자립형태소는 다른 형태소와의 결합이 없이도 문장의 한 성분이 될 수 있는 형태소이며, 의존형태소는 다른 형태소와 결합해야만 문장의 성분으로 쓰일 수 있는 형태소이다. 실질형태소는 실질적인 개념을 나타내며, 형식형태소는 형식적인 관계를 나타내는 형태소로 조사나 어미 등이 해당된다.

3. 다음에서 '늦더위'와 단어의 형성 방법이 같은 것을 고르시오.

① 되돌아가다 ② 심부름꾼 ③ 장난꾸러기 ④ 헛살다 ⑤ 덮밥

> **답** ⑤ (해설) '늦더위'와 '덮밥'은 모두 '용언의 어간+명사' 구성의 합성명사이다. 나머지는 모두 파생어이다.

4. 아래의 단어들을 합성어와 파생어로 분류하시오.

> 새빨갛다, 도끼질, 부슬비, 빛나다, 책상, 가지가지, 개꿈, 알아듣다,
> 헛걸음, 할미꽃, 갈림길, 군소리, 수탉, 보글보글

합성어: ____

파생어: ____

> **답** 합성어: 부슬비, 빛나다, 책상, 가지가지, 알아듣다, 할미꽃, 갈림길, 보글보글
> 파생어: 새빨갛다, 도끼질, 개꿈, 헛걸음, 군소리, 수탉
> (해설) 합성어는 두 개 이상의 어근으로 이루어진 단어이며, 파생어는 어근과 접사로 이루어진 단어이다. 형태소 분석의 문제는 의미와 단어의 분석 방법에 따라 다양한 시각에서 접근할 수 있다.

5. 다음에서 '사람'의 뜻을 나타내는 접미사가 결합하지 않은 것을 고르시오.

　① 진짜배기　　　② 여간내기　　　③ 떼쟁이　　　④ 땜장이　　　⑤ 동냥아치

　◉ **답**　① (해설) '진짜배기'의 '-배기'는 '그런 물건'의 뜻을 더하는 접미사이다.

6. 아래의 단어들에서 '큰'과 '작은'을 접두사로 볼 수 있는 이유를 설명하시오.

> 큰고모, 큰이모, 작은어머니, 작은고모

　◉ **답**　'큰-'과 '작은-' 사이에 다른 단어가 개입할 수 없고 휴지를 둘 수 없기 때문에 접두사로 볼 수 있다.
　　(해설) 접사와 단어 사이에는 다른 단어들이 개입할 수 없다. 예를 들어 '새신랑'은 '새 멋진 신랑'으로 쓰일 수 없다.

7. 파생접미사와 어미는 실질적인 의미를 지니는 말의 뒤에 결합하기 때문에 비슷하다. 파생접미사
　와 어미를 구별하는 방법을 설명하시오.

　◉ **답**　파생접미사는 새로운 단어 형성이 가능하고, 어근과의 결합 제약이 심하며, 어근의 품사를 바꿀 수 있다. 어미는 새로운 단어 형
　　성이 불가능하며, 어간과의 결합 제약이 없으며 어간의 품사를 바꿀 수 없다.
　　(해설) 파생접미사와 어미는 실질적인 의미를 지니는 말 뒤에 결합한다는 분포의 유사성으로 인하여 구분이 어려울 수 있다. 그
　　러나 예를 들어 설명하면, '슬기롭다'와 '먹었다'에서 '-롭-'과 '-었-'은 각각 파생접미사와 어미인데, '-롭-'은 어른이라는 명
　　사와 결합하여 형용사를 만들 수 있지만, '-었-'은 그러한 특성을 지닐 수 없다. 또한 '-롭-'은 모든 어근에 결합하지 못하지
　　만, '-었-'은 그러한 제약이 없다.

8. '일하다, 생각하다, 사랑하다, 연구하다'에서 '-하-'의 기능은 무엇인지 설명하시오.

　◉ **답**　'-하-'는 명사 '일, 생각, 사랑, 연구'에 결합하여 이 단어들을 동사로 만들어 주는 기능을 한다. 이때의 '-하-'는 동사 파생접미
　　사이다.
　　(해설) '하다'는 '운동을 하다'와 같이 동사나 '옷이 좋기는 하다'와 같이 보조형용사로 쓰일 수 있다. 또한 '건강하다'와 같이 명사
　　에 결합하여 이 단어들을 형용사로 쓰이게 할 수 있다.

08 품사 분류

🔍 학습 목표

- 품사의 개념을 이해한다.
- 한국어 품사의 종류를 이해한다.
- 각 품사의 문법적 특성을 이해한다.

🗝️ 주요 용어

품사, 동사, 형용사, 명사, 대명사, 수사, 조사, 관형사, 부사, 감탄사

학계에서 통용되는 'parts of speech'는 'part of sentence'의 오역(誤譯)이 잘못 전달된 것이라는 견해도 있다.

8.1. 품사에 대한 정의

품사(品詞, parts of speech, words class)는 단어를 문법적인 성질의 공통성에 따라 나눈 부류이다. 여기서 문법적 성질이란 형태(form), 기능(function), 의미(meaning)를 말하는데, 이 중에서 실제로 품사를 분류할 때는 기능이 우선적으로 고려된다. 이렇게 단어를 품사로 나눔으로써 우리는 단어를 체계적으로 이해할 수 있다. 한국어는 일반적으로 9품사 체계가 받아들여지고 있다.

■ 한국어의 품사 분류

		형태 변화	기능	의미
단어	불변어		체언	명사
				대명사
				수사
			수식언	관형사
				부사
			독립언	감탄사
			관계언	조사
				서술격조사
	가변어		용언	동사
				형용사

참고

① 품사를 분류할 때는 통사적 구성에서 단어의 위치인 분포(distribution)를 고려하기도 한다.

② 한국어 연구자들에 따라 조사와 어미를 단어로 인정하는 태도에 차이가 있다.

분석적 체계	모든 / 꽃 / 이 / 매우 / 곱 / 다.	조사와 어미 ○
절충적 체계	모든 / 꽃 / 이 / 매우 / 곱다.	조사 ○
종합적 체계	모든 / 꽃이 / 매우 / 곱다.	조사와 어미 ×

③ 현행 학교 문법에서는 조사는 단어로 인정하지만, 어미는 단어로 인정하지 않는 절충적 체계를 취하고 있다. 조사를 독자적인 품사로 인정한 것은 조사의 선행 요소가 어간과는 달리 음운론적 자립성이 있기 때문이다.

8.2. 동사와 형용사

8.2.1. 동사

동사(動詞, verb)는 사물의 움직임을 과정적으로 나타내는 단어이다. 동사는 목적어의 유무에 따라 자동사와 타동사로 나뉜다.

(가) 자동사

자동사(自動詞, intransitive verb)는 동사의 움직임이 주어에만 미치는 동사로,

목적어를 요구하지 않는다.

물이 부글부글 끓는다.
새가 슬피 운다.

■ 자동사의 특징
① 타동사에 피동접미사가 붙으면 자동사가 된다.

철수가 바다를 본다. 〈타동사〉
→ 바다가 철수에게 보인다. 〈자동사〉

② 자동사는 일반적으로 주어만을 요구하지만, 어떤 자동사들은 보어나 부사어를 필수적으로 요구하기도 한다.

그는 이른 시기에 교수가 되었다.
학생들이 선생님께 버릇없게 굴었다.
철수는 대학교에 다니고 있다.
그녀에 대한 나의 사랑이 미움으로 변했다.

(나) 타동사

타동사(他動詞, transitive verb)는 동사의 움직임이 주어 이외에 목적어에도 미치는 동사이다.

초롱이는 요즘에 영어를 열심히 배운다.
나는 평소에 술을 많이 마신다.

■ 타동사의 특징
① 자동사에 사동접미사가 붙으면 타동사가 된다.

아이가 침대에 누웠다. 〈자동사〉
→ 어머니가 아이를 침대에 눕혔다. 〈타동사〉

② 타동사는 일반적으로 주어와 목적어를 요구하지만, 어떤 타동사들은 부사어를 필수적으로 요구하기도 한다.

그녀는 편지를 우체통에 넣었다.
정 교수님께서 대학원에 새로 입학한 학생을 제자로 삼으셨어.
태희는 친구와 역할을 바꿨다.

③ 어떤 동사들은 자동사와 타동사에 모두 쓰인다. 이를 자타양용동사라고 한다.

차가 멈추었다. 〈자동사〉
그는 차를 멈추었다. 〈타동사〉

종이 울렸다. 〈자동사〉
철수는 종을 울렸다. 〈타동사〉

Tip

자타양용동사는 '능격동사(能格動詞)'로 부르기도 한다.

8.2.2. 형용사

형용사(形容詞, adjective)는 사물의 성질이나 상태, 속성을 나타내는 단어이다.

초롱이는 얼굴이 정말 예쁘네.
오늘따라 하늘이 매우 푸르구나.
새로 이사 온 집은 마당이 넓네.

■ 형용사의 특징

① 대부분의 형용사는 주어만을 요구하지만 일부 형용사는 필수적으로 다른 성분을 요구하기도 한다.

철수는 좋은 사람이 아니야.
수진이는 바퀴벌레가 무섭다.

② 형용사 중에는 화자의 심리를 나타내는 심리형용사가 있다. 심리형용사의 주어는 주로 1인칭 '나'나 '우리'이다. 2인칭이나 3인칭 주어의 심리 상태를 표현하기 위해서는 형용사에 '-아/어하다'를 결합하여 동사로 만들어야 한다.

{나는, *너는, *그는} 영어학원에 가는 것이 싫었다.
{나는, 너는, 그는} 영어학원에 가는 것을 싫어했다.

{나는, *너는, *그는} 시험에 합격한 것이 기뻤다.
{나는, 너는, 그는} 시험에 합격한 것을 기뻐했다.

③ 형용사 중에는 지시의 의미를 나타내는 지시형용사가 있다. 지시형용사에는 '이러하다, 그러하다, 어떠하다'가 있다.

지금 내 사정이 이러하니 어떻게 하면 좋을까?
그 책의 내용은 어떠니?

④ 형용사에 '-어지다'가 결합하면 상태 변화의 의미를 나타낸다.

예전보다 학교가 더 넓어졌다.
그는 얼굴이 많이 좋아졌어.

8.2.3. 동사와 형용사의 구별

① 현재시제를 나타낼 때, 동사 어간에는 '-는다/-ㄴ다'가 붙지만 형용사 어간에는 '-다'가 붙는다.

아기가 방긋 웃는다. 〈동사〉
수업에 늦지 않기 위해서 철수는 열심히 달린다. 〈동사〉

그는 키가 크다. 〈형용사〉
초롱이의 웃는 모습이 예쁘다. 〈형용사〉

② 감탄을 나타낼 때, 동사 어간에는 '-는구나'가 붙지만 형용사 어간에는 '-구나'가 붙는다.

아기가 예쁘게 웃는구나!
오늘은 날씨가 매우 좋구나!

③ 동사 어간에는 명령형 종결어미 '-아라/-어라'나 청유형 종결어미 '-자'가 붙을 수 있지만, 형용사 어간은 이 어미들을 취할 수 없다.

철수야, 빨리 와서 밥 먹어라. 〈동사〉
우리 다 함께 노래를 부르자. 〈동사〉

*영희야, 얼굴이 예뻐라. 〈형용사〉
*우리 얼굴이 예쁘자. 〈형용사〉

④ 동사는 '약속'이나 '의도'를 나타내는 문장에 쓰일 수 있지만, 형용사는 쓰이기 어렵다.

내일까지 꼭 돈을 갚을게. 〈동사〉
*올해 안으로 꼭 착할게. 〈형용사〉

⑤ 동사 어간에는 '진행'을 나타내는 '-고 있다'가 붙을 수 있지만, 형용사에는 붙을 수 없다.

제시간에 도착하기 위해서 빨리 걷고 있어요. 〈동사〉
*공무원 시험에 계속 떨어져서 슬프고 있어. 〈형용사〉

8.2.4. 보조동사와 보조형용사

보조용언(補助用言)인 보조동사와 보조형용사는 다른 서술어 뒤에 의존적으로 쓰여, 어휘적 의미를 나타내기보다는 주로 상, 양태, 부정과 같은 문법적 의미를 나타낸다. 보조용언은 문장에서 홀로 사용될 수 없으며 항상 서술의 중심적 기능을 하는 본용언(本用言)과 함께 사용되어야 한다는 특징이 있다. 본용언과 보조용언은 함께 문장의 서술어로 기능한다.

난 웃긴 영화를 보고 싶다.
　　　본용언+보조용언 - 서술어
철수는 그것을 먹지 않았다.
　　　본용언+보조용언 - 서술어

보조동사

그는 친구와의 관계를 끊어 버렸어.　　　〈-어 버리다: 완료〉
그 외국인은 김치를 먹어 보았다.　　　〈-어 보다: 시행〉
그 사람은 계속 소설을 쓰고 있다.　　　〈-고 있다: 진행〉
우리는 이 일을 마쳐야 한다.　　　〈-어야 한다: 당위〉
나는 더 이상 그 일을 하지 않는다.　　　〈-지 않다: 부정〉

선생님이 학생에게 문제를 풀게 <u>하였다</u>.　　　〈-게 하다: 사동〉
이 볼펜은 글씨가 잘 <u>써진다</u>.　　　　　〈-어지다: 피동〉

보조형용사

철수는 밥을 먹었나 <u>보다</u>.　　　　〈-나 보다: 추측〉
제주도에 가 보고 <u>싶다</u>.　　　　〈-고 싶다: 희망〉
그녀가 착하기는 <u>하다</u>.　　　　〈-기는 하다: 시인〉

8.2.5. '있다'와 '없다'

　'있다'와 '없다'는 존재사(存在詞)로 불리기도 하는데, 이들이 어미를 취하는 모습은 어떤 때는 동사와 같고 어떤 때에는 형용사와 같다. 『표준국어대사전』에서 '있다'는 동사와 형용사로, '없다'는 형용사로 기술되어 있다.

구분		특징
있다	동사	• '머무르다'의 의미를 나타낼 때에는 동사적인 모습을 보인다. 이때에는 명령형 종결어미 '-아라/-어라'와 청유형 종결어미 '-자'와 결합이 가능하다. 또한 의미에 관계없이 관형사형이 될 때에는 '있는'의 형태가 된다. 예 여기에 가만히 <u>있어라</u>/<u>있자</u>. 　학교에 <u>있는</u> 친구 　필요한 책이 <u>있는</u> 친구
	형용사	• '소유'나 '존재'의 의미를 나타낼 때에는 형용사적인 모습을 보인다. 즉, 현재를 나타낼 때 '-다'와 결합하며, 명령형 종결어미 '-아라/-어라'와 청유형 종결어미 '-자'와의 결합이 불가능하다. 또한 진행의 '-고 있다'와 결합하지 못한다. 예 나는 책이 많이 <u>있다</u>. 　*식탁 위에 음식이 많이 <u>있어라</u>/<u>있자</u>. 　*식탁 위에 음식이 많이 <u>있고 있다</u>.
없다	동사	• 관형사형일 때에는 '없는'의 형태가 된다. 예 욕심이 <u>없는</u> 친구
	형용사	• 현재를 나타낼 때 '-다'가 결합하며, 명령형 종결어미 '-아라/-어라'와 청유형 종결어미 '-자'와 결합이 불가능하다. 예 학교 도서관에 필요한 책이 <u>없다</u>/*<u>없는다</u>. 　*돈이 <u>없어라</u>/<u>없자</u>.

8.2.6. '이다'

　'이다'는 체언의 구실을 하는 말에 붙어서 서술어 기능을 한다. 학교 문법에서는 서술격조사로 분류되는데, 계사(繫辭, copula), 의존형용사, 기능동사 등으로 불리기도 한다. '이다'는 형용사처럼 활용을 하며, 일반 조사와 같이 필수적으로 선행 성분을 요구한다.

저는 이번 학기에 국어국문학과 대학원에 입학한 학생입니다.
내가 제일 좋아하는 음식은 김치찌개이다.

Tip

학교 문법에서의 '서술격조사'는 품사 분류 기준에서 '형태(형식)'과 관련하여 문제를 제기한다.

조사는 형태의 변화가 없는 것이 특징이지만 서술격조사는 형태가 변한다.

■ '이다'의 특징
① '이다'는 일반적으로 A는 B이다의 구성으로 쓰이며, 지정의 의미를 나타낸다.
② '이다'의 결합 양상을 보면 동사보다는 형용사에 가깝다. '이다'는 명령형어미
'-아라/-어라'나 청유형어미 '-자'와 평서형어미 '-는다/-ㄴ다', 감탄형어미 '-는
구나'와 같은 어미와 결합하지 못한다.

> 철수는 이 회사의 사장이다.
> *철수는 이 회사의 사장이어라.
> *철수는 이 회사의 사장이자.
> *철수는 이 회사의 사장인다.
> *철수는 이 회사의 사장인구나.

③ '이다'는 아래와 같이 다양한 구문이나 관용적인 쓰임에 나타난다.

> 나는 자장면이다.
> 철수는 국문과이다.
> 불이야!
> 손님, 주문하신 커피입니다.
> 드디어 비가 올 모양이다.
> 내일부터 공부할 예정이다.
> 도둑이 제 발 저린 법이다.

④ '이다'는 초점을 나타내는 분열문(cleft sentence)에 사용된다.

> 내가 가고 싶은 신혼 여행지는 프라하야.
> 철수가 가장 좋아하는 음식은 족발이다.

8.2.7. 어미

어미(語尾, ending)는 서술어의 어간 뒤에 붙어서 다양한 문법적 특성을 나타내는 요소이다. '어미'라는 이름은 서술어의 끝에 붙은 요소라는 뜻이다. 한국어가 교착어(膠着語, agglutinating language)로 분류되는 것은 조사와 어미가 발달하여 이들이 앞의 성분에 붙되, 개별 형태들로 분석될 수 있기 때문이다.

한국어의 어미는 형태상으로 서술어의 어간에 붙어 있지만, 의미 기능상으로 앞에 있는 전체 구성에 결합한다.

> [[[철수가 비빔밥을 매우 많이 먹]었]다].

■ 어미의 종류
어미는 서술어의 끝에 있는 요소라는 뜻이지만, 어떤 어미들은 다른 어미의 앞에 위치한다. 전자를 어말어미(語末語尾)라 부르고 후자를 선어말어미(先語末語尾)라고 부른다. 선어말어미에는 '-시-', '-었-', '-겠-', '-더-' 등이 있다. 어말어미 중에는 문장을 종결하는 종결어미(終結語尾)도 있지만, 두 문장을 이어 주는 연결어

미(連結語尾)와 문장을 단어의 자격으로 바꾸어 주는 전성어미(轉成語尾)도 있다. 정리하면, 한국어의 어미를 다음과 같이 분류할 수 있다.

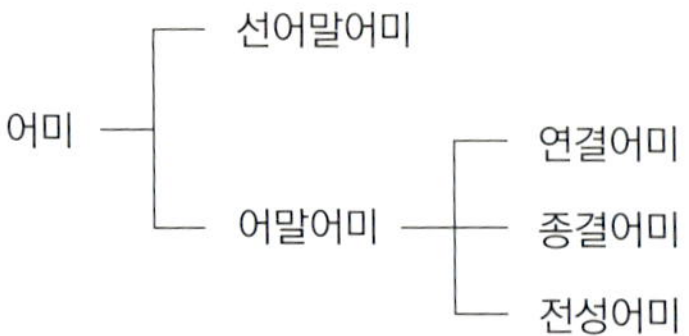

너는 논문을 쓰**고** 공부를 마치**면** 고향으로 돌아**갈** 생각**이니**?
〈연결어미: -고, -면 / 관형사형 전성어미 : -ㄹ / 종결어미: -니〉

어제 그 가게에서 먹**은** 돈가스는 매우 맛있**었어**요.
〈관형사형 전성어미: -은 / 선어말어미: -었- / 종결어미: -어〉

> **참고**
>
> 한국어에서는 연결어미가 종결어미로 쓰이기도 한다.
>
> 예 아무리 보아도 이상하거든.
> 　　성적이 많이 올랐는데.

8.2.8. 용언의 활용

활용(活用, conjugation)은 용언의 어간에 어미가 결합하여 문장의 성격을 바꾸는 것을 말한다.

(가) 규칙 활용

①	어간이나 어미 모두 형태 변화가 없는 활용 예 먹- + -어 → 먹어, 먹- + -고 → 먹고	
②	형태 변화가 있어도 보편적 음운 규칙으로 설명되는 활용	
	1) 모음조화: 어미 '-아/어'의 교체 예 먹어, 잡아	
	2) 규칙적 탈락	㉠ 어간 'ㄹ' 탈락: 어간의 끝소리 'ㄹ'이 'ㄴ, ㅂ, ㅅ, 오' 앞에서 규칙적으로 탈락되는 용언 예 살다 – 사니, 삽니다, 사시오, 사오 　　울다 – 우는, 웁니다, 우시오, 우오 ㉡ 어간 모음 'ㅡ' 탈락: 어말 어미 '-아/어'로 시작되는 어미 및 선어말어미 '-었-' 앞에서 규칙적으로 탈락되는 용언 예 쓰다 – 써, 썼다 　　담그다 – 담가, 담갔다 　　우러르다 – 우러러, 우러렀다

(나) 불규칙 활용

어간과 어미의 기본 형태가 유지되지 않을 뿐더러 일반적 음운 규칙으로 설명할 수 없는 활용

① 어간이 바뀌는 경우

갈래	조건	용례	규칙
'ㅅ' 불규칙	'ㅅ'이 모음 어미 앞에서 탈락	잇- + -어 → 이어 짓- + -어 → 지어 낫- + -아 → 나아[勝, 癒] 붓- + -어 → 부어[注]	벗어, 씻어, 빗어, 웃어, 솟아…
'ㄷ' 불규칙	'ㄷ'이 모음 어미 앞에서 'ㄹ'로 변함	듣- + -어 → 들어 걷- + -어 → 걸어[步] 묻- + -어 → 물어[問] 싣- + -어 → 실어[載]	묻어, 닫아, 받아, 얻어, 믿어…
'ㅂ' 불규칙	'ㅂ'이 모음 어미 앞에서 '오/우'로 변함 ('돕-', '곱-'만 '오'로 되고 나머지는 '우'로 변함)	돕- + -아 → 도와 곱- + -아 → 고와 눕- + -어 → 누워 줍- + -어 → 주워 덥- + -어 → 더워	굽어, 잡아, 입어, 뽑아…
'ㄹ' 불규칙	'ㄹ'가 모음 어미 앞에서 'ㄹㄹ' 형태로 변함('으'는 탈락)	흐르- + -어 → 흘러 이르- + -어 → 일러[謂, 早] 빠르- + -아 → 빨라 가르- + -아 → 갈라[分]	따라, 치러, 우러러…
'우' 불규칙	'우'가 모음 어미 앞에서 탈락	퍼(푸+어)	주어, 누어, 꾸어(꿔)…

② 어미가 바뀌는 경우

갈래	조건	용례	규칙
'여' 불규칙	'하-' 뒤에 오는 어미 '-아/-어'가 '-여' 로 변함	공부하- + -어 → 공부하여 일하- + -어 → 일하여 ('하다'와 '-하다'가 붙는 용언)	파다(파)…
'러' 불규칙	어간이 '르'로 끝나는 일부 용언에서, 어미 '-어'가 '-러'로 변함	이르- + -어 → 이르러[至] 누르- + -어 → 누르러[黃] 푸르- + -어 → 푸르러 (이 세 개만 존재함)	일러, 치러…
'너라' 불규칙	명령형 어미인 '-거라'가 '-너라'로 변함	오- + -거라 → 오너라	가거라, 있거라…
'오' 불규칙	'달-/다-'의 명령형 어미가 '오'로 변함 ('주다'의 해라체와 하라체는 '달라, 다 오'가 대신 쓰임)	다- + -아 → 다오	주어라…

③ 어간과 어미가 바뀌는 경우

갈래	조건	용 례	규칙
'ㅎ' 불규칙	'ㅎ'으로 끝나는 어간에 '-아/어'가 오면 어간의 일부인 'ㅎ'이 없어지고 어미도 변함. 형용사만 존재.	하얗- + -아서 → 하얘서 파랗- + -아 → 파래 (까맣다, 노랗다, 빨갛다 등)	좋- + -아서 → 좋아서

1. 다음에서 형태가 변하는 품사만 묶인 것을 고르시오.

① 명사, 대명사　　② 조사, 감탄사　　③ 부사, 관형사　　④ 동사, 서술격조사　　⑤ 수사, 형용사

　　▶ **답**　④ (해설) 동사, 형용사, 서술격조사는 어간에 어미가 결합하여 다양한 형태의 변화가 일어난다.

2. 다음에서 동사의 종류가 다른 것을 고르시오.

① 참새가 높이 <u>난다</u>.
② 아들이 아버지께 버릇없게 <u>굴었다</u>.
③ 우리는 그의 죄를 <u>미워한다</u>.
④ 그녀에 대한 나의 사랑이 미움으로 <u>변했다</u>.
⑤ 영희는 한국어학원에 <u>다닌다</u>.

　　▶ **답**　③ (해설) ③은 목적어가 있는 타동사이고, 나머지는 모두 자동사이다.

3. 다음에서 어미의 종류가 다른 것을 고르시오.

① 친구와 함께 점심을 먹고 커피를 마셨어요.
② 지금 어디에 가는 중인가요?
③ 저는 우유를 마시면 설사를 합니다.
④ 많은 늦어서 죄송합니다.
⑤ 민수는 밥을 먹으며 책을 읽고 있다.

　　▶ **답**　② (해설) ②는 관형사형 전성어미이고, 나머지는 모두 연결어미이다.

4. 다음 예문에서 알 수 있는 '이다'의 특징을 설명하시오.

> 내가 가장 좋아하는 음식은 비빔밥이야.
> 내가 사랑하는 사람은 오직 너뿐이야.

　　▶ **답**　'이다'는 명사와 결합하여 강조하고자 하는 표현에 사용된다. (해설) 이러한 구문을 분열문이라 부른다.

5. 한국어 동사와 형용사의 차이에 대해서 설명하시오.

　　▶ **답**　동사 어간에는 현재시제를 나타내는 '-는다/-ㄴ다'와 명령형 종결어미 '-아라/-어라', 청유형 종결어미 '-자', 진행을 나타내는 '-고 있다'가 붙을 수 있지만, 형용사 어간에는 붙을 수 없다. 또한 감탄을 나타낼 때, 동사 어간에는 '-는구나'가 붙지만 형용사 어간에는 '-구나'가 붙는다.
　　(해설) '부지런하여라, 착하여라'와 같이 일부 형용사는 명령문을 이룰 수도 있다. 그러나 형용사는 청유형 어미 '-자'와는 결합하지 못한다.

6. 다음 용언들의 형태 변화에 대해서 그 특징을 설명하시오.

듣다, 돕다, 푸다, 공부하다, 오다

답 '듣다'는 '들어'와 같이 모음 어미 앞에서 'ㄷ'이 'ㄹ'로 변한다.
'돕다'는 '도와'와 같이 모음 어미 앞에서 'ㅂ'이 '오'로 변한다.
'푸다'는 '퍼'와 같이 모음 어미 앞에서 'ㅜ'가 탈락한다.
'공부하다'는 '공부하여'와 같이 '하-' 뒤에 오는 어미 '-어'가 '-여'로 변한다.
'오다'는 '오너라'와 같이 명령형 어미 '-거라'가 '-너라'로 변한다.
(해설) 어간과 어미의 기본 형태가 유지되지 않고, 일반적인 음운규칙으로 설명할 수 없는 활용을 '불규칙 활용'이라고 부른다.

8.3. 명사

명사(名詞, noun)는 일반적으로 사람, 사물, 장소, 사태 등의 이름을 나타내는 말로 정의된다. 명사의 이러한 정의는 의미에 따른 것이다. 명사는 동사와 함께 대부분의 언어에서 가장 기본적인 품사 범주이다.

■ 명사의 특징

① 명사는 주로 주어, 목적어, 보어의 자리나 '이다'의 앞에 위치한다.

대학교 <u>친구</u>가 집 앞에 찾아왔다.	〈주어〉
철수는 그 <u>친구</u>를 좋아한다.	〈목적어〉
그는 내 <u>친구</u>가 아니다.	〈보어〉
그가 바로 내 <u>친구</u>이다.	〈'이다' 앞〉

② 명사는 다양한 조사와 결합하여 문법적 기능을 나타낸다. 그러나 조사 없이도 사용될 수 있다.

그 여자는 무슨 옷을 입었니?
→ 그 여자 무슨 옷 입었니?
학교에 가서 누구를 만났어?
→ 학교 가서 누구 만났어?

③ 명사는 관형사의 수식을 받는다.

나는 <u>새</u> 옷이 마음에 든다.
아버지는 <u>헌</u> 가방을 버리셨다.

④ 명사는 다른 명사를 수식할 수 있다.

애인 사이, 학교 행사, 수업 준비, 한국 경제

⑤ 명사는 '이다'에 붙어서 문장의 서술어로 기능한다.

그 사람은 아주 부자이다.

⑥ 한국어 명사는 복수(複數)를 나타낼 때, 접미사 '-들'이 결합하지만 '-들'이 없어도 복수의 의미를 나타낼 수 있다.

명동에는 외국인 {관광객들, 관광객}이 많다.

⑦ 한국어에는 자립적으로 쓰이지 못하고 다른 명사를 수식하기만 하는 특이한 명사들이 존재한다. 이를 관형 명사라고 한다.

<u>여류</u> 시인, <u>간이</u> 식당, <u>가전</u> 제품, <u>우범</u> 지역, <u>원시</u> 사회, <u>비영리</u> 단체, <u>범국민</u> 운동

⑧ 한국어에는 용언과 같이 행위나 상태를 나타내는 명사들이 존재한다. 이를 서술성 명사 또는 술어 명사라고 한다.

적군들의 도시 <u>파괴</u>가 많은 사람들을 죽게 하였다.
서울시의 저가 아파트 <u>건설</u>은 서민들에게 많은 도움을 주었다.
우리들의 <u>싸움</u>은 아직 끝나지 않았다

8.3.1. 의존명사

일반적으로 명사는 다른 성분의 수식을 받지 않아도 자립적으로 쓰일 수 있다. 이를 자립명사(自立名詞)라고 한다. 그러나 반드시 다른 성분의 수식을 받아야 하는 명사들이 있는데, 이를 의존명사(依存名詞)라고 한다.

영희는 예쁜 <u>모자</u>를 좋아한다. 〈자립명사〉
영희는 <u>모자</u>를 좋아한다.

영희는 예쁜 <u>것</u>을 좋아한다. 〈의존명사〉
*영희는 <u>것</u>을 좋아한다.

■ 의존명사의 특징

① 의존명사는 반드시 관형어의 수식을 받아야 한다.
② 일부 의존명사는 다양한 의미 기능을 나타낸다.

학교를 가던 <u>중</u>에 이상한 사람을 만났다.	〈진행〉
일을 하는 <u>동안</u>에 계속 전화가 왔다.	〈지속〉
누구나 생명을 소중히 여겨야 하는 <u>법</u>이다.	〈당위〉
나는 냉장고에서 먹을 <u>것</u>을 찾았다.	〈사물 대용〉
수업에 열심히 참여하는 학생은 다섯 <u>명</u>이다.	〈명: 사람 단위〉
책을 두 <u>권</u> 샀다.	〈권: 사물 단위〉

③ 일부 의존명사는 보조사와 형태가 같다.

들은 <u>대로</u> 말해 보아라. 〈의존명사〉
처벌하려면 법<u>대로</u> 하시오. 〈보조사〉

그는 웃고만 있을 <u>뿐</u>이다. 〈의존명사〉
가진 돈이 이것<u>뿐</u>이다. 〈보조사〉

④ 의존명사 '것'이나 '바' 등은 분포의 제약이 적지만, 일부 의존명사들은 특정한 문장 성분으로만 쓰인다.

그 일을 시작한 <u>지</u>가 벌써 5년이 넘었다.	〈주어〉
철수는 놀 <u>줄</u>을 모른다.	〈목적어〉
옷을 입은 <u>채</u>로 강에 들어갔다.	〈부사어〉

⑤ 일부 의존명사는 조사가 붙지 않는 상태에서 쓰인다.

영희는 머리가 아픈 <u>듯</u> 얼굴을 찡그렸다.
밥을 먹는 <u>둥</u> 마는 <u>둥</u> 급하게 나갔다.

⑥ 일부 의존명사는 관형사절의 시제에 제약이 있다.

대학원에 {다닌, *다닐, *다니던} 지 4년이 지났다.
내가 그 약속을 {잊을, *잊는, *잊던} 리가 있겠니?

8.3.2. 단위성 의존명사

한국어는 '책 두 권, 연필 열 개, 사진 한 장, 소 다섯 마리, 방 한 칸'과 같이 수량을 나타내는 단위성 의존명사가 다양하게 발달해 있다. 이들은 수량 단위뿐만 아니라 명사의 의미 자질도 나타내기 때문에 분류사(分類詞, classifier)로 불리기도 하며, 부류화보다 수량화 기능이 더 기본적이라고 보는 입장에서는 단위사(unitizer)로 부른다. 수량을 나타낼 때에는 단위성 의존명사가 쓰이는 '명사＋수관형사＋단위성 의존명사' 구조가 가장 일반적이지만, 다른 유형이 사용되기도 한다.

■ 단위성 의존명사의 종류

			사람	명, 분, 사람
수	개체	생물	동물	마리, 두, 필
			식물	그루, 송이, 포기
		사물	모양	개, 개비, 장, 톨, 닢
			기능	권, 자루, 대
	집합			벌, 쌍, 켤레, 갑, 접, 손, 축, 쾌, 톳
	사건			건, 번, 차례, 바퀴, 회, 판
양	용기			병, 컵, 잔, 그릇, 사발, 숟가락
	도량형			미터, 킬로그램, 리터

■ 한국어 수량 표현의 유형

① 명사＋수관형사＋단위성 의존명사

수박 두 개에 얼마예요?
아침에 학생 세 명이 연구실로 찾아왔습니다.
곰 세 마리가 한 집에 있어. 아빠 곰, 엄마 곰, 아기 곰.

② 수관형사＋단위성 의존명사＋(의)＋명사

그 남자에게 한 송이의 장미라도 받으면 얼마나 행복할까?
할아버지는 마당에 한 그루의 나무를 심으셨다.

③ 수관형사＋명사

두 친구가 한 여자를 좋아한다.

④ 명사+수사

자장면 하나만 빨리 주세요.

8.4. 대명사

대명사(代名詞, pronoun)는 명사를 대신 가리키는 말로, 통사적 특성이 명사와 그리 다르지 않지만 상황과 맥락에 따라서 그 의미가 구체적으로 드러난다.

너는 여기에서 누구를 기다리느냐?

8.4.1. 1인칭 대명사

1인칭 대명사는 화자 자신을 가리키는 대명사이다. 한국어 대명사는 높임법과 관련되어 있기 때문에, '나'를 낮추어 다른 사람을 높일 때에는 '저'를 사용한다.

	단수	복수
평칭	나	우리
겸양칭	저	저희

너는 나를 정말 좋아하니?
할머니께서는 저를 좋아하세요?

■ **1인칭 대명사의 특징**

① '나'의 복수인 '우리'는 '우리 엄마'와 같이 자신에게만 관계된 것에도 사용되며, '우리 함께 공부하자'와 같이 청자가 포함되어 사용되기도 한다.

② 처소대명사로 1인칭 대명사를 대신하는 경우도 있다.

내가 발표를 하겠습니다.
이쪽에서 발표를 하겠습니다.

③ 1인칭 복수인 '우리'와 '저희'에는 다시 복수의 접미사 '-들'이 붙어서 '우리들', '저희들'과 같이 사용될 수 있다.

8.4.2. 2인칭 대명사

2인칭 대명사는 청자를 가리키는 대명사로, 다양한 높임 표현이 있다.

	단수	복수
평칭	너	너희
경칭	당신, 자네, 그대	

인칭대명사	1인칭 대명사
	2인칭 대명사
	3인칭 대명사
지시대명사	사물대명사
	처소대명사
	시간대명사

■ 2인칭 대명사의 특징

① 한국어에서는 높이는 대상을 대명사로 표현하는 것이 자연스럽지 않기 때문에, 일반적으로 대명사 대신에 일반 명사나 직함(職銜)을 사용한다. 2인칭 대명사 중에서 '자네'는 나이 차이가 많이 나는 사람에게 쓰며, '당신'은 처음 만나는 사람에게는 쓸 수 없다는 특징이 있다.

> {부장님께서는, 홍길동 씨는, *당신은} 언제 여름휴가를 가십니까?
> {선생님께, 홍길동 씨께, *당신께} 질문이 있습니다.
>
> 당신이 뭔데 남의 일에 참견이야? 〈다른 사람과 다툴 때〉

② 2인칭 대명사는 일상 대화에서 많이 나타나지 않는다.

> 수업 끝나고 어디 가니?
> 일 끝나고 한잔 어때요?

③ '너'의 복수인 '너희'는 다시 복수의 접미사 '-들'이 붙어서 '너희들'과 같이 사용될 수 있다.

8.4.3. 3인칭 대명사

3인칭 대명사는 화자와 청자 이외의 사람이나 사물을 가리키는 대명사로, 근칭(近稱), 중칭(中稱), 원칭(遠稱)으로 구분된다. 근칭은 화자에 가까운 것, 중칭은 청자에 가까운 것, 원칭은 화자와 청자 모두에게 먼 것을 말한다.

	근칭	중칭	원칭
사물대명사	이것	그것	저것
처소대명사	여기	거기	저기
시간대명사	이때	그때	접때
인물대명사	이이, 이분, 이놈	그, 그녀, 그이, 그분, 그놈	저이, 저분, 저놈

> 이것 말고 저것을 주세요?　　　　　　　〈사물대명사〉
> 여기에 있던 물건을 누가 만졌니?　　　　〈처소대명사〉
> 나에게는 그때가 가장 좋았던 시절이다.　　〈시간대명사〉
> 이분이 내가 가장 좋아하는 선생님이시다.　〈인물대명사〉

■ 3인칭 대명사의 특징

① 인물대명사 '그'와 '그녀'는 일상 대화에서는 잘 사용되지 않으며, 주로 소설이나 기사 등에서만 사용된다. 또한 '이이, 그이, 저이'는 주로 남성에게만 사용되고 여성에게 사용되지 않는다.

② 처소대명사 '거기'는 2인칭 대명사로 쓰이기도 한다.

> 거기가 이번 행사의 책임자요?

Tip

'이것', '이분'과 같이 많은 대명사들은 지시적 속성(referential property)과 관련된 부분과 존재론적 범주(ontological category)를 나타내는 부분으로 이루어져 있다.

Tip

'그'와 '그녀'는 20세기에 만들어진 단어이며 구어에서 잘 쓰이지 않는다.

8.4.4. 의문대명사, 부정대명사

의문대명사(疑問代名詞)는 반드시 의문문을 동반하고 쓰이는 대명사이며, 부정대명사(不定代名詞)는 불특정 대상을 가리키는 대명사이다.

■ 의문대명사와 부정대명사의 특징

① 의문대명사에는 '누구', '어디', '언제', '무엇' 등이 있으며, 이러한 의문대명사가 평서문에 쓰이게 되면 부정대명사가 된다.

> **의문대명사**
> 기말고사에서 누구의 점수가 가장 높니?
> 이번 여행은 어디로 가니?
> 보충 수업은 언제가 좋겠습니까?
> 손님, 무엇을 도와 드릴까요?

> **부정대명사**
> 누군가 내 방에 들어 왔었다.
> 이번 방학에는 어디 좀 좋은 곳으로 갔다 오고 싶다.
> 전화를 주시면 언제든 달려가겠습니다.
> 저는 무엇이든 잘 먹습니다.

② 부정대명사에는 사람을 가리키는 '아무'도 있다. '아무'는 주로 보조사 '도'나 '나'와 함께 쓰이며, '아무것' 등의 복합어로 쓰이기도 한다.

> 아무도 나를 사랑하지 않는다.
> 그 문제는 아무나 풀 수 있다.
> 나는 그 사실에 대해서 아무것도 모른다.

8.4.5. 재귀대명사

재귀대명사(再歸代名詞)는 재귀사(再歸辭, reflexive)라고도 불리는데, 앞에 나온 명사나 대명사를 다시 가리키는 대명사이다. 한국어의 재귀대명사에는 '자기, 저, 당신'이 있다.

> 그 사람은 자기에게 이득이 되는 일만 한다.
> 영희는 제 얼굴이 마음에 들지 않는다.
> 할머니는 당신께서 모으신 재산을 사회에 기부하셨다.

■ 재귀대명사의 특징

① 재귀대명사는 선행사가 주어이며, 주어가 3인칭에서만 나타난다.

> 영희는 민수한테 자기 집에 가자고 했다. 〈자기 = 영희〉
> 나는 지금까지 {나, *자기}를 싫어하는 사람을 만난 적이 없다.

② 3인칭 대명사를 사용하면 중의성이 발생할 수 있는데, 재귀대명사는 이러한 중의성을 해소한다.

> 정수$_i$는 그$_{i/j}$가 천재라고 생각한다.
> 정수$_i$는 자기$_i$가 천재라고 생각한다.

③ 명사 '서로'도 재귀대명사의 용법을 가지고 있다.

> 우리는 서로를 알기 위해 노력했다.

8.5. 수사

수사(數詞, numeral)는 사물의 수량이나 순서를 나타내는 말이다. 사물의 수량을 나타내는 수사를 양수사(量數詞) 또는 기본수사(基本數詞)라고 하며, 대상의 순서를 나타내는 수사를 서수사(序數詞)라고 한다. 이들은 각각 고유어 계열과 한자어 계열로 구분된다.

■ 수사의 종류

구분			예
양수사	고유어 계열	특징	고유어 계열은 '아흔아홉'까지 있으며 백 이상의 단위는 한자어 수사나 한자어와 고유어가 결합한 형태가 쓰인다.
		예	하나, 둘, 셋, 넷, 다섯, 여섯, 일곱, 여덟, 열, 열하나, 열둘 … 열아홉, 스물, 서른, 마흔, 쉰, 예순, 일흔, 여든, 아흔
	한자어 계열	특징	'억'부터는 '일'이 붙어 '일억' 등으로 쓰인다.
		예	영/공, 일, 이, 삼, 사, 오, 육, 칠, 팔, 구, 십, 십일, 십이 … 십구, 이십, 삼십, 사십, 오십, 육십, 칠십, 팔십, 구십, 백, 이백, 천, 이천, 만, 이만, 십만, 백만, 천만, 일억, 일조
서수사	고유어 계열	특징	'첫째'를 제외하고 수관형사에 접미사 '-째'가 결합하여 만들어진다.
		예	첫째, 둘째, 셋째, 넷째, 다섯째, 여섯째 … 열째, 열한째, 열두째, 스무째
	한자어 계열	특징	접미사 '제(第)-'를 결합하여 만들어진다.
		예	제일, 제이, 제삼, 제사

> 철수는 옷 하나를 샀다.   〈양수사〉
> 어제는 친구들 셋을 만났어요.   〈양수사〉
> 오늘 해야 할 첫째는 목욕이고, 둘째는 숙제야.   〈서수사〉
> 그녀는 선생님의 셋째 따님입니다.   〈서수사〉

■ **수사의 특징**

① 수사는 관형어의 수식을 받는 데 제약이 있다.

> *{새, 어떤} 다섯이 왔다.

② 수사는 어떤 대상을 가리킨다는 점에서 대명사와 비슷한 성격을 가진다.

> 철수는 옷 하나를 샀다. 〈'하나'는 '옷'을 가리킨다.〉

③ 두 개의 수사가 합성되어 어림수(= 부정수)를 나타낸다.

> 한둘, 두셋, 서넛, 두서넛, 너덧, 너더댓, 예닐곱

④ 고유어계 수사 중에서 '하나, 둘, 셋, 넷, 열하나, 스물'은 명사 앞에 쓰일 때 '한, 두, 세, 네, 열한, 스무'와 같은 관형사가 된다.

> 하나에 둘을 더하면 셋이다.
> 한 개만 있었는데, 두 개를 더 얻어서 모두 세 개가 되었다.

⑤ 수사는 '혼자'를 제외하고 '-이'를 붙여서 사람의 수를 나타낼 수 있다.

> 혼자, 둘이, 셋이, 넷이 …

■ **고유어계 수사와 한자어계 수사의 쓰임**

① 사람이나 물건을 셀 때에는 주로 고유어 수사가 쓰인다.

> 저 {둘은, *이(二)는} 만나기만 하면 싸운다.
> 배 {두, *이(二)} 개와 참외 {세, *삼(三)} 개를 샀다.

② 수학적인 계산에서는 고유어 수사가 쓰일 수 있지만, 한자어 수사가 더 많이 쓰인다.

> 다섯에 몇을 더하면 일곱이지?
> 3+5=8 (삼 더하기 오는 팔)

③ 외래어 단위성 의존명사는 한자어 수사와 함께 쓰인다.

> 물 {이십, *스무} 리터, {십, *열} 그램

④ 시간 표현에서 시간은 고유어 수사를 사용하며, 분과 초는 한자어 수사를 사용한다.

> 두 시간 삼십 분 사십오 초

Tip
어림수는 대략 짐작으로 잡은 수를 말한다.

1. 다음에서 명사의 종류가 다른 것을 고르시오.

① 경찰서에서 잃어버린 **것**을 찾아 주었다.
② 신촌을 가던 **중**에 고향 친구를 만났어.
③ 그 여행에서는 얻은 **바**가 많아.
④ 해야 할 **일**이 많아도 좀 쉬어라.
⑤ 이번에 장학금을 받는 학생은 세 **명**이다.

◉▸ 답 ④ (해설) ④는 일반명사이며, 나머지는 모두 의존명사이다.

2. 다음에서 다른 명사를 수식하기만 하는 명사가 쓰이지 않은 것은?

① 간이 식당 　　② 국토 개발 　　③ 여류 시인
④ 가전 제품 　　⑤ 원시 사회

◉▸ 답 ② (해설) ②의 '국토'는 '국토를 침범하다'와 같이 조사가 결합할 수 있다. 그러나 '간이, 여류, 가전, 원시'는 조사가 결합하지 못
하며 수식 기능만을 갖는다.

3. 다음에서 대명사의 종류가 다른 것을 고르시오.

① 그 친구는 **무엇**이든 잘 먹어요.
② 넌 **누구**와 함께 하고 싶니 ?
③ 설날에는 **어디**로 가십니까?
④ 다음 공부 모임은 **언제**가 좋겠습니까?
⑤ 이번 크리스마스에는 **무엇**을 받고 싶니?

◉▸ 답 ① (해설) ①은 부정대명사이며, 나머지는 모두 의문대명사이다.

4. 다음에서 '당신'의 쓰임이 다른 하나를 고르시오.

① 당신은 누구신가요?
② 이 일은 당신이 맡아 줘.
③ 당신이 노래할 차례야.
④ 당신이 뭔데 남의 일에 참견이야?
⑤ 할아버지께서는 생전에 당신 손자를 매우 귀여워하셨다.

◉▸ 답 ⑤ (해설) ⑤의 '당신'은 재귀대명사로 사용되었으며, 나머지는 모두 2인칭 대명사이다.

5. 다음 예문에서 나타나는 한국어 복수 표현의 특징을 설명하시오.

> ㉮ 지금 시간에는 식당에 사람이 많아.
> ㉯ 너희들이 나를 도와줬으면 좋겠어.

> **답** ㉮에서는 복수 표지 '-들'이 결합하지 않은 '사람'으로 복수를 나타낼 수 있으며, ㉯에서는 복수의 대명사 '너희'에 다시 복수접
> 미사 '-들'이 결합되었다.
> (해설) 한국어에서는 '-들'이 수의적인 특성을 지닌다.

6. 다음 예문에서 '우리'의 의미 차이를 설명하시오.

> ㉮ **우리** 그 일을 함께 하자.
> ㉯ **우리**가 잘 알아서 할 테니까 걱정하지 마세요.

> **답** ㉮의 '우리'에는 청자가 포함되지만, ㉯의 '우리'에는 청자가 포함되지 않는다.
> (해설) 언어에 따라서는 1인칭 복수에 청자가 포함되는지 그렇지 않은지에 따라 다른 형태를 쓰기도 하지만, 한국어의 '우리'는
> 한 형태로 두 가지 용법에 모두 쓰일 수 있다.

7. 다음 예문을 통해서 알 수 있는 한국어 수사의 특징을 설명하시오.

> ㉮ 저 둘은 정말 사랑하는 사이야.
> ㉯ 연필 세 개, 볼펜 다섯 개 주세요.
> ㉰ 결혼한 날은 2014년 10월 11일입니다.
> ㉱ 하루에 맥주를 이천 리터 마시면 머리가 좋아진대.

> **답** ㉮와 ㉯에서와 같이 사람이나 물건을 셀 때에는 주로 고유어 수사가 쓰인다. 그러나 ㉰와 같이 날짜를 말할 때에는 대체로 한자어
> 수사를 사용한다. 또한 ㉱와 같이 외래어 단위를 나타내는 의존명사는 한자어 수사와 함께 쓰인다.
> (해설) 한국어의 수사는 고유어 수사와 한자어 수사로 구분되며, 상황에 따라 다르게 쓰인다. 위의 경우 이외에도 시간 표현에
> 서 시간은 고유어 수사로, 분이나 초는 한자어 수사가 사용되며, 수학적 계산을 읽을 때에는 일반적으로 한자어 수사가 쓰인다.

Tip

문법적 관계(grammatical relation)는 주어, 목적어와 같이 특별한 형태론적, 통사론적 표지에 의해 식별되는 기능적인 역할을 말한다.

Tip

격(格, case)은 문장의 핵(head)인 서술어와 그것의 종속적인 명사구가 맺는 관계의 유형을 표시하는 체계이다.

8.6. 조사

한국어의 조사(助詞)는 자립성 있는 말에 붙어서 다른 단어와의 문법적 관계를 나타내거나 의미를 덧붙여 주는 기능을 한다. 또한 단어와 단어를 연결하는 기능을 하기도 한다. 조사는 그 기능에 따라서 격조사(格助詞), 보조사(補助詞), 접속조사(接續助詞)로 나뉜다.

8.6.1. 격조사

격조사(格助詞)는 자립성 있는 말에 붙어서 다른 단어와의 문법적 관계나 의미적 관계를 나타내 주는 조사이다. 격조사의 앞에 있는 명사가 관형어의 수식을 받고 있을 때, 격조사는 단지 명사에 붙어 있는 것이 아니라 명사를 수식하는 성분을 포함하여 명사구 전체에 붙어 있는 것이다.

> [예쁜 영희]가 [새 옷]을 입고 [첫 소개팅]에 나갔다.

(가) 주격조사

주격조사(主格助詞)는 체언이나 체언의 구실을 하는 말이 주어의 기능을 하게 하는 조사이다. '이/가'가 가장 일반적인 주격조사인데, 자음으로 끝나는 말 다음에는 '이'를 쓰고 모음으로 끝나는 말 다음에는 '가'를 쓴다. 다른 주격조사로는 높임의 대상에 사용하는 '께서'와 단체나 기관에 사용하는 '에서'가 있다.

> 친구가 생일 선물로 윤동주 시집을 줬어요.
> 와, 눈이 내리네.
> 선생님께서 점심으로 비빔밥을 사 주셨습니다.　　　〈높임〉
> 국문과에서 토요일에 체육대회를 한다.　　　〈단체〉

■ 주격조사의 특징

① 주격조사는 나타나지 않을 수도 있다.

> 나 오늘 친구랑 영화 볼 거야.
> 영수 목욕탕 갔어.

> **참고**
>
> 다음과 같은 경우에는 주격조사가 필요하다.
> ① 주어가 의문대명사로 되어 있는 의문문이 선행할 때
> 　예 누가 경기에서 이겼니? 민수{*Ø, 가} 이겼어요.
> ② 주어를 수식하는 표현이 길 때
> 　예 우리 학교에서 가장 잘생긴 철수{*Ø, 가} 기량이랑 사귀는 게 정말이야?

② '이/가'가 다른 조사와 결합할 때는 항상 다른 조사 뒤에 위치한다. 그러나 '께서'는 뒤에 보조사를 취할 수 있다.

조사가 겹쳐 쓰이는 것을 조사의 중첩이라고 하는데, 조사가 중첩될 때에는 일정한 제약이 있다. 예컨대, 주격조사, 목적격조사, 관형격조사가 다른 조사와 중첩될 때에는 항상 다른 조사가 선행한다.

한국대학교 합격만이 제 목표입니다.
여기까지가 제가 읽은 부분입니다.
회장님께서도 모임에 참석하셨습니다.
선생님께서는 학생들의 일에 관심이 많으시다.

③ '나, 너, 저, 누구'가 주격조사 '가'와 결합하면 각각 '내가, 네가, 제가, 누가'로 바뀐다.

내가 그 문제를 해결하겠다.
네가 그곳으로 가거라.
제가 그 문제를 해결하겠습니다.
누가 이 문제를 해결하겠니?

④ '이/가'는 '을/를' 대신에 사용되는 경우가 있다.

나는 재미있는 영화{를, 가} 보고 싶다.

⑤ '이/가'는 어미나 부사 뒤에서 쓰이는 경우가 있다. 이때에는 의미를 강조하기 때문에 보조사적인 특징을 가진다.

철수는 오늘 기분이 좋지가 않습니다.　　　〈어미 뒤〉
버스가 움직이지가 않는다.　　　　　　　〈어미 뒤〉
그의 말은 도대체가 이해할 수 없어.　　　〈부사 뒤〉

(나) 목적격조사

목적격조사(目的格助詞)는 체언이나 체언의 구실을 하는 말이 목적어의 기능을 하게 하는 조사로 대격조사(對格助詞)라고도 한다. '을/를'이 목적격조사인데, 앞말이 자음으로 끝나면 '을'을 쓰고 모음으로 끝나면 '를'이나 'ㄹ'을 쓴다.

철수는 농구공을 멀리 던졌다.
영희는 새 컴퓨터를 샀다.
민수는 산에서 토낄(토끼+ㄹ) 잡았다.

■ 목적격조사의 특징

① 목적격조사는 동족목적어(同族目的語, cognate object) 자리에도 쓰인다. 동족목적어는 서술어와 의미적으로 같은 유형의 목적어이다.

어제 밤에는 돼지꿈을 꾸었다.
작년 축제에서 영희는 춤을 추었다.
아기가 잠을 잘 잔다.

② 목적격조사는 '이동(移動)'의 의미를 지니는 자동사를 타동사인 것처럼 쓰이게 한다.

너는 어느 학교를 다니니?
두 시간을 걸으니 매우 피곤하다.
형은 매일 운동을 간다.

③ 목적격조사는 문장에 여러 번 나타날 수 있다. 이때에는 두 명사구 사이에 휴지 (休止)를 두는 것이 자연스럽다.

철수가 영희를 손을 잡았다.
철수는 꽃을 두 송이를 샀다.

④ 목적격조사는 다른 조사와 결합할 때, 항상 다른 조사 뒤에 위치한다.

너만을 사랑해
어떻게 그곳엘(←에+ㄹ) 갔니?

⑤ 목적격조사가 어미 뒤에서 쓰이는 경우가 있다. 이때에는 의미를 강조하기 때문에 보조사적인 특징을 가진다.

나는 어제 집에 가지를 못했다.

(다) 관형격조사

관형격조사(冠形格助詞)는 체언이나 체언 구실을 하는 말들 사이에서 앞에 있는 말이 뒤에 있는 말을 수식하게 하는 조사로, 속격조사(屬格助詞)나 소유격조사(所有格助詞)로 불리기도 한다. 관형격조사에는 '의'가 있으며, 이 조사에 의해 연결된 체언들은 다양한 의미관계를 나타낸다.

병호의 명품 시계   〈소유〉
용인의 민속촌   〈소재〉
제주의 말   〈소산물〉
어머니의 사진   〈대상〉
충무공의 거북선   〈제작〉

■ 관형격조사의 특징

① 관형격조사는 생략될 수도 있고 그렇지 못할 수도 있다.

'의' 생략 가능: 철수(의) 옷, 서울(의) 풍경, 한국(의) 경제
'의' 생략 불가능: 평화의 종소리, 두 권의 소설책, 철수의 실패
               자연의 노래, 사랑의 힘

② 두 명사 사이에 관형격조사가 실현될 수 없는 경우도 있다.

컴퓨터 책상, 아침 산책, 여성 잡지

③ 관형격조사가 사용된 표현은 다양한 의미를 나타낼 수 있다.

아버지의 편지 → 아버지가 쓴 편지, 아버지가 받은 편지
형의 그림 → 형이 그린 그림, 형이 소유한 그림

④ 관형격조사는 부사격조사나 보조사와 함께 쓰일 때, 뒤에 위치한다.

학생으로서의 신분, 일상으로의 탈출
나만의 신부

(라) 부사격조사

부사격조사(副詞格助詞)는 체언이나 체언 구실을 하는 말이 부사어 기능을 하게 하는 조사이다. 부사격조사는 주격조사나 목적격조사와 다르게 문장 성분들이 문법적 관계보다는 의미적 관계를 맺게 한다. 따라서 부사격조사는 각 조사들이 나타내는 의미에 따라 세분된다.

■ 부사격조사의 종류와 특징

의미 분류	종류	특징과 예문
장소 방향	에	예 그 친구는 지금 제주도에 있습니다. 〈존재 위치〉 정호는 의자에 앉았다. 〈행위 공간〉 저는 어제 중국에 도착했어요. 〈도달점〉 이번 방학에는 함께 영국에 가자. 〈지향점〉 그 옷은 마음에 들지 않습니다. 〈추상적 공간〉
	에서	예 학생들이 운동장에서 농구를 하고 있어. 〈행위 공간〉 너는 어디에서 왔니? 〈출발점〉
	로	예 이번 여름휴가는 어디로 갈까요? 〈지향점〉 지하철 1번 출구로 오세요. 〈장소〉
수여	에게 에 에서	• '에게'는 유정명사(有情名詞) 뒤에 사용하고 '에'와 '에서'는 무정명사(無情名詞) 뒤에 사용한다. 예 {동생에게, 꽃에} 물을 주었다. 이번 사건을 {친구에게, 학교에} 알렸습니다. 필요한 정보는 행정실에서 얻었어요.
	한테	• '한테'는 '에게'와 쓰임이 비슷하지만 구어(口語)에서 자주 사용된다. 예 돈을 누구{에게, 한테} 빌릴까?
시간	에	예 우리 여섯 시에 도서관에서 공부하자. 오늘 아침에 늦게 일어났어.
도구 수단 재료	(으)로	예 연필로 쓰지 말고 볼펜으로 쓰세요. 〈도구〉 그곳은 지하철로 가는 것이 빠릅니다. 〈수단〉 이 음식은 무엇으로 만들었니? 〈재료〉
자격	(으)로	예 현서는 대학에서 선생님으로 2년을 일했어.
	(으)로서	예 학교 선배로서 너를 많이 도와주지 못해서 미안해.
이유	(으)로 에	• '이유'를 나타내는 '으로'와 '에'는 '때문에'로 바꿀 수 있다. 예 그 {병으로, 병 때문에} 많은 사람들이 죽었다. 난 시끄러운 {소리에, 소리 때문에} 못 잤어.
단위	에	예 기량이는 원하던 책을 반값에 샀어. 월드컵은 4년에 한 번씩 열린다.

유정명사는 감정을 나타내는 사람이나 동물을 가리키는 명사이고, 무정명사는 감정을 나타내지 못하는 식물이나 무생물을 가리키는 명사이다.

변화	(으)로	예 사막이었던 곳이 도시로 변했다. 그 사람은 이번에 대리로 승진했어.
비교	보다	예 송이는 현서보다 키가 크다.
	와	예 개는 늑대와 비슷하게 생겼다.
동반	와 랑 하고	예 오랜만에 친구{와, 랑, 하고} 테니스를 쳤다.
인용	라고 고	• '라고'는 직접인용, '고'는 간접인용에 쓰인다. 예 혜리는 "너를 사랑해"라고 말했다. 혜리는 나를 사랑한다고 말했다.

(마) 호격조사

호격조사(呼格助詞)는 누군가를 부를 때 쓰는 조사로, '아/야'가 있다. 앞말이 자음으로 끝나면 '아'를 쓰고, 모음으로 끝나면 '야'를 쓴다.

> 호중아, 맛있는 음식 먹으러 가자.
> 철수야, 우리 지금부터 뭐 할까?

■ 호격조사의 특징

① 호격조사는 친구나 아랫사람에게만 사용할 수 있다. 윗사람에게는 호격조사를 생략한 채 호칭만 사용한다.

> 아버님, 어디 가세요?
> 선생님, 부르셨습니까?

② 호격조사에는 '이여'도 있지만 일반 대화에서는 안 쓰이고 기도문(祈禱文)이나 시적(詩的) 표현에 쓰인다.

> 그대여, 내 마음을 받아 주오.
> 주여, 제 기도를 들어주소서.

8.6.2. 보조사

보조사(補助詞)는 화자의 태도를 나타내거나 특수한 의미를 더해 주는 조사로, 특수조사(特殊助詞)라고 부르기도 한다.

■ 보조사의 특징

① 보조사는 주격, 목적격, 부사격 자리에 두루 쓰이는데, 주격조사와 목적격조사 뒤에는 보조사가 쓰이지 못한다.

> 현서는 내일 학교에 간다.　　　　〈주격 자리〉
> 할머니께서 현서는 사랑하신다.　　〈목적격 자리〉
> 아버지가 현서는 선물을 주셨다.　　〈부사격 자리〉
> *나는 서점에서 책을만 샀다.　　　〈격조사+보조사〉

② 보조사는 부사, 어미, 어근 뒤에도 붙을 수 있다.

비가 많이는 오지 않았다.　　　　　　　　〈부사 뒤〉
그녀는 말없이 울고만 있었다.　　　　　　〈연결어미 뒤〉
이제는 집에 가야겠네그려.　　　　　　　〈종결어미 뒤〉
그 집이 깨끗은 하지만 마음에 들지 않는다. 〈어근 뒤〉

■ 보조사의 종류와 특징

종류	특징과 예문
은/는	• '은/는'은 대조(contrast)와 주제(topic)의 의미를 나타낸다. 주제의 의미를 나타낼 때에는 '-에 대해서 말하자면'으로 해석된다. 예 중국어는 배웠지만, 일본어는 배우지 않았습니다. 〈대조〉 　{거북선은, 거북선에 대해서 말하자면} 이순신이 만들었다. 〈주제〉 • '은/는'은 알려진 정보를 나타내며, '이/가'는 새로운 정보를 나타낸다. 예 옛날에, 어느 한 마을에 욕심 많은 할아버지가 살고 있었습니다. 할아버지는 마을 사람들에게 매우 인색했습니다. 　→ 처음에 소개한 '할아버지'는 새로운 정보이기 때문에 '가'를 사용하고 이후에는 '는'을 사용하였다.
만	• '만'은 다른 것은 배제하고 유일하게 그것이 선택됨을 나타낸다. 예 철수는 하루 종일 만화책만 보고 있어. 　이 나무는 제주도에서만 자란다. • '만'은 수량 표현과 어울려 그 수량을 최소로 제한함을 나타낸다. 예 천 원만 깎아 주세요. • '만'은 선행어의 의미를 '강조'하기도 한다. 예 자꾸만 나를 쫓아온다.
도 까지 마저 조차	• '도'는 어떤 대상이나 사태에 포함됨을 나타낸다. 예 그 여자와 영화도 봤어. 　영희도 프랑스에 가 보았다. • '도'는 여러 대상이나 사태를 나열할 때 쓰인다. 예 이 가게는 값도 싸고 물건도 좋습니다. • '도'는 극단적인 경우를 나타내기도 한다. 예 그 문제는 초등학생도 풀 수 있어. 　식당에는 손님이 한 명도 없었습니다. • '도'는 감정을 강조할 때 쓰인다. 예 달도 참 밝구나! 　가방이 참 예쁘기도 하다. • '조차, 마저, 까지'는 '도'와 유사하게 모두 '포함'의 의미를 나타낸다. '조차'와 '마저'는 주로 부정적인 경우에 쓰이는데, '조차'는 기대에 어긋나는 극단적인 경우에 사용되지만 '마저'는 이러한 제약이 없다. 예 너{도, 조차, 마저, 까지} 나를 떠나는구나. 　너{도, 까지, *조차, *마저} 쉬어라. 　곧 막내마저 외국에 보낼 것이다. 〈기대에 어긋남의 의미는 없음〉

Tip

주제는 문장이 언급하는 대상으로, 주로 문두(文頭)에 위치한다. 주제는 화제로도 불린다.

(이)나 (이)나마 (이)라도	• '(이)나, (이)나마, (이)라도'는 모두 '선택'의 의미를 나타낸다. • '(이)나'는 '단순 선택', '차선의 선택', '수량 표현에 붙어 정도가 많음', '부정대명사와 어울려 '모든'', '빈정거림' 등의 의미'를 나타낸다. 예 버스나 지하철을 타고 올 수 있습니다. 〈단순 선택〉 　그냥 영화나 보러 가자. 〈차선의 선택〉 　오늘 서점에서 책을 10권이나 샀다. 〈정도의 많음〉 　그 이야기는 누구나 알고 있어. 〈모든 사람〉 　자기가 무슨 선배나 되는 것처럼 말했어. 〈빈정거림〉 • '(이)나마'는 '차선의 선택', '아쉬운 대로 만족함'의 의미를 나타낸다. 예 우리에게 적은 돈이나마 있어서 다행이다. • '(이)라도'는 '마지막 선택', '그런대로 괜찮음' 등의 의미를 나타낸다. 예 너라도 같이 갈래? 　만 원이라도 빌려줄래?
(이)야 (이)라야	• '(이)야'는 '은/는'의 자리에 쓰여 앞말을 강조한다. 예 나{야, 는} 이미 합격했지. 　전화를 받기{야, 는} 했지. • '(이)라야'는 '필수적인 조건'의 의미를 나타낸다. 예 내년 봄이라야 다시 만날 수 있겠구나. 　철수라야 이 일을 마칠 수 있다.
그래 그려 마는 요	• 이 보조사들은 종결어미에 결합하기 때문에 종결보조사로 불린다. 특히 '요'는 문장의 어느 성분에도 자유롭게 결합할 수 있다는 특징이 있다. 예 그것참 재미있군그래. 　그 친구 사정이 참 딱하데그려. 　사고 싶다마는 돈이 없군요. 　초롱이가요 마음은요 착해요.

8.6.3. 접속조사

　접속조사(接續助詞)는 둘 이상의 체언을 대등하게 연결하는 조사로, '와/과, 하고, (이)랑, (이)며' 등이 있다.

　그들은 자유와 평등을 위해서 싸웠다.
　나는 계절 중에 봄과 가을을 좋아합니다.
　김밥하고 라면 주세요.
　과일이랑 채소 값이랑 많이 올랐다.
　과일이며 음료수며 맛있는 것들이 많았다.

참고

'와/과', '하고', '(이)랑'은 접속조사가 아닌 부사격조사로 쓰일 수도 있다.
예 철수는 아버지와 닮았다.
　민호는 영희랑 결혼했다.

1. 다음 문장에서 격조사는 모두 몇 개인지 고르시오.

> 언어는 내용과 형식을 갖춘 하나의 기호이며, 규칙을 바탕으로 운용되는 하나의 체계이다.

① 3 　　② 4 　　③ 5 　　④ 6 　　⑤ 7

> ● **답**　③ (해설) '형식을'의 '을', '하나의'의 '의', '규칙을'의 '을', '바탕으로'의 '으로', '하나의'의 '의'

2. 다음 문장에서 보조사는 모두 몇 개인지 고르시오.

> 철수는 과제도 다 끝내지 않고, 오늘 아침까지 게임만 계속 했어요.

① 1 　　② 2 　　③ 3 　　④ 4 　　⑤ 5

> ● **답**　⑤ (해설) '철수는'의 '는', '과제도'의 '도', '아침까지'의 '까지', '게임만'의 '만', '했어요'의 '요'

3. 다음에서 관형격조사가 생략될 수 없는 것을 고르시오.

① 민수의 책　　　　② 평화의 종소리　　　　③ 한국의 문화
④ 고향의 친구　　　　⑤ 문제의 해결

> ● **답**　② (해설) 관형격조사는 일반적으로 생략되어 사용될 수 있지만, 생략될 수 없는 표현들도 있다.

4. 아래 예문을 통해서 알 수 있는 보조사의 결합 특징을 설명하시오.

> ㉮ 첫눈이 많이**는** 오지 않았다.
> ㉯ 그는 눈물을 흘리고**만** 있었다.
> ㉰ 방이 깨끗**은** 하지만 매우 비싸다.

> ● **답**　보조사는 체언뿐만 아니라 ㉮와 같이 부사, ㉯와 같이 연결어미, ㉰와 같이 어근 뒤에도 결합할 수 있다.
> (해설) 보조사는 격조사보다 분포가 자유로워서 다양한 성분에 결합할 수 있다.

5. 아래의 각 문장에서 밑줄 친 각 조사의 의미를 설명하시오.

> ㉮ 그녀는 지금 영국**에** 있어서 만날 수 없어요.
> ㉯ 연필**로** 답을 쓰지 마세요.
> ㉰ 친구**로서** 너를 도와주는 것은 당연해.
> ㉱ 나**보다** 초롱이가 더 예뻐요.
> ㉲ 그 사건**으로** 많은 사람들이 직장을 잃었습니다.

> **답** ㉮ 존재 위치 ㉯ 도구 ㉰ 자격 ㉱ 비교 ㉲ 원인
> (해설) 위의 조사들은 모두 체언에 결합하여 부사어의 기능을 하게 한다. 부사격조사들은 각각 다양한 의미를 가지고 있으며, 문맥에 따라 그 의미가 구체적으로 드러난다.

6. 아래 예문에서 '이'와 '은'의 의미 차이를 설명하시오.

> 아주 먼 옛날에, 숲 속에 심술궂은 도깨비들**이** 살고 있었습니다. 도깨비들**은** 장난을 매우 좋아했습니다.

> **답** 주격조사 '이'는 새로운 정보(신정보)를 제시할 때 사용되며, 보조사 '은'은 이미 언급된 정보(구정보)를 제시할 때 사용된다. 위의 예문에서 '이'와 '은'의 위치를 바꾸면 어색한 문장이 된다.
> (해설) 보조사 '은/는'은 '대조'와 '주제'의 의미를 지니고 있다. 주제는 이미 알려진 정보이기 때문에, 새로운 정보를 제시할 때에는 사용되기 어렵다.

8.7. 관형사

관형사(冠形詞, adnoun)는 명사 앞에서 뒤에 오는 명사를 꾸며 주는 말로, 단독으로 쓰일 수 없으며 항상 명사와 함께 쓰여야 한다는 제약이 있다. 한국어의 고유어 관형사는 품사 중에서 그 수가 매우 적다.

헌 신발을 버리고 새 신발을 샀습니다.
여러 사람들이 그 문제에 대해서 함께 고민했습니다.

■ 관형사의 종류

관형사는 의미에 따라 성상관형사, 지시관형사, 수관형사로 나뉜다.

종류		특징과 예
성상 관형사	특징	어떤 대상의 성질이나 상태를 한정해 주는 관형사이다.
	예	옛 사랑 이야기, 새 옷, 맨 꼭대기 합리적 사고 , 심리적 불안
지시 관형사	특징	어떤 대상을 가리키는 관형사이다.
	예	이 책, 그 사람, 저 친구, 이런 행동, 그런 말, 저런 모습 어느 마을, 무슨 내용, 어떤 사람, 웬 걱정
수관형사	특징	명사의 수량을 나타내는 관형사로, 주로 단위성 의존명사와 결합하여 사물의 수량을 나타낸다.
	예	한 친구, 장미 두 송이, 염소 세 마리, 책 한두 권 온갖 시련, 모든 조건, 여러 사람

■ 관형사의 특징

① 관형사는 대명사, 수사, 고유명사를 수식하는 데 제한이 있다.

*모든 우리는 그 일을 함께 했다.
*여러 다섯이 함께 한국어를 공부했다.
*저 철수가 이번에 발표를 한다.

② 관형사에는 조사와 어미가 결합하지 못한다.

③ 하나의 명사를 둘 이상의 관형사가 수식하는 것이 가능한데, 이때 관형사 사이에는 일정한 순서가 있다. 대체로 지시관형사, 수관형사, 성상관형사의 순서로 위치한다.

저 두 헌 가방을 쓰레기통에 버려라.
〈지시관형사＋수관형사＋성상관형사〉

④ 관형사는 명사뿐만 아니라 명사구도 수식한다.

모든 [사랑과 헌신]

⑤ 한자어에 접미사 '–적(的)'이 붙어서 많은 수의 관형사가 만들어진다.

가식적(假飾的) 행동, 간접적(間接的) 표현,
경제적(經濟的) 여유, 긍정적(肯定的) 태도

참고

'–적' 파생어는 관형사뿐만 아니라 명사로도 사용된다.

예 그의 행동은 가식적이다.
　　가식적으로 행동하지 마라.

⑥ 한국어에서는 명사나 '체언＋의'가 관형사와 같이 뒤에 있는 명사를 수식한다.

학교 책상, 한국어 공부
친구의 책, 우리의 꿈

8.8. 부사

부사(副詞, adverb)는 동사나 형용사, 부사, 문장 등의 앞에서 이들을 수식해 주는 단어들이다.

기량이는 누구보다 <u>빨리</u> 달린다.	〈동사 수식〉
이곳은 물이 <u>아주</u> 맑아.	〈형용사 수식〉
저 학생이 춤을 <u>훨씬</u> 잘 춘다.	〈부사 수식〉
<u>과연</u> 그가 이 일을 끝마칠 수 있을까?	〈문장 수식〉

■ **부사의 종류**

부사는 수식 범위에 따라 성분부사와 문장부사로 나뉜다.

종류		특징과 예문
성분 부사		성분부사는 문장 안의 어떤 성분을 수식하는 부사로 의미에 따라 더 세분된다.
	성상 부사	성상부사는 동사나 형용사의 상태, 모습 등을 꾸미는 부사이다. 성상부사에는 '빨리, 매우, 제일, 아주, 너무' 등이 있다.
	지시 부사	지시부사는 장소나 시간을 가리키거나 앞에 나온 내용을 지시하는 부사이다. 장소 지시부사에는 '이리, 그리, 저리, 여기, 거기, 저기' 등이 있으며, 시간 지시부사에는 '막, 벌써, 아직, 지금, 현재, 이따, 내일, 마침내, 언제, 어디, 일찍' 등이 있다.
	부정 부사	부정부사는 동사와 형용사의 의미를 부정하는 부사이다. 부정부사에는 '안'과 '못'이 있다. **예** 배가 불러서 밥을 안 먹었어요. 　　이가 아파서 밥을 못 먹었어요.

문장 부사	양태 부사	<u>설마</u> 그가 또 너에게 일을 시킬까?　　　〈의심〉 <u>제발</u> 그런 일은 하지 마라.　　　　　　〈소망〉 <u>반드시</u> 그 일을 이룰 것이다.　　　　　〈의지〉 <u>만일</u> 내일 비가 오면, 우리는 놀이동산에 못 간다.　〈가정〉
	접속 부사	그리고, 그러나, 그런데, 그러면, 그러므로 곧, 즉, 또, 또한, 또는, 따라서, 더욱이, 게다가

문장부사는 문장의 앞에서 문장 전체를 꾸미는 부사이다.
문장부사에는 사람의 태도를 나타내는 양태부사(樣態副詞)와 문장이나 단어를 접속해 주는 접속부사(接續副詞)가 있다.

■ 부사의 특징

① 부사는 격조사를 취할 수는 없지만 보조사 '는, 도, 만' 등을 취할 수 있다.

> 그는 {빨리는/빨리도/빨리만} 달린다.

② 부사 중에는 명사나 관형사를 꾸미는 것도 있다.

> 내가 찾던 것이 <u>바로 이것이다</u>.　　　　〈대명사 수식〉
> 저는 <u>그냥 커피</u>로 주세요.　　　　　　〈명사 수식〉
> 집 장만하는 데 <u>거의 이</u> 년이란 세월을 보냈다.　〈수사 수식〉
> 철수는 <u>아주 새</u> 컴퓨터를 가지고 다닌다.　〈관형사 수식〉

③ 부사 중에는 그 위치가 자유로운 것이 있다.

> <u>지금</u> 철수는 책을 읽고 있다.
> 철수는 <u>지금</u> 책을 읽고 있다.
> 철수는 책을 <u>지금</u> 읽고 있다.

> <u>아마</u> 철수는 도서관에 있을 것이다.
> 철수는 <u>아마</u> 도서관에 있을 것이다.
> 철수는 도서관에 <u>아마</u> 있을 것이다.

④ 한국어의 부사 중에는 의성어(擬聲語)와 의태어(擬態語)도 있다.

> 학생들이 <u>깔깔</u> 웃는다.　　　　　　　〈의성어〉
> 대문 앞에 서자 개가 <u>컹컹</u> 짖었다.　　〈의성어〉
> 그 남자는 <u>어슬렁어슬렁</u> 걸어 다니고 있다.　〈의태어〉
> 아기가 <u>아장아장</u> 걷는다.　　　　　　〈의태어〉

Tip
의성어는 사람이나 사물의 소리를 흉내 낸 말이고, 의태어는 사람이나 사물의 모양이나 움직임을 흉내 낸 말이다.

⑤ 문장부사들은 일부 후행 표현과 호응을 해야 한다.

부사와 호응하는 표현	예
비록, 아무리: -어도, -더라도, -ㄹ지라도, -망정	비록 사소한 것일지라도 부모님과 의논해야 해.
설마: -겠느냐, -ㄹ까	설마 그가 도둑질을 했을까?
과연, 정말: -나, -구나	이 사람은 과연 훌륭한 예술가로구나.
모름지기, 무릇: -어야 한다	모름지기 학생은 공부를 열심히 해야 한다.
아마: -ㄹ 것이-, -겠-	아마 내일쯤이면 눈이 오겠지.

8.9. 감탄사

감탄사(感歎詞, exclamation, interjection)는 말하는 사람의 감정이나 의지를 나타내거나 부르고 대답하는 데 쓰이는 말이다.

아, 기쁘다.	〈감정〉
와, 정말 멋있다.	〈감정〉
하하, 이 책이 그런 내용을 담고 있다니.	〈감정〉
어머, 벌써 눈이 내리네.	〈감정〉
아무렴, 네 말이 옳다.	〈의지〉
어이, 거기 있는 물건을 옮겨 줘.	〈부름〉
예, 잘 알겠습니다.	〈대답〉

■ 감탄사의 특징

① 감탄사는 일반적으로 후행하는 문장과 직접적인 관계를 맺지 않는다.
② 감탄사는 조사나 어미를 취하지 않는다.
③ 감탄사 중에는 높임법이 반영된 것이 있다.

어이, 여봐요, 여보시오, 여보세요, 여보십시오
글쎄, 글쎄다, 글쎄올시다, 글쎄요

④ 감탄사는 모두 독립된 문장으로 사용될 수 있다. 주어와 서술어라는 일정한 형식을 갖추지 못한 문장을 소형문(小型文, minor sentence)이라 하는데, 독립적으로 쓰인 감탄사는 모두 소형문이다.

1. 아래의 각 문장을 품사에 따라 분류하시오.

> ㉮ 이제 너는 많은 이성들을 자유롭게 만날 수 있겠구나.
> ㉯ 우리는 그냥 느긋하게 쉬면서 맥주나 마시는 게 어떨까요?
> ㉰ 앗! 하는 기합 소리와 함께 친구는 저만큼 나가떨어졌다.

◉▶ **답** ㉮ 이제(부사) 너(대명사) 는(보조사) 이성들(명사) 을(격조사) 자유롭게(부사) 만날(동사) 수(의존명사) 있겠구나(형용사)
　　㉯ 우리(대명사) 는(보조사) 느긋하게(부사) 쉬면서(동사) 맥주(명사) 나(보조사) 마시는(동사) 게(의존명사) 어떨까(형용사)
　　　요(보조사)
　　㉰ 앗(감탄사) 하는(동사) 기합(명사) 소리(명사) 와(격조사) 함께(부사) 친구(명사) 는(보조사) 저만큼(부사) 나가떨어졌다(동사)
　　(해설) 격조사와 보조사는 각각 하나의 단어이며, 어간과 어미가 결합한 형태는 하나의 단어이다. '요'는 높임을 나타내는 보조
　　사이다.

2. 다음에서 관형사가 쓰인 것을 고르시오.

　① 모든 국민　　　　　② 빨간 모자　　　　　③ 높푸른 하늘
　④ 멋진 남학생　　　　⑤ 새로운 사실

◉▶ **답** ① (해설) ①만 관형사이고 나머지는 모두 용언에 관형사형 어미가 결합한 것이다.

3. 다음에서 부사의 수식이 다른 하나를 고르시오.

　① 이곳은 물이 <u>매우</u> 차네.
　② 시간이 없어서 점심을 <u>빨리</u> 먹었어.
　③ 여러분, <u>어서</u> 오세요.
　④ 갑자기 돈이 <u>우수수</u> 쏟아졌다.
　⑤ 그때 선생님께서는 <u>바로</u> 뒤에 서 계셨어.

◉▶ **답** ⑤ (해설) ⑤는 부사 '바로'가 명사 '뒤'를 수식하며, 나머지는 부사가 모두 용언을 수식한다. 부사는 기본적으로 용언을 수식하지
　　만 다른 부사나 관형사, 명사를 수식하기도 한다.

4. 다음 예문을 통해서 한국어의 '–적' 파생어의 문법적 특성을 설명하시오.

> ㉮ 김 선생님의 이론은 과학적 근거가 없습니다.
> ㉯ 이 영화에서 블랙홀에 대한 묘사는 과학적입니다.
> ㉰ 이번 사건은 과학적으로 바라볼 필요가 있다.

◉▶ **답** '–적' 파생어는 '과학적 근거'와 같이 명사를 수식하기도 하지만, '이다'나 '으로'와 결합하여 명사로 쓰이기도 한다. 사전에서
　　'–적' 파생어는 관형사와 명사로 분류되어 있다.
　　(해설) '–적'은 주로 한자어 명사에 붙어서, '그런 상태로 된', '그런 성질을 띤', '그것에 관계된'의 뜻을 지닌 관형사나 명사를 만
　　든다. 그런데 '비교적', '가급적'은 각각 '비교적 쉬운 문제', '가급적 빨리'와 같이 부사로 쓰인다는 특징이 있다.

5. 다음에서 감탄사의 의미적 특성이 나머지와 다른 것을 고르시오.

① 어머나, 벌써 개나리가 피었네.
② 앗, 깜짝이야.
③ 그래, 알았으니까 그만 가 봐.
④ 아차, 지갑을 놓고 왔구나.
⑤ 에, 참 시원하다.

◉▶ **답** ③ (해설) ③의 '그래'는 대답을 나타내며 나머지는 모두 감정과 관련된 의미를 나타낸다.

09 문장 성분

> **🔍 학습 목표**
> – 문장 성분과 품사의 차이를 이해한다.
> – 각 문장 성분의 특성을 이해한다.

> **🗝 주요 용어**
> 문장 성분, 주어, 서술어, 목적어, 보어, 관형어, 부사어, 독립어

문장 성분(文章成分, sentence component)은 문장을 구성하면서 일정한 문법적 기능을 하는 요소이다. 한국어의 문장 성분이 될 수 있는 것은 독립하여 쓰일 수 있는 언어 형식으로, 조사는 선행 요소와 함께 하나의 문장 성분을 이루며, 용언은 보조용언과 함께 하나의 문장 성분을 이룬다.

문장 성분은 크게 주성분(主成分), 부속성분(附屬成分), 독립성분(獨立性分)으로 나뉜다. 주성분에는 '주어, 서술어, 목적어, 보어'가 있고, 부속성분에는 '관형어, 부사어'가 있으며 독립성분에는 '독립어'가 있다.

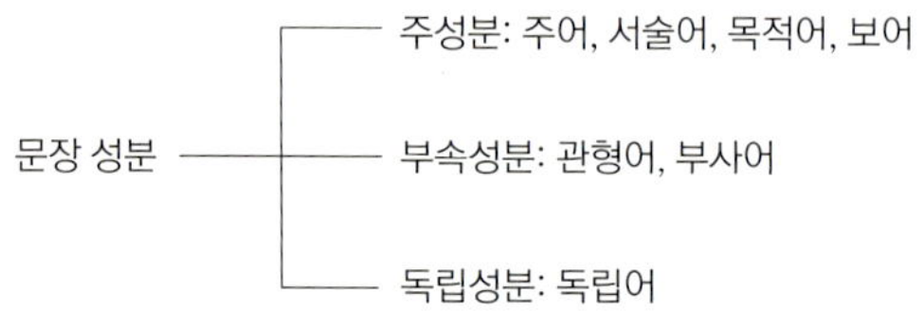

참고

품사와 문장 성분을 구별할 필요가 있다. 품사는 어떤 문법적 성질을 가지고 있느냐에 따른 분류이며, 문장 성분은 문장 안에서 어떤 위치에 쓰여 어떤 기능을 하느냐에 따른 분류이다. 예를 들어, 아래와 같이 하나의 명사는 주어, 목적어, 관형어, 부사어, 서술어, 독립어로 쓰일 수 있다.

예　강아지가 마당에서 자고 있어요.　　　　　　〈주어〉

　　저는 강아지를 매우 좋아합니다.　　　　　　〈목적어〉

　　강아지의 모습을 그리고 싶어요.　　　　　　〈관형어〉

　　그 고양이는 강아지처럼 울고 있었다.　　　　〈부사어〉

　　제가 제일 좋아하는 애완동물은 강아지입니다.　〈서술어〉

　　강아지야, 이리 오렴.　　　　　　　　　　　〈독립어〉

9.1. 주어

주어(主語, subject)는 서술어에 의해 서술되는 대상으로 문장의 주체가 되는 성분이다. 한국어의 주어는 체언이나 체언의 구실을 하는 말에 주격조사 '이/가', '께서', '에서'가 붙어서 이루어진다. '께서'는 높임의 주어에 사용되고, '에서'는 단체의 주어에 사용된다.

영희가 매운 떡볶이를 잘 먹는다.
이웃집 할아버지께서 편찮으시다.
학교에서 경주로 수학여행을 간다.

■ 주어의 특징

① 한국어의 주어는 일반적으로 문장의 맨 앞에 위치한다. 주격조사가 나타나지 않아도 일반적으로 맨 앞의 성분이 주어임을 알 수 있다.

나 영희 좋아해. → 내가 영희를 좋아해.

② 주격조사로 인해서 주어임을 알 수 있기 때문에 주어는 자리 이동이 가능하다.

영희를 좋아해, 내가.

③ 한국어의 주어 표지는 문장에서 여러 번 나올 수 있다. 이러한 문장을 주격 중출(主格重出) 구문이나 이중주어문(二重主語文)으로 부르기도 한다.

기린이 목이 길다.
국화가 꽃이 핀다.

④ 주어는 주격조사 대신에 보조사와 결합하기도 한다. 특히 보조사 '은/는'을 많이 취한다.

철수{는, 도, 만} 기숙사에 산다.

⑤ 주격조사 '께서'나 '에서'는 보조사 '은/는'이나 '도'와 함께 쓰일 수 있다.

선생님께서는 오늘 학회에 오지 않으셨다.
우리 학교에서도 가을 축제를 준비한다.

⑥ 재귀대명사 '자기'의 선행사는 주어이다.

영희가 친구에게 자기 책을 빌려주었다.　〈영희＝자기〉

⑦ 한국어는 일상 대화에서 주어가 나타나지 않는 경우가 자주 있다.

안녕하세요, 반갑습니다.

⑧ 복수의 접미사 '-들'은 주어가 복수일 때 다른 문장 성분에 붙을 수 있다.

이번 행사에 학생들이 많이들 모였다.

⑨ 선어말어미 '-시-'는 주어를 높인다.

교수님께서 이쪽으로 오신다.

⑩ 서술어가 동사인 경우에 주어가 1인칭이면 선어말어미 '-더-'의 결합이 자연스럽지 않다.

??내가 순대국을 먹더라.
??내가 극장에 가더라.

9.2. 서술어

서술어(敍述語, predicate)는 주어의 행위나 상태 등을 설명해 주는 말로 한 문장의 중심이 되는 필수적인 성분이다. 일반적으로 한국어의 서술어는 동사와 형용사에 선어말어미와 종결어미가 붙거나 체언 구실을 하는 말에 '이다'가 붙어서 이루어진다.

호중이는 자장면을 맛있게 먹었어.	〈동사〉
영희는 입술과 눈이 예뻐요.	〈형용사〉
철수는 한국대학교 학생이다.	〈명사구＋'이다'〉

■ 서술어의 특징

① 서술어는 일반적으로 문장의 가장 뒤에 위치한다.

② 둘 이상의 동사나 형용사가 모여서 하나의 서술어를 이루기도 한다.

나는 이번 겨울에 제주도에 가고 싶어.	〈보조용언 구성〉
철수는 참외를 깎아 먹었다.	〈연속 동사 구성〉

참고

연속 동사 구성(serial verb construction)은 동사들을 연결하는 '-아/-어'와 '-고'가 각각 '-아서/-어서'와 '-고서'로 교체될 수 있으며, 보조용언 구성과 다르게 두 용언이 모두 동사의 의미를 가진다. 또한 '깎아 맛있게 먹었다'와 같이 두 동사 사이에 다른 표현이 개재될 수 있다.

③ 시제나 높임법 등의 문법범주는 서술어가 실현한다.

④ '-하다'가 결합된 서술어는 분리되기도 한다.

창영이는 통사론을 열심히 공부한다.
→ 창영이는 통사론 공부를 열심히 한다.

■ 서술어와 자릿수

동사나 형용사는 어휘적인 특성에 따라서 필요로 하는 성분의 수가 다른데, 이를 통해서 서술어를 구분할 수 있다. 서술어가 요구하는 필수적인 성분의 수를 자릿수라고 한다.

① 한 자리 서술어(one-place predicate)

주어만 필요로 한다. 자동사나 형용사에 해당한다.

오랜 시간이 흘렀다
서울 하늘이 푸르다.

② 두 자리 서술어(two-place predicate)

주어 이외에 목적어나 보어 또는 필수 부사어를 필요로 한다.

나는 한국어를 좋아한다.
물이 얼음이 되었다.
물이 수증기로 변했다.

③ 세 자리 서술어(three-place predicate)

　주어와 목적어 이외에도 부사격조사 '로', '에게', '와' 등을 통해 나타나는 필수 부사어를 필요로 한다.

> 김 교수는 영희를 제자로 삼았군요.
> 철수가 영희에게 크리스마스 선물을 줬어.

9.3. 목적어

　목적어(目的語, object)는 타동사에 의해 표현되는 행위의 대상을 나타내는 말이다. 따라서 목적어는 주어에 의해서 영향을 받는 피영향성이나 대상성의 의미를 나타낸다. 한국어의 목적어는 체언의 구실을 하는 말에 목적격조사 '을/를'이 결합하여 이루어진다.

■ 목적어의 특징

① 한국어의 목적어는 타동사 앞에 위치한다. 그런데 일부 부사어는 목적어보다 타동사에 더 가깝게 위치한다.

> 부모님은 나를 말썽꾸러기로 생각하신다.

② 목적어는 목적격조사 대신에 다른 조사와 결합하기도 한다.

> 저 친구는 막걸리{를, 는, 도, 만, 까지} 잘 마시네.
> 혜리가 방금 택시{를, 에} 탔어.

③ 목적어는 문장에서 생략될 수 없다.

> *국문과 신입생들은 ∅ 잘 마신다.

④ 한국어의 목적어 표지는 문장에서 여러 번 나타날 수 있다. 이때 두 명사 중에서 뒤의 명사가 앞 명사의 부분이거나 수량을 나타낸다. 이러한 문장을 대격 중출(對格重出) 구문으로 부르기도 한다.

> 철수가 영희를 손을 잡았어.
> 철수가 영희에게 꽃을 다섯 송이를 주었어.

⑤ 목적어는 피동문의 주어가 될 수 있다. 그런데 한국어에는 목적어가 있는 피동문도 있다.

> 영희가 철수에게 손을 잡혔어.
> 친구가 개한테 다리를 물렸습니다.

9.4. 보어

보어(補語, complement)는 '되다', '아니다' 앞에 나타나는 성분이다. 보어는 조사 '이/가'가 결합하여 이루어진다. 학교 문법에서는 보어에 사용되는 '이/가'를 보격조사로 분류한다. 일부 논의들에서는 주격조사 '이/가'가 보어에 사용된 것으로 보기도 한다.

> 철수는 명문대 대학생이 되었다.
> 그녀는 외과의사가 아니다.

참고

많은 논의에서 주어와 목적어를 제외하고 서술어가 필요로 하는 성분을 보어로 부르기도 한다. 예컨대 '철수가 나무로 책꽂이를 만들었다.', '옷 색깔이 누렇게 변했다.', '철수가 학교에 갔다.'에서 '나무로', '누렇게', '학교에' 등을 보어로 보기도 한다.

9.5. 관형어

관형어(冠形語, adnominal)는 체언이나 체언의 구실을 하는 말 앞에서 그것을 꾸며 주는 말이다. 관형어가 될 수 있는 것은 관형사, 체언이나 이 말에 관형격조사 '의'가 붙은 것, 접미사 '-적'이 붙은 것, 용언의 관형사형, 관형사절이다.

> 철수는 학교에서 새 친구를 사귀고 싶어 해.　　　　〈관형사〉
> 산과 바다 가운데 어느 곳을 더 좋아합니까?　　　　〈관형사〉
> 학교 친구에게 수업노트를 빌렸어요.　　　　　　　〈명사〉
> 지금 이광수의 무정을 읽고 있습니다.　　　　　〈관형격조사 '의' 결합〉
> 소설은 가공적 이야기이다.　　　　　　　　　　〈접미사 '-적' 결합〉
> 오늘 친구에게 반가운 소식을 들었어요.　　　　　〈용언의 관형사형〉
> 어머니께서 어제 보내 주신 김치가 참 맛있네.　　　〈관형사절〉

참고

한국어에서는 명사가 관형어의 역할을 할 수 있는데, 이 경우 관형격조사 '의'가 결합된 것과는 다른 의미를 가질 수 있다. 예컨대 '한국 사람'은 한국 국적을 가진 사람을 말하지만 '한국의 사람'은 한국에 살고 있는 사람을 의미한다. 또한 '*한국 많은 사람'은 가능하지 않지만 '한국의 많은 사람'은 가능하다는 차이가 있다.

■ 관형어의 특징

① 관형어는 단독으로 쓰일 수 없으며 수식을 받는 말 앞에서만 쓰일 수 있다.
② 관형어는 여러 개가 함께 쓰일 수 있다. 이때 관형어 사이에 순서가 있다.

> 이 두 새 책이 이번 학기의 교재입니다.

③ 일반적으로 관형어는 문장의 필수 성분이 아니지만, 의존명사 앞에서는 필수
  적이다.

> 알맞은 것을 선택하세요. → *것을 선택하세요.
> 사탕 한 개만 줄래? → *사탕 개만 줄래?

9.6. 부사어

부사어(副詞語, adverbial)는 서술어 앞에서 서술어의 뜻을 한정해 주는 말이다.
부사어는 부사 그 자체가 부사어가 되기도 하고, 체언의 기능을 하는 말에 부사격
조사가 결합하거나 용언에 어미 '-게'가 결합하여 이루어진다.

> 학교 식당의 김치는 매우 맵습니다.   〈부사〉
> 오늘 명동에서 일곱 시에 친구들을 만난다.   〈부사격조사 결합〉
> 영희는 철수에게 궁금한 것을 물어보았다.   〈부사격조사 결합〉
> 수박은 참외보다 크구나.   〈부사격조사 결합〉
> 이상하게 오늘은 쪽지 시험을 잘 보았어요.   〈형용사+'-게' 결합〉

■ 부사어의 특징

① 한국어의 부사어는 서술어를 꾸미는 성분 부사어와 문장 전체를 꾸미는 문장
  부사어로 나뉜다. 문장 부사어는 문장의 맨 앞에 위치한다.

> 오늘은 너무 아파서 학교에 못 갔습니다.   〈성분 부사어〉
> 과연 이 일을 정한 시간에 할 수 있을까?   〈문장 부사어〉
> 설마 너도 나를 의심하는 것은 아니겠지?   〈문장 부사어〉

② 한국어 부사어는 서술어뿐만 아니라 다른 부사어나 관형어, 체언을 꾸미기도
  한다.

> 앞으로는 더 빨리 일을 해라.   〈부사어 수식〉
> 그 녀석이 아주 새 가방을 망가뜨렸어.   〈관형어 수식〉
> 그는 꼭 너만 오라고 하는구나.   〈체언 수식〉

③ 일반적으로 부사어는 문장에서 수의성분이지만 일부 부사어는 필수성분이다.

> 철수는 이번에 들어온 신입생을 친구로 삼았다.
> 이 친구는 종로에 있는 영어 학원에 다닙니다.

④ 부사어는 다른 성분보다 문장에서의 위치가 자유롭다.

> 이상하게도 그 둘은 사이가 좋지 않아.
> 그 둘은 이상하게도 사이가 좋지 않아.
> 그 둘은 사이가 이상하게도 좋지 않아.

⑤ 부사어에는 보조사가 결합할 수 있다.

시간이 정말 <u>빨리도</u> 가네.
내가 <u>너보다는</u> 더 잘생겼어.

9.7. 독립어

독립어(獨立語)는 문장의 다른 성분과 문법적 관련이 없는 독립된 성분이다. 한국어의 독립어에는 감탄사, 체언에 호격조사가 결합한 것, 제시어가 있다.

<u>아!</u> 뜨거워라.　　　　　　　　　　　　　〈감탄사〉
<u>철수야</u>, 이리 와서 같이 밥 먹자.　　　　〈체언＋호격조사〉
<u>사랑</u>, 그것은 인간에게 가장 중요한 것이다.　〈제시어〉

■ 독립어의 특징

① 일부 독립어는 후행 문장의 상대 높임법과 관련을 맺기도 한다.

할아버지, 어디 편찮으십니까?
*철수야, 어디 편찮으십니까?

② 제시어 구문에서는 제시어를 지시하는 대명사가 나타나기도 한다.

<u>청춘</u>, <u>이것은</u> 얼마나 아름다운 말인가?

1. 다음 문장이 몇 개의 문장 성분으로 되어 있는지 고르시오.

> 와, 그 남자는 사랑하는 모든 여자들에게 명품을 선물했어.

① 5　　　　② 6　　　　③ 7　　　　④ 8　　　　⑤ 9

◎ 답　④ (해설) ④는 독립어, 관형어, 주어, 관형어, 관형어, 부사어, 목적어, 서술어로 이루어져 있다.

2. 다음에서 주성분만으로 이루어진 문장을 고르시오.

① 예쁜 학생이 너를 찾았어.
② 철수는 대학생이 아니야.
③ 큰 것보다 작은 것이 더 좋아.
④ 이상하게 오늘은 운수가 좋아.
⑤ 사랑, 세상에 이것처럼 위대한 것이 있을까?

◎ 답　② (해설) ②는 주성분인 주어, 보어, 서술어로 이루어져 있다.

3. 아래 문장에서 나타나는 한국어의 주격조사와 목적격조사의 특징을 설명하시오.

> ㉮ 그 가게는 구두가 10만원이 더 싸다.
> ㉯ 병호가 초롱이에게 꽃을 서른 송이를 주었다.

◎ 답　한국어의 주격조사 '이/가'와 목적격조사 '을/를'은 한 문장에서 두 번 이상 사용될 수 있다.
　(해설) 주격조사가 두 번 이상 나타나는 경우는 서술어가 형용사인 것이 일반적이다. 목적격조사가 두 번 이상 나타나는 경우는, 두 명사 중에서 뒤의 명사가 앞 명사의 한 부분이거나 수량을 나타낼 때이다.

4. 한국어에서 주어를 판별할 수 있는 방법은 무엇인지 설명하시오.

◎ 답　형태론적 특징: '이/가'가 결합한다. 통사론적 특징: 재귀대명사 '자기'의 선행사는 대부분 주어이며, 복수의 접미사 '-들'은 주어가 복수일 때 다른 성분에 붙을 수 있다. 또한 서술어가 동사인 경우에 주어가 1인칭이면 선어말어미 '-더-'의 결합이 자연스럽지 않다. 또한 선어말어미 '-(으)시-'는 주어를 높인다.
　의미론적 특징: 주어는 행위를 능동적으로 하는 주체이다.
　(해설) 주어를 판별할 수 있는 다양한 문법적 특성이 있지만, 이러한 특성이 절대적인 것은 아니다.

5. 아래 문장에서 두 서술어 구성의 차이점에 대해서 설명하시오.

> ㉮ 나도 거기에 한 번 **가 봤어**.
> ㉯ 철수는 장어를 불에 **구워 먹었어**.

◉ **답** ㉮는 두 용언이 보조용언 구성을 이루며 ㉯는 두 용언이 연속 동사 구성을 이룬다. 이는 어미 '-어서'를 개입시킬 수 있느냐에 따라 구분될 수 있다. '가 봤어'는 '가서 봤어'가 불가능하지만, '구워 먹었어'는 '구워서 먹었어'가 가능하다.
(해설) 보조용언 구성은 두 번째 용언이 양태를 나타내는 등 문법적 기능을 수행하지만, 연속 동사 구성은 두 용언 모두 서술어의 기능을 지니고 있다.

6. 다음 문장에서 부사어의 특징을 설명하시오.

> ㉮ 그는 **아주** 부자이지만, **무척** 구두쇠야.
> ㉯ **겨우** 둘이서 그 일을 할 수 있겠니?

◉ **답** 부사어는 일반적으로 서술어를 수식하지만, 체언을 수식하기도 한다. ㉮에서 '아주'는 명사 '부자'를 수식하며, '무척'은 '구두쇠'를 수식한다. ㉯에서 '겨우'는 '둘'을 수식하고 있다.
(해설) 체언을 수식하는 단어들을 부사가 아닌 관형사로 보는 연구자들도 있다. 이에 따르면 위의 단어들은 관형어가 된다. 학교 문법에서는 하나의 품사가 여러 다른 품사로 쓰이는 현상을 인정하고 있다.

7. 다음 서술어를 자릿수에 따라 분류하시오.

> 싸우다, 변하다, 주다, 피다, 삼다, 울다, 타다, 여기다, 무섭다

◉ **답** 한 자리 서술어: 피다, 울다
두 자리 서술어: 싸우다, 변하다, 타다, 무섭다
세 자리 서술어: 주다, 삼다, 여기다
(해설) 동사나 형용사가 어휘적인 특성에 따라 필요로 하는 성분의 수를 서술어의 자릿수라고 한다. 예를 들어 '싸우다'는 'A가 B와 싸우다' 형식의 두 자리 서술어이며, '주다'는 'A가 B에게 C를 주다' 형식의 세 자리 서술어이다.

8. 다음 문장에서 알 수 있는 독립어의 특징을 설명하시오.

> ㉮ 할아버지, 어디로 가십니까?
> ㉯ 철수야, 어디로 가니?

◉ **답** 독립어 중에서 호격어는 상대 높임법과 관련을 맺는다.
(해설) ㉮에서는 호격어가 '할아버지'이기 때문에 하십시오체가 사용되었지만, ㉯에서는 호격어가 높이는 대상이 아니기 때문에 해체(반말체)가 사용되었다.

10 문장 유형

🔍 **학습 목표**

– 문장 유형의 종류와 특성을 이해한다.
– 각 문장 유형에 쓰이는 종결어미의 기능을 이해한다.

🔑 **주요 용어**

문장 유형, 평서문, 감탄문, 의문문, 명령문, 청유문

Tip

5개의 문장 유형 이외에 다음과 같은 문장 유형을 설정하는 견해도 있다.

· 내가 이따가 그곳에 들르마.
　→ 약속문

· 이제 그만 하려무나.
　→ 허락문

· 그러다 망가질라.
　→ 경계문

문장 유형(文章 類型, sentence type)은 일정한 문법적 형식과 화행(話行)이 관습적으로 연관된 문장 형식을 말한다. 한국어의 문장 유형에는 '평서문, 감탄문, 의문문, 명령문, 청유문'이 있으며, 이들은 일정한 종결어미와 억양에 의해서 나타난다. 종결어미는 문장의 유형을 구별해 줄 뿐만 아니라 상대 높임법을 나타내며, 화자의 태도를 드러내는 문법적 기능을 가진다.

> **참고**
>
> 문장 유형은 다음과 같은 기준에 의해서도 나뉠 수 있다.

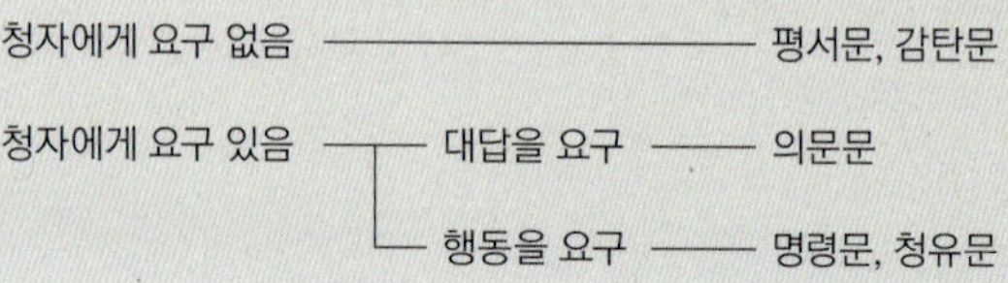

10.1. 평서문

평서문(平敍文, declarative sentence)은 어떤 사실에 대한 정보나 화자의 생각을 전달하는 문장 유형이다. 평서문은 '서술문'이라고도 한다.

■ 평서문의 종결어미

종결어미	특징과 예문
-ㄴ다/-는다/-다	• 평서문의 대표적인 종결어미로, 진술(陳述)의 기능을 한다. 예 사자는 풀을 먹지 않는다. • 감탄을 나타내거나 의문에 사용되기도 한다. 예 아! 멋지다!　　　〈감탄〉 　　이건 내가 먹는다?　〈의문〉
-ㅂ니다/-습니다	• 격식의 높임 표현으로, 높임의 대상에게 말하거나 공식적인 자리에서 사용된다. 예 저는 한국대학교에 다닙니다. 　　오늘 서울의 날씨는 맑습니다.
-아요/-어요	• 비격식의 높임 표현으로, 친근한 높임의 대상에게 사용된다. 이 어미는 평서문 이외에 의문문, 명령문, 청유문에도 쓰인다. 예 지금 밖에 눈이 와요.　　〈평서문〉 　　어디에 살아요?　　〈의문문〉 　　앞에서 2번 버스를 타세요.　〈명령문〉 　　우리 그 일을 함께 해요.　〈청유문〉
-아/-어	• '-아/어'는 친한 친구 사이나 아랫사람에게 쓰는 어미이다. 이 어미는 평서문 이외에 의문문, 명령문에도 쓰인다. 예 나는 작년에 졸업했어.　〈평서문〉 　　너 어제는 뭐 했어?　〈의문문〉 　　여기에 앉아.　　〈명령문〉

-지	• '-지'는 청자도 이미 알고 있는 사실을 재확인하는 의미를 가진다. '-지'도 평서문 이외에 의문문, 청유문에 쓰인다. 예 너는 대학교 때 인기가 많았<u>지</u>. 〈평서문〉 그 영화 재미있<u>지</u>? 〈의문문〉 저 술집에서 한 잔 더 하<u>지</u>. 〈청유문〉 • '-겠-'과 결합한 '-겠지'는 '추정'의 의미만을 나타낸다. 예 행사에 사람들이 많이 오<u>겠지</u>.

10.2. 감탄문

감탄문(感歎文, exclamatory sentence)은 화자가 새로 알게 되거나 느낀 것을 표현하는 문장 유형이다. 감탄문이 간접인용절에 쓰일 때에는 종결어미가 '-다'의 형태를 취한다.

아, 꽃이 예쁘네! → 수지는 꽃이 예쁘다고 말했다.

참고

일반적으로 문장 유형의 다른 범주들은 청자에 대한 화자의 의도를 나타내지만, 감탄문은 청자의 존재를 고려하지 않는다는 점에서 다른 문장 유형들과 차이가 있다. 그러나 '철수야, 어디 아프구나.', '전화를 했었군요.'와 같이 감탄형 어미들은 청자에게 어떤 정보를 전달할 때 사용되기도 한다.

Tip
감탄문의 종결어미 '-구나, -군, -네'가 간접인용절에서는 평서문의 종결어미 '-다'로 바뀌기 때문에 문장 유형에서 감탄문을 제외하는 견해도 있다.

■ 감탄문의 종결어미

종결어미	특징과 예문
-(는)구나	• '-구나'는 어떤 사실이 새롭다는 것을 인식하거나 이에 대해 감탄할 때 사용된다. 예 너도 서울이 고향이구나! • '-구나'와 선어말어미 '-었-'이 결합하면, 과거에는 몰랐던 사실을 깨달았다는 '뒤늦은 깨달음'의 의미를 나타낸다. 예 초롱이가 한국대학교 학생이었구나!
-(는)군	• '-군'은 어떤 사실을 새로 알게 되었음을 나타내는데, 이때 놀람이나 감탄의 뜻이 동반된다. 예 이런, 지갑을 놓고 나왔군!
-네	• '-네'도 '-구나'나 '-군'과 같이 어떤 사실을 새로 알게 되었음을 나타내는데, 이 어미들보다 놀라움이나 감탄의 의미가 더 강하다. 예 벌써 꽃이 피었네! • '-네'는 직접 경험하고 현재에 알게 되었다는 의미를 표시하는데 '-구나'나 '-군'은 이러한 의미만을 나타내지는 않고 추리(推理)를 통한 내용에도 사용될 수 있다. 예 (기말 시험을 마치고 교실에서 웃으면서 나오는 친구에게) 너 시험 잘 봤구나! / ??너 시험 잘 봤네! • '-네'도 '뒤늦은 깨달음'의 의미를 나타낸다. 예 오 반장이 범인이었네!

10.3. 의문문

의문문(疑問文, interrogative sentence)은 일반적으로 화자가 청자에게 언어적인 대답을 요구하는 문장 유형이다. 의문문은 그 특징에 따라 다양한 종류로 나뉜다.

■ 의문문의 종류

종류	특징과 예문
판정의문문 (判定疑問文)	• '응/그래'나 '예/아니요' 등의 대답만을 요구하는 의문문이다. 가부의문문(可否疑問文)으로 불리기도 한다. 예 오늘 영화나 볼까? 　너 나를 사랑하니? • 판정의문문에는 부가 표현이 쓰일 수 있다. 예 너 어제 그 여자 만났지, 그렇지?
선택의문문 (選擇疑問文)	• 둘 또는 그 이상의 선택항 중에서 하나를 골라 대답하기를 요구하는 의문문이다. 선택의문문은 대답이 한정적이기 때문에 판정의문문과 유사하다. 예 너는 엄마가 좋아, 아빠가 좋아?
설명의문문 (說明疑問文)	• 사용된 의문사 '누구, 무엇, 언제, 왜, 어느' 등과 관련된 내용을 요구하는 의문문이다. 내용의문문(內容疑問文)으로 불리기도 한다. 예 언제 방문하시겠습니까? 　이따가 누가 옵니까?
반문의문문 (反問疑問文)	• 놀라움을 표시하거나 정확하게 들었는지 확인하는 의문문이다. 예 지금 당장요? 　버스가 지금 떠났다고?
수사의문문 (修辭疑問文)	• 형태는 의문문이지만 의미상으로는 강한 단언(斷言)의 의미를 나타내는 의문문이다. 예 누가 그걸 모르겠니? → 당연히 알고 있다.
자문 (自問)	• 스스로에게 묻는 독백을 나타낸다. 예 내가 싫은가? 　내가 그렇게 못생겼나?

■ 의문문의 종결어미

종결어미	특징과 예문
-ㅂ니까/ -습니까	• 격식의 높임 표현으로, 높임의 대상에게 말하거나 공식적인 자리에서 사용된다. 예 매일 학교에 나오십니까? 　맛있게 드셨습니까?
-아요/-어요	• 비격식의 높임 표현으로, 일상생활에서 친근한 높임의 대상에게 사용된다. 예 오늘은 집에 몇 시에 가요?
-아/-어	• 친근한 대상이나 아랫사람에게 쓰는 대표적인 어미이다. 예 넌 내가 어디가 좋아? • 이 어미는 수사 의문문에 쓰여서 강한 부정을 나타내기도 한다. 예 이 시간에 가긴 어딜 가?

종결어미	특징과 예문
-(으)냐	• '-냐'는 인용문과 글에서 폭넓게 쓰인다. 예 얼마나 비싸<u>냐</u>? 　　내가 어디가 좋아? → 그는 자신이 어디가 좋<u>으냐</u>고 물었다. 　　사느냐 죽느냐 이것이 문제로다.
-(으)니	• '-니'는 '-냐'에 비하여 좀 더 친밀하고 부드러운 느낌을 준다. 예 선생님은 어디에 가셨<u>니</u>?
-고	• '-고'는 반문(反問)할 때 주로 쓰이며 '불만', '의외'의 의미를 나타낸다. 예 네가 시험에 합격했다<u>고</u>? 　　벌써 집에 가자<u>고</u>?
-지	• '-지'는 순수한 질문보다는 확인 질문의 성격을 지닌다. 예 우리 그땐 좋았<u>지</u>? 　　그 시계 비싸<u>지</u>?

10.4. 명령문

　　명령문(命令文, imperative sentence)은 화자가 청자에게 어떤 행동을 하도록 요구하는 문장 유형이다. 전형적인 명령문의 주어는 2인칭으로, 일상 대화에서는 주로 생략되어 나타난다. 또한 명령문에는 시제 선어말어미가 결합하지 않으며, 형용사나 '이다'가 서술어로 쓰일 수 없다는 특징이 있다.

> **참고**
>
> 일반적으로 형용사에는 명령형 어미가 결합될 수 없지만 '맡은 일에 충실해라'와 같이 사람의 성품이나 태도를 나타내는 형용사에서는 명령형 어미가 결합되기도 한다. 또한 인사말인 '행복해라'나 '건강해라'는 명령의 의미가 아닌 기원의 의미를 나타낸다.

■ 명령문의 종결어미

종결어미	특징과 예문
-아라/-어라	• '-아라/-어라'는 가장 대표적인 명령문의 어미이다. 예 창문 좀 열<u>어라</u>. 　　밥을 제때 먹<u>어라</u>.
-(으)십시오	• 이 어미는 공손하게 명령하거나 권유하는 의미를 나타낸다. 그러나 상위자에게 직접적으로 명령하는 것은 예의에 어긋나기 때문에 의문문의 형식이나 다른 간접적으로 지시하는 표현을 주로 사용한다. 예 여기서 기다리<u>십시오</u>. 　　여기서 기다려 주시겠습니까? 　　여기서 기다리시기 바랍니다.

종결어미	특징과 예문
-아/-어	• '-아/-어'는 상대방에게 직접 명령을 나타내지만, '-아/-어' 대신에 '-지'를 사용하면 권유의 의미를 나타낸다. 예 이것 좀 먹어. 〈명령〉 　　이것 좀 먹지. 〈권유〉
-(으)라	• 주로 불특정한 다수의 청자를 상정하는 상황에서 사용된다. 예 맞는 답을 골라 쓰라.
-(으)렴	• '-렴'은 허락에 가까운 어미이다. 예 네가 원하는 대로 하렴.
-게	• 청자가 화자보다 아랫사람이거나 나이가 비슷할 경우에 청자를 약간 낮춰서 대우할 때 사용된다. 예 나중에 천천히 생각해서 알려 줄게.

10.5. 청유문

청유문(請誘文, propositive sentence)은 화자가 청자에게 어떤 행동을 함께 하도록 요청하거나 제안하는 문장 유형이다. 청유문도 명령문과 동일하게 시제 선어말어미가 결합하지 않으며, 형용사나 '이다'가 서술어로 쓰일 수 없다는 특징이 있다.

> **참고**
>
> 청유문은 화자가 청자에게 어떤 행동을 함께 하도록 요청하는 문장 유형이지만, 화자나 청자가 단독으로 행동할 때에 쓰이기도 한다. 이때는 청자에게 강한 명령을 하지 않으려는 의도가 있고, 화자가 어떤 행동을 하기 위해서 청자의 협조가 필요하기 때문에 청유문을 사용한 것이다.
>
> 예 줄 좀 서자. 　　　　　〈청자〉
> 　　조용히 좀 합시다. 　　〈청자〉
> 　　나 좀 내립시다. 　　　〈화자〉
> 　　그 책 나도 좀 보세. 　〈화자〉

■ 청유문의 종결어미

종결어미	특징과 예문
-자	• '-자'는 가장 대표적인 청유문의 어미이다. 예 우리 같이 밥 먹자.
-세	• 청자가 화자보다 아랫사람이거나 나이가 비슷할 경우에 청자를 약간 낮춰서 대우할 때 사용된다. 예 우리 함께 학회에 가세.
-(으)ㅂ시다	• 청자가 화자보다 아랫사람이거나 나이가 비슷할 경우에 청자를 약간 높여서 대우할 때 사용된다. 예 이리 와서 같이 이야기 좀 합시다.

1. 다음 ( ) 안에 해당하는 문장 유형을 넣으시오.

청자에게 요구 없음 ——————————————— (   )

청자에게 요구 있음 ——┬— 대답을 요구 ——— (   )
　　　　　　　　　　　└— 행동을 요구 ——— (   )

> ◉ **답**　(차례대로) 평서문, 감탄문 / 의문문 / 명령문, 청유문
> 　(해설) 평서문은 청자에 대한 특별한 요구가 없이 어떤 사실에 대한 정보나 화자의 생각을 전달하는 문장 유형이며, 감탄문은 화자
> 　가 새로 알게 되거나 느낀 것을 표현하는 문장 유형이다. 의문문은 청자에게 행동이 아닌 언어적 대답을 요구하는 문장 유형이다.
> 　명령문은 청자의 구체적인 행동을 요구하며, 청유문은 화자와 청자가 함께 행동하기를 요구하는 문장 유형이다.

2. 아래 문장에서 감탄 어미 '–구나'와 '–네'의 의미 차이를 설명하시오.

(축구 경기를 마치고 웃으면서 돌아온 친구에게)
㉮ 너 경기 이겼**구나**!
㉯ ^{??}너 경기 이겼**네**!

> ◉ **답**　'웃으면서 돌아왔으면 경기에서 이긴 것이다.'는 추리를 할 때에 '–구나'는 자연스럽지만 '–네'는 매우 어색하다.
> 　(해설) '–네'는 '집이 참 넓네.'와 같이 직접 경험을 하고 현재에 알게 되었다는 의미를 나타낸다.

3. 아래의 문장을 의문문의 종류에 따라 구분하시오.

㉮ 그 비밀을 누가 알겠니?
㉯ 지금 당장 하라고?
㉰ 너 밥 안 먹었지?
㉱ 그 친구들 중에서 누가 나를 좋아하니?

> ◉ **답**　㉮ 수사의문문 / ㉯ 반문의문문 / ㉰ 판정의문문 / ㉱ 설명의문문
> 　(해설) 수사의문문은 강한 단언의 의미를 나타내며, 반문의문문은 정확하게 들었는지 확인하는 의문문이다. 판정의문문은 '응/그
> 　래'나 '예/아니요'와 같은 대답만을 요구하며, 설명의문문은 구체적인 내용을 요구하는 의문문이다.

4. 아래 문장에서 나타나는 청유문의 특징을 설명하시오.

> ㉮ 나도 한 곡 부르자.
> ㉯ 좀 내립시다.
> ㉰ 조용히 좀 하자.
> ㉱ 표 좀 빨리 팝시다.

> **답** 청유문은 화자가 청자에게 어떤 행동을 함께 하도록 요구하는 문장 유형이지만, ㉮, ㉯와 같이 화자만 행동하거나 ㉰, ㉱와 같이 청자만 행동하는 상황에 쓰이기도 한다.
> (해설) ㉮, ㉯는 청자에게 강한 명령을 하지 않기 위해서 쓰인 것이며 ㉰, ㉱는 행동하기 위해서는 상대방의 도움이 필요하기 때문에 쓰인 것이다.

5. 한국어의 문장 유형에서 감탄문을 제외하기도 한다. 이러한 이유를 인용절에서의 종결어미와 관련지어 설명하시오.

> **답** '멋있구나'라는 표현은 간접인용절에서 '멋있다고'와 같이 바뀐다. 이와 같이 감탄문의 종결어미 '-구나, -군, -네'가 간접인용절에서 평서문의 종결어미 '-다'로 바뀌기 때문에, 문장 유형에서 감탄문을 제외하고 평서문에 포함하기도 한다.
> (해설) 의문문의 '-냐', 명령문의 '-라', 청유문의 '-자'는 간접인용절에서도 형태가 유지된다.

6. 문장 유형과 관련하여 종결어미 '-아/-어'와 '-지'의 특징을 설명하시오.

> **답** 반말의 종결어미 '-어'와 '-지'는 평서문, 의문문, 명령문, 청유문에서 두루 쓰일 수 있다.
> (해설) '-아/-어': 나 이번에 입학했어.(평서문) / 어디에 살아?(의문문) / 이 빵 먹어.(명령문) / 우리 영원히 함께 해.(청유문)
> '-지': 물론 난 잘생겼지.(평서문), 너 나 좋아하지?(의문문) / 창영이는 이제 그만 집에 가지.(명령문) / 저 식당에서 함께 식사하지.(청유문)

11 문장의 확대

🔍 **학습 목표**

– 문장의 확대 방식을 이해한다.
– 내포과 접속의 차이를 이해한다.
– 내포절의 종류를 이해한다.
– 문장이 확대될 때 쓰이는 각 어미의 기능을 이해한다.

🗝 **주요 용어**

내포, 내포문, 접속, 접속문, 명사절, 관형사절, 부사절, 인용절,
서술절, 전성어미, 연결어미

Tip

단문은 홀문장이나 단순문이라고도 하며, 복문은 겹문장이나 복합문이라고도 한다.

Tip

절(節, clause)은 주어와 서술어를 갖추어 큰 문장 안에 안겨 있는 통사 단위이다.

문장 중 가장 단순한 문장은 주어와 서술어가 하나씩 있는 문장으로, 이런 문장을 단문(單文, simple sentence)이라고 한다. 그러나 이러한 문장들이 모여서 더 복합한 문장을 만들기도 하는데, 이런 문장을 복문(複文, multiple sentence)이라고 한다. 복문은 둘 이상의 절들이 선행절과 후행절로 이어지는 접속문(接續文=이어진문장, conjunctive sentence)과 한 절이 다른 절의 성분 자격으로 들어가는 내포문(內包文=안은문장, embedding sentence)으로 나뉜다. 접속문에는 대등 접속문과 종속 접속문이 있으며, 내포문을 구성하는 내포절(=안긴절)의 종류에는 명사절, 관형사절, 부사절, 인용절, 서술절이 있다.

■ **문장구조에 따른 문장 분류**

참고

한국어 문법에서 문장의 확대와 관련된 문법 용어들은 학자에 따라 다르게 쓰고 있다. 여기에서는 다음과 같이 용어를 정리하여 사용하기로 한다.

· 내포문: 명사절이나 관형사절과 같은 내포절을 안고 있는 문장. 내포문은 '안은문장'이나 '포유문(包有文)'으로, 내포절은 '안긴절'로 부를 수도 있다. 내포문보다는 포유문이 더 타당한 용어라고 생각되나, 한국어 문법에서는 내포문이 널리 사용되고 있기 때문에 이 용어를 사용한다.

· 접속문: 연결어미에 의해 선행절과 후행절이 이어진 문장. 접속문은 '이어진문장'으로 부를 수도 있다.

11.1. 내포

내포(內包, embedding)란 한 문장이 절(節, clause)로 바뀌어 문장 성분의 기능을 하면서 다른 문장 속에 들어가 있는 것을 말한다. 이러한 한국어의 내포절의 종류에는 명사절(名詞節), 관형사절(冠形詞節), 부사절(副詞節), 인용절(引用節), 서술절(敍述節)이 있다.

11.1.1. 명사절

　명사절(名詞節, noun clause)은 주어나 목적어가 되는 명사의 구실을 하는 절이다. 명사절은 결합되는 성분에 따라 세 가지로 나뉜다.

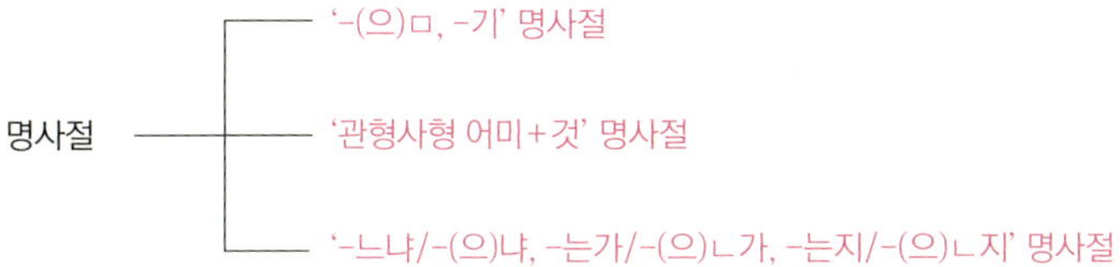

(가) '-(으)ㅁ, -기' 명사절

　명사형 어미인 '-(으)ㅁ'과 '-기'가 서술어에 결합하여 명사절을 만든다.

그가 거짓말을 했음이 확실해.
우리는 철수가 착한 사람임을 알게 되었어요.

그들은 고향을 떠나기가 쉽지 않았다.
저는 그녀가 행복하기를 바랍니다.

■ '-(으)ㅁ', '-기' 명사절의 특징

① '-(으)ㅁ'과 '-기'는 바꾸어 쓸 수 없는 경우가 많다. 이는 '-(으)ㅁ'이 결정된 일에 사용되고, '-기'가 아직 결정되지 않은 일에 사용되는 등의 의미 차이 때문이다.

선생님께서는 내가 {잘못했음을/*잘못했기를} 아셨다.
철수는 썰매를 타기 위해 내일 눈이 {오기를, *옴을} 기다리고 있어.

② '-기'는 다양한 관용적 표현을 이루기도 한다.

영희는 시험에 합격하기 위해서 열심히 공부했다.
어제 아팠기 때문에 수업에 참석할 수 없었습니다.
사람은 좋은 것을 보면 가지고 싶기 마련이다.
철수는 수업시간에 지각하기 일쑤야.

(나) '관형사형 어미+것' 명사절

　'관형사형 어미+것' 구성은 명사절을 만든다. 대부분의 '-(으)ㅁ' 명사절은 '관형사형 어미+것' 명사절로 바꿀 수 있다.

제주도가 유명한 관광지가 {된 것, 되었음은}은 모두 알고 있는 사실이다.
그는 오늘도 할 일이 {많은 것, 많음}이 걱정되었다.

(다) '-느냐/-(으)냐, -는가/-(으)ㄴ가, -는지/-(으)ㄴ지' 명사절

　종결어미 '-느냐/-(으)냐, -는가/-(으)ㄴ가, -는지/-(으)ㄴ지'로 끝난 문장이 명사절로 쓰일 수 있다. 이를 명사절로 볼 수 있는 것은 뒤에 격조사가 결합하기 때문이다.

11.1.2. 관형사절

관형사절(冠形詞節)은 뒤에 오는 명사를 수식하는 관형사와 같은 구실을 하는 절로, 관형사형 어미 '-는, -(으)ㄴ, -(으)ㄹ, -던'을 붙임으로써 나타난다.

■ 관형사절의 특징

① 관형사절을 만드는 관형사형 어미는 동사와 형용사에 따라 그 형태가 다르며, 시제나 양태를 나타낸다.

서술어의 종류 \ 시제	현재	과거	미래/추측/의지
동사	-는	-(으)ㄴ, -던	-(으)ㄹ
형용사/이다	-(으)ㄴ	-던	-(으)ㄹ

■ 현재

비가 <u>오는</u> 날에는 집에만 있었어요.　　　　　　〈동사〉
그것이 <u>새빨간</u> 거짓말임을 알게 되었습니다.　　　〈형용사〉

■ 과거

내가 <u>먹은/먹던</u> 순대는 상한 것이었다.　　　　　〈동사〉
얼굴이 <u>아름답던</u> 그녀는 지금 많이 늙었어.　　　〈형용사〉

■ 미래/추측/의지

우리가 앞으로 <u>거주할</u> 곳은 마당이 매우 넓습니다.　〈동사, 미래〉
이 선물을 받으면 <u>좋을</u> 것 같아요.　　　　　　　〈형용사, 추측〉

■ 관형사절의 종류

관형사절의 종류에는 관계관형사절과 동격관형사절이 있다. 이는 관형사절과 관형사절의 수식을 받는 명사의 관계에 따른 구분이다. 전자를 관계절, 후자를 동격절이라고 부르기도 한다.

① 관계관형사절

관계관형사절은 수식하는 명사와 동일한 성분이 빠져 있는 관형사절이다. 관계관형사절이 만들어지는 과정을 관계화라고 하며, 관계관형사절의 수식을 받는 명사를 머리명사(head noun)라고 부른다.

개가 밥을 먹었다.
→ [밥을 먹은] 개는 낮잠을 잔다.
나는 어제 친구를 만났다.
→ [내가 어제 만난] 친구는 크게 성공했다.
나는 어제 도서관에 갔다.
→ [내가 어제 간] 도서관은 책이 많다.

② 동격관형사절

　동격관형사절은 한 문장의 모든 성분의 완전하게 갖추고 있는 관형사절로, '사실, 기억, 소식, 경우' 등의 특정 명사를 꾸민다. 동격관형사절은 서술어가 바로 관형사형 어미와 결합하는 짧은 동격관형사절과 종결어미까지 모두 갖춘 다음에 '-는'이 결합하는 긴 동격관형사절로 구분된다.

내가 영희를 만난 사실은 아무도 모른다.　　〈짧은 동격관형사절〉
내가 영희를 만났다는 사실은 아무도 모른다.　〈긴 동격관형사절〉

참고

명사 중에는 한 유형의 동격관형사절만을 취하는 것들이 있다.
① '짧은 동격관형사절'만을 취하는 명사: 사건, 기억, 예정, 경우, 까닭, 줄, 수 등
예　범인은 자기가 그런 일을 한 기억이 없다고 말했다.
　　*범인은 자기가 그런 일을 했다는 기억이 없다고 말했다.
② '긴 동격관형사절'만을 취하는 명사: 소문, 소식, 연락, 주장, 약속, 보도, 명령, 생각, 느낌, 고백, 이론 등
예　*창영이가 장학금을 탄 소문은 거짓이야.
　　창영이가 장학금을 탔다는 소문은 거짓이야.

11.1.3. 부사절

　부사절(副詞節)은 부사어의 기능을 하는 절이다. 부사절을 만드는 부사형 어미에는 '-게, -이, -도록, -듯이, -(으)ㄹ수록'이 있다.

꽃이 예쁘게 피었다.
그 친구는 말도 없이 집에 갔다.
나는 소나무가 잘 자라도록 거름을 주었다.
사람마다 얼굴이 다르듯이 생각도 다를 것이다.
날이 갈수록 집값이 오르고 있다.

■ 부사절의 특징

① 부사절의 주어와 상위절의 주어가 동일하면 부사절의 주어는 생략된다.

꽃이 [∅ 예쁘게] 피었다.

② 종속 접속문의 종속절은 부사절의 특징을 지니고 있기 때문에 최근의 학문 문법에서 종속절은 부사절로 분석되기도 한다. 이러한 내용을 수용하면 한국어의

Tip

학문 문법에서 직접인용절은 명사절에 포함되고, 간접인용절은 부사절이 포함되기도 하지만, 이 책에서는 학교 문법을 따라서 인용절을 독립적인 내포절의 하나로 본다.

부사절의 종류는 매우 많아지게 된다.

11.1.4. 인용절

인용절(引用節)은 자신이나 다른 사람의 말, 글, 생각을 옮겨 와서 표현하는 절의 종류이다. 인용절은 원래 발화의 형식을 그대로 옮기는 직접인용절과 화자가 자신의 관점으로 바꾸어 옮기는 간접인용절로 나뉜다. 직접인용은 조사 '라고'가 붙고, 간접인용은 조사 '고'가 붙어서 나타나며, 의성어와 같은 소리를 그대로 전달할 때는 '하고'가 쓰이기도 한다. 그런데 구어(口語)에서는 직접인용절의 인용표지가 생략되는 경우가 많다.

그는 그녀에게 "사랑한다."라고 외쳤다.	〈직접인용〉
그는 그녀에게 사랑한다고 외쳤다.	〈간접인용〉
선생님은 "쉬!" 하고 모두를 조용하게 했다.	〈직접인용〉
"나는 다 알지." 그러시더라.	〈직접인용, 인용표지 생략〉

참고

현대 한국어에서 인용절이 포함된 문장에서 자주 사용되는 인용동사에는 '그러다, 하다, 생각하다, 이러다, 얘기하다, 말하다, 보다, 물어보다, 쓰다, 생각되다' 등이 있다.

■ 간접 인용절의 특징

① 간접인용절의 서술어에는 일부 종결어미만 결합이 가능하다.

문장 유형	종결 어미	인용절	격식	비격식
평서문	-ㄴ/는다	철수는 "비가 와요."라고 말합니다. 철수는 비가 온다고 합니다. 철수는 비가 온다고 했어요.	-온답니다 -온댔습니다	-온대요 -온댔어요
	-다	철수는 "배가 고파요."라고 말합니다. 철수는 배가 고프다고 해요. 철수는 배가 고프다고 했어요.	-고프답니다 -고프댔습니다	-고프대요 -고프댔어요
	-이라	철수가 "이것은 책이에요."라고 말합니다. 철수가 이것은 책이라고 합니다. 철수가 이것은 책이라고 했습니다.	-책이랍니다 -책이랬습니다	-책이래요 -책이랬어요
의문문	-느냐	어머니가 "비가 오니?"라고 물으십니다. 어머니가 비가 오느냐고 하십니다. 어머니가 비가 오느냐고 하셨습니다.	-오느냡니다 -오느냐고 하셨습니다	-오냬요
	-(으)냐	어머니가 "날씨가 더우니?"라고 물으십니다. 어머니가 날씨가 더우냐고 하십니다. 어머니가 날씨가 더우냐고 하셨습니다.	-더우냡니다 -더우냐고 하셨습니다	-더우냬요
	-(이)냐	어머니가 "이게 무슨 책이니?"라고 물으십니다. 어머니가 이게 무슨 책이냐고 하십니다. 어머니가 이게 무슨 책이냐고 하셨습니다.	-책이냡니다 -책이냐고 하셨습니다	-책이냬요

명령문	-라	친구가 "빨리 와!"라고 말합니다. 친구가 빨리 오라고 말합니다. 친구가 빨리 오라고 말했습니다.	-오랍니다 -오랬습니다	-오래요 -오랬어요
	-(아/어) 달라	손님이 "설탕 좀 주세요."라고 말합니다. 손님이 설탕 좀 달라고 합니다. 손님이 설탕 좀 달라고 했습니다.	-달랍니다 -달랬습니다	-달래요 -달랬어요
	-(아/어) 지 말라	선생님이 "떠들지 마세요."라고 말합니다. 선생님이 떠들지 말라고 말합니다. 친구가 빨리 오지 말라고 말했습니다.	-말랍니다 -말랬습니다	-말래요 -말랬어요
청유문	-자	친구가 "식사를 같이 하자?"라고 말합니다. 친구가 식사를 같이 하자고 말합니다. 친구가 식사를 같이 하자고 말했습니다.	-하잡니다 -하잤습니다	-하재요 -하잤어요
감탄문	-다	친구가 "꽃이 참 예쁘다."라고 말합니다. 친구가 꽃이 참 예쁘다고 말합니다. 친구가 꽃이 참 예쁘다고 말했습니다.	-예쁘답니다 -예쁘댔습니다	-예쁘대요

② 간접인용절에는 상대 높임법이 나타나지 않는다.

> 점원은 손님에게 "죄송합니다."라고 말했다.
> 점원은 손님에게 죄송하다고 말했다.

③ 간접인용절에서는 인칭대명사 표현이 달라진다.

> 나는 철수에게 "영희가 너를 사랑해."라고 말했다.
> → 나는 철수에게 영희가 그를 사랑한다고 말했다.

> 철수는 나에게 "영희가 너를 사랑해."라고 말했다.
> → 철수는 나에게 영희가 나를 사랑한다고 말했다.

> 철수는 나에게 "나는 영희를 사랑해."라고 말했다
> → 철수는 나에게 자기가 영희를 사랑한다고 말했다.

④ 지시대명사가 화자 중심으로 바뀐다.

> 그는 "여기가 이렇게 변할 줄 몰랐어."라고 했다.
> 그는 거기가 그렇게 변할 줄 몰랐다고 했다.

⑤ '이러다'나 '하다'가 쓰인 문장에서는 인용표지가 나타나지 않기도 한다.

> "넌 돈을 많이 벌잖아." 막 이러던데.
> 교수님은 "오늘은 과제가 없다." 하셨다.

11.1.5. 서술절

서술절(敍述節)은 주어와 서술어를 갖추고 서술어의 기능을 하는 절이다. 주어가 둘 이상 있는 것처럼 보이는 문장들이 서술절을 안고 있다. 명사절이나 관형사절과 같이 다른 내포절들의 명칭은 품사의 이름을 따서 만들어졌지만 서술절의 명칭은 문장 성분의 이름을 따서 만들어진 것이다.

> 영수는 키가 크다.
> 이 학교는 우수한 학생이 많아.

■ **서술절의 특징**

① 서술절은 다른 절들과 달리 절 표지가 없다.
② 서술절은 주어와 서술어로 구성되어 있기 때문에 서술절을 따로 떼어 놓으면 독립된 문장이 된다.
③ 서술절은 한 문장에서 여러 겹으로 안길 수 있다.

> 서울은 집이 마당이 좁다.
> 구두가 바닥이 구멍이 났다.

11.2. 접속

접속(接續)은 둘 이상의 절들이 연결어미(連結語尾)로 이어져서 더 큰 문장이 되는 것을 말한다. 절들이 대등하게 이어진 문장을 대등 접속문이라고 하고, 한 절이 다른 절에 종속적으로 이어진 문장을 종속 접속문이라고 한다.

> 영희는 춤을 추고 철수는 노래를 불렀다. → 대등 접속문
> 철수는 옷을 벗어서 의자에 걸쳐 놓았다. → 종속 접속문

참고

한국어학에서 접속문의 체계는 종속절의 인정 여부와 관련하여 학자들마다 큰 차이를 보인다. 먼저, 이 책에서와 같이 종속절을 인정하여 접속문을 대등 접속문과 종속 접속문으로 구분하는 견해가 있다. 그러나 한국어의 접속문에는 대등 접속문만 존재한다고 보면서, 종속절을 부사절에 포함하는 견해도 있다.

11.2.1. 대등 접속문

대등 접속문은 둘 이상의 절들이 통사적이나 의미적으로 대등하게 이어진 문장을 말한다. 대등 접속문을 이루는 연결어미에는 나열(순접), 대조(역접), 선택의 어미들이 있다.

의미	종류	특징과 예문
나열	-고, -(으)며	• '-고'와 '-(으)며'는 단순히 두 문장을 나열할 때 쓰는 어미이다. 이들이 결합한 선행절과 후행절은 자리를 바꿔도 기본적인 의미는 바뀌지 않는다. 예 우리는 춤을 추고 노래를 불렀다. 　→ 우리는 노래를 부르고 춤을 췄다. 　남편은 잘생겼으며 부인은 마음이 따뜻하다. 　→ 부인은 마음이 따뜻하며 남편은 잘생겼다. • '-(으)며'는 주로 글에서 사용되기 때문에 명령문이나 청유문에 쓰이면 자연스럽지 않다.
대조	-(으)나 -지만 -ㄴ데	• 이 어미들은 선행절과 후행절을 '대조'의 의미로 연결한다. '-ㄴ데'는 대조의 의미뿐만 아니라 종속절로 배경의 의미를 나타낼 때에도 쓰인다. 예 철수는 키는 {크나, 크지만, 큰데} 힘은 약하다.
선택	-거나	• '-거나'는 여러 상황에서 하나를 선택한다는 의미를 나타내며, '-거나 -거나'와 같이 두 번 이상 반복하는 경우가 많다. 예 이곳에서는 술을 마시거나 담배를 피울 수 없습니다. 　주인은 손님이 오거나 말거나 신경쓰지 않았다.

11.2.2. 종속 접속문

　종속 접속문은 한 절이 다른 절에 종속적으로 이어진 문장을 말한다. 종속 접속문을 이루는 연결어미에는 조건, 이유, 시간, 목적, 양보, 배경, 방법의 어미들이 있다.

의미	종류	특징과 예문
조건	-(으)면 -거든 -아/어야 -던들	• '-(으)면'은 조건을 나타내는 어미로, 선행절의 조건이 충족되면 후행절이 이루어짐을 나타내는 대표적인 어미이다. 예 2년 안에 졸업하면 너와 결혼할게. • '-거든'은 후행절이 주로 명령문이나 청유문일 때 사용된다. 예 전화가 오거든 받아 줘. 　시험에 합격하거든 함께 여행을 가자. • '-아/어야'는 필수적인 조건을 나타내며 '-겠-'과 함께 쓰이지 못한다. 예 사람은 먹어야 산다. • '-던들'은 가상적인 조건을 나타낸다. 예 네가 조금만 더 참았던들 실패하지 않았을 거야.
이유	-아/어(서) -(으)니 -(으)니까 -(으)므로 -느라고	• 이 어미들은 선행절과 후행절을 '이유-결과'의 관계로 연결한다. • '-아/어'는 필연적인 이유를 나타내며, 주로 새로운 정보를 제시한다. 이 때 '-아/어'는 '-었-'이나 '-겠-'과 함께 쓰이지 못한다. 예 어제는 몸이 {아파, *아프니까} 과제를 못했습니다. • '-(으)므로'는 주로 글에서 쓰인다는 특징이 있다. 예 철수는 성실하므로 성공할 것이다. • '-느라고'는 선행절과 후행절의 주어가 같아야 한다는 제약이 있다. 예 철수는 축구 중계를 보느라고 늦게 잤다.

시간	-(으)며 -자 -자마자 -고 -아/어서 -다가	• '-(으)며'는 동시적 관계를 나타내고 '-자, -자마자'는 '끝남과 동시에 다른 행동이나 사건이 일어남'을 나타내는 어미이다. 이들은 모두 과거의 '-었-'이나 미래의 '-겠-'과 함께 쓰일 수 없으며, '-자'는 명령문, 청유문, 의문문과 어울릴 수 없다. 예 그는 웃으며 나를 바라보았다. 　종이 울리{자, 자마자} 학생들이 밖으로 나갔다. • '-고, -아/어서'는 선행절과 후행절이 계기적으로 연결되어 있음을 나타낸다. '-아/어서'는 두 절의 내용이 긴밀할 때 사용되지만 '-고'는 그렇지 않다는 특징이 있다. 예 우리는 과제를 하고 영화를 보러 갔다. 　아침에 일찍 일어나서 운동을 갔다. • '-다가'는 어떤 사태가 중단되고 다른 사태로 바뀜을 나타내는 어미로, 미래의 '-겠-'과 어울리지 않는다. 예 눈이 오다가 비가 온다.
목적	-(으)러 -(으)려고 -도록 -게	• 이 어미들은 모두 선행절이 후행절의 '목적'이 되게 한다. 이들은 모두 과거의 '-었-'이나 미래의 '-겠-'과 함께 쓰일 수 없으며, 동사와만 결합한다는 특징이 있다. • '-(으)러, -(으)려고'는 모두 두 절의 주어가 같아야 한다는 제약이 있으며, '-(으)러'는 후행절에 '가다', '오다'와 같은 이동(移動)의 의미를 가진 동사와만 어울린다는 제약이 있다. 예 친구를 {만나러, 만나려고} 명동에 갔다. 　친구와 {놀려고, *놀러} 옷을 입었다. • '-도록, -게'는 '의도'의 의미가 적으며, 일반적으로 두 절의 주어가 다르다. '-도록'이 '-할 때까지'의 의미를 가질 때에는 '-게'와 바꾸어 쓸 수 없다. 예 꽃이 잘 {자라도록, 자라게} 물을 주었다 　친구들과 밤이 {새도록, *새게} 홍대에서 놀았다.
양보	-아/어도 -더라도 -(으)ㄹ지라도	• 이 어미들은 선행절의 상황을 인정하고 후행절의 내용이 이와 반대임을 나타내며, 미래의 '-겠-'과 어울리지 못한다는 특징이 있다. • '-아/어도'는 '가정의 사태'에 쓰일 때에는 항상 '양보'의 의미로 쓰이지만 '사실의 사태'에 쓰일 때에는 '대조'의 의미를 가지기도 한다. 예 철수는 시간이 아무리 없어도 꼭 운동을 한다. 〈양보〉 　철수는 키는 커도 몸무게는 적게 나간다. 〈대조〉 • '-더라도, -을지라도'는 '-아/어도'와 유사한 의미를 나타내지만 '가정'의 의미가 더 강하다. 예 비록 시험에 {떨어져도, 떨어지더라도, 떨어질지라도} 좌절하지 마라.
배경	-는데	• '-는데'는 물음, 제안, 명령에 앞서 그 배경을 제시하는데 쓰인다. 예 내일 소개팅이 있는데, 뭘 입고 나갈까? 　지금 시장에 가는데 먹고 싶은 게 있으면 말해라.
수단 방법	-아/어(서) -고	• 이 어미들은 과거의 '-었-'이나 미래의 '-겠-'과 어울릴 수 없다. 예 나는 {걸어서, 차를 타고} 집에 도착했다. 　범인을 총으로 쏘아 죽였다.

1. 아래의 문장을 통해서 명사형 어미 '–(으)ㅁ'과 '–기'의 의미 차이를 설명하시오.

> ㉮ 경찰은 그가 범인임을 알았다.
> ㉯ 다음에 다시 만나기를 기대합니다.

◉ **답** ㉮와 같이 '–(으)ㅁ'은 결정된 일에 사용되고, ㉯와 같이 '–기'는 아직 결정되지 않은 일에 사용된다.
(해설) '–(으)ㅁ'은 과거시제 선어말어미와 함께 쓰이는 것이 자연스럽지만, '–기'는 그렇지 않다는 차이도 있다.
그가 나를 싫어했음이 확실하다. / *사람은 그렇게 행동했기 마련이다.

2. 아래의 두 문장에서 쓰인 관형사절의 차이를 설명하시오.

> ㉮ 내가 사랑하는 초롱이는 시인이 되었다.
> ㉯ 두 사람이 사귄다는 소문이 떠돌았다.

◉ **답** ㉮는 안긴절의 목적어 '초롱이'가 절 밖에 있지만, ㉯는 안긴절에 모든 성분이 갖추어져 있다.
(해설) ㉮는 관계관형사절로 안길절 안에 있던 목적어와 같은 필수 성분이 절 밖에서 있으며 관형사절은 이 성분을 수식한다. ㉯
는 동격관형사절로 안긴절 안에 모든 성분이 갖추어져 있으며, '소문, 사건, 기억' 등의 자립명사나 '바, 줄' 등의 의존명사를 수
식한다.

3. 다음 직접인용절을 간접인용절로 바꾸시오.

㉮ 창영이는 나에게 "내가 실수했어."라고 말했다.

→ ____

㉯ 그녀는 아주머니께 "죄송합니다."라고 말했다.

→ ____

◉ **답** ㉮ 창영이는 나에게 자기가 실수했다고 말했다.
㉯ 그녀는 아주머니께 죄송하다고 말했다.
(해설) 직접인용절이 간접인용절로 바뀔 때에는 ㉮와 같이 인칭대명사 표현이 달라지며, ㉯와 같이 상대 높임법이 나타나지 않
는다.

4. 아래의 문장에서 연결어미 '–고'의 의미 차이를 설명하시오.

> ㉮ 새 옷도 사고 맛있는 음식도 먹었다.
> ㉯ 할아버지께서는 상한 음식을 드시고 병이 나셨다.
> ㉰ 언니는 버스를 타고 출근했다.

◉ **답** ㉮는 나열 ㉯는 이유 ㉰는 수단의 의미이다.
(해설) 연결어미는 선행절과 후행절의 관계에 따라 다양한 의미를 나타낼 수 있다.

5. 아래의 연결어미를 사용하여 문장을 만드시오.

> ㉮ 조건의 연결어미: -(으)면, -거든, -아야/-어야, -던들
> ㉯ 시간의 연결어미: -자, -고, -아서/-어서, -다가

> **답** ㉮ 이 옷이 크면 언니에게 줘라.
> 　　길이 미끄럽거든 지하철을 타라.
> 　　돈이 있어야 그 가방을 살 수 있어.
> 　　조금만 더 건강했던들 이 일을 끝낼 수 있었을 거야.
> 　㉯ 그는 밥을 먹자 인사도 없이 가 버렸다.
> 　　남자와 여자는 서로 심하게 다투고 헤어졌어.
> 　　겉옷을 벗어서 책상에 놓았다.
> 　　철수는 전화를 하다가 갑자기 울었다.
> (해설) ㉮에서 '-(으)면'은 조건을 나타내는 대표적인 어미이다. '-거든'은 주로 후행절이 명령문이나 청유문일 때 사용되며, '-아야/-어야'는 필수적인 조건을 나타내고, '-던들'은 가상적인 조건을 나타낸다. ㉯에서 '-자'는 끝남과 동시에 다른 행동이 일어남을 의미한다. '-고'와 '-아서/-어서'는 모두 선행절과 후행절이 계기적으로 연결됨을 의미하지만, '-아서/-어서'가 '-고'보다 두 절의 내용이 긴밀함을 나타낸다. '-다가'는 어떤 행위가 다른 행위로 전환됨을 나타낸다.

시제와 상

🔍 **학습 목표**

- 시제의 개념과 시제를 나타내는 표현을 이해한다.
- 과거, 현재, 미래 시제의 차이와 각 문법 형태의 기능을 이해한다.
- 절대시제와 상대시제의 차이를 이해한다.
- 상의 개념과 상을 나타내는 표현을 이해한다.

🗝 **주요 용어**

시제, 과거시제, 현재시제, 미래시제, 절대시제, 상대시제, 상

Tip

문법범주(grammatical category)
는 문법 단위들이 어떤 문법적 기
능을 나타낼 때 그 기능들을 범주
화한 것이다.

12.1. 시제

시제(時制, tense)는 일정한 시점을 기준으로 사태의 시간적 위치를 나타내는 문법범주이다. 시간은 어휘적으로 표현될 수도 있고 문법적으로 표현될 수도 있는데, 문법적 수단에 의한 것만 시제라고 한다. 한국어의 시제는 과거(past), 현재(present), 미래(future)의 삼분 체계이다.

나는 어제 친구들과 놀이동산에 갔다.　　　　　〈과거시제〉
철수는 지금 소설책을 읽는다.　　　　　　　　〈현재시제〉
내일은 눈이 많이 내리겠습니다.　　　　　　　〈미래시제〉

12.1.1. 과거시제

과거시제는 발화시(發話時)를 중심으로 할 때 이미 일어난 사건이나 상황을 나타내는 시간 표현이다. 과거시제는 동사나 형용사에 선어말어미 '-았-/-었-'이 결합하여 표현된다.

어제 친구와 함께 동대문에 갔어요.
좋은 물건을 많이 사서 기분이 좋았어요.

(가) '-었-'의 다양한 의미

한국어의 과거시제 선어말어미 '-었-'은 과거뿐만 아니라 다양한 의미를 나타낼 수 있다.

① 상황이나 동작의 완결

나는 지금 교실에 도착했어.
내일 아침은 다 먹었다.

② 현재의 상태

그 학생은 연예인을 닮았다.
그 친구는 나보다 잘생겼다.

(나) 대과거시제 '-었었-'

'-었었-'은 '-었-'에 의하여 표현되는 과거의 상황보다 앞선 상황을 나타내는 문법형태소이다. '-었-'은 과거 이외의 다른 의미를 나타낼 수도 있으나 '-었었-'은 단순히 과거 상황에만 쓰이며, 과거에 끝난 어떤 사건의 결과가 지속되지 않고 단절되었음을 나타낸다.

명수는 초등학생 때에는 똑똑했었어.
→ 초등학생 때에는 똑똑했으나, 지금은 그렇지 않다는 의미를 나타낸다.

Tip

과거시제 선어말어미 '-었-'은 역
사적으로 '-어 잇-/-어 이시-' 구
성에서 발달하였다.

(다) 회상시제 '-더-'

'-더-'는 과거의 어느 시점에 직접 보고 경험한 것을 현재의 시점에서 회상해서 남에게 보고할 때 쓰는 문법형태소이다. 종결형에서는 주로 '-던데요, -더라, -더군요, -데요'의 형태로 나타난다.

> 김 선생님은 아침에 기분이 좋으시더군요.
> → 김 선생님이 기분이 좋은 상황을 직접 목격하고, 다른 사람에게 알려 줄 때 '-더-'를 사용한 것이다.

참고

세계의 많은 언어들은 정보의 근원을 언급하는 문법범주가 따로 존재하는데, 이를 '증거성(evidentiality)'이라고 한다. 한국어의 '-더-'는 어떤 상황을 과거에 직접 지각하고 그것을 근거로 발화하기 때문에 증거성 표지로 논의되고 있다.

■ '-더-'의 특징

심리형용사 '좋다, 기쁘다' 등이 서술어일 경우에 '-더-'가 쓰이면 항상 주어가 일인칭 '나'이어야 한다. 그러나 심리형용사 서술어가 아닐 경우에는 '나'가 주어가 될 수 없다. 즉 화자 자신의 외적인 경험을 말할 때는 '-더-'를 쓸 수 없다.

> {나 / *철수}는 그 옷이 좋더라.
> {철수 / *나}는 새로 나온 음악을 듣더라.

참고

다음의 경우에는 심리형용사가 아니더라도 일인칭 주어에 '-더-'를 사용할 수 있다.
① 화자가 자신의 행위를 인식하지 못하고 있다가, 어느 시점에서 인식하게 되어 그 행위를 회상할 때
　　예 내가 양말을 짝짝이로 신고 있더라.

② 화자가 과거의 어떤 사건을 모르고 있다가, 과거에 알게 된 것을 회상할 때
　　예 10년 전에 쓴 일기장을 보니까, 내가 중국어 학원에 잠깐 다녔더라.

12.1.2. 현재시제

현재시제는 발화시를 중심으로 할 때 현재 일어나고 있는 사건이나 상황을 나타내는 시간 표현이다. 동사에는 현재시제 선어말어미 '-는-/-ㄴ-'이 결합하여 표현되며, 형용사나 '이다'에는 기본형 '-다'로 표현된다. 형용사나 '이다'에는 어떤 선어말어미도 결합되지 않기 때문에 무표적(無標的)으로 표현된다고 한다.

> 초롱이는 지금 공부를 한다.　　　〈동사〉
> 나는 무지개떡을 먹는다.　　　〈동사〉
> 오늘 친구의 모습이 예쁘다.　　　〈형용사〉
> 그것은 내 책이다.　　　〈'이다'〉

■ 현재시제의 특징

① 현재시제는 확정적인 미래를 나타내는 문장에도 사용된다.

> 기말고사는 언제 끝나니? 다음 주에 끝납니다.
> 나는 3일 뒤에 친한 친구와 부산에 놀러 간다.

② 현재시제는 보편적인 진리를 나타내는 문장에도 사용된다.

> 지구는 둥글다.
> 사람은 먹어야 산다.

12.1.3. 미래시제

미래시제는 발화시 이후의 사건이나 상황을 나타내는 시간 표현으로, 선어말어미 '-겠-'과 '-리-'나 문법적 연어인 '-(으)ㄹ 것이다'를 통해서 표현된다. 선어말어미 '-겠-'은 미래를 나타낼 뿐만 아니라 추측, 의지, 능력 등의 다양한 양태 의미를 나타내거나 공손(politeness)의 효과를 발휘하기도 한다.

> 서울은 내일도 비가 내리겠습니다.
> 그 친구는 꼭 성공하리라.
> 친구들은 아마 내일 새벽에 집에 도착할 것이다.

> 지금 밖에는 눈이 오겠다. 〈추측〉
> 이 정도의 어려움은 내 힘으로 이겨 내겠다. 〈의지〉
> 이제야 밥을 좀 먹을 수 있겠다. 〈능력〉
> 여기 앉아도 되겠습니까/됩니까? 〈공손〉

① 선어말어미 '-겠-'의 전형적인 기능이 미래를 나타내는 것이 아니라 양태(樣態)를 나타내는 것이라고 보는 논의에서는 한국어에 미래시제가 없다고 주장한다. 이러한 논의에서 한국어의 시제는 현재시제와 과거시제 또는 비과거시제와 과거시제로 구분된다.

② -겠-'과 '-(으)ㄹ 것이다'는 모두 '추측'을 나타내지만, '-겠-'은 주로 현장 지각에 따른 추측을 나타내고, '-(으)ㄹ 것이다'는 화자의 믿음이나 지식에 바탕을 둔 추측을 나타낸다.

12.1.4. 관형사절의 시제

한 문장이 관형사절로 내포될 때 일정한 시제 형태가 나타난다.

(가) '-는, -은/-ㄴ'

① '-는'은 동사와 '있다, 없다'에 쓰여 현재나 현재진행을 나타낸다.

> 지금 닭이 우는 소리가 들린다.
> 너의 손에 있는 물건이 무엇이냐?
> 지금 자리에 없는 사람한테는 호중이가 과제를 알려 주렴.

해가 뜨는 모습을 사진으로 찍었어.   〈현재진행〉
앞에서 노래를 부르는 사람이 나의 누나다.   〈현재진행〉

② '-은/-ㄴ'은 동사에 쓰여 과거와 완결된 상태의 지속을 나타내며, 형용사, '이다'
에 쓰여 현재를 나타낸다.

네가 선물로 준 반지를 잃어버렸어.   〈동사, 과거〉
그녀는 꽃을 든 채로 울고 있었다.   〈동사, 완결된 상태 지속〉
돈이 많은 민국이는 새 차를 샀어.   〈형용사, 현재〉
대학원생인 수진이는 교수가 되는 것이 꿈입니다.   〈'이다', 현재〉

(나) '-던'

'-던'은 과거에 어떤 일이 지속되지 않고 중단되었음을 나타낸다.

수지는 다니던 학교를 그만두고 취업을 했습니다.

■ '-던'의 특징

① '-던'은 행위가 순간적으로 이루어짐을 나타내는 동사에는 쓰이지 못한다.

*여기가 내가 결혼하던 예식장이다.

② '-더-'와 다르게 '-던'은 '나'가 주어가 되는 데 제약이 없다.

내가 먹던 밥을 어디에 치웠니?

(다) '-을/-ㄹ'

'-을/-ㄹ'은 관형사절에 쓰여 미래를 나타내기도 하지만 추측, 의도의 의미도 나
타낸다.

이번 주말에 친구들과 함께 갈 곳은 동대문이다.   〈미래〉
어제 왔을 소포가 아직 도착하지 않았습니다.   〈추측〉
이번 겨울 방학 동안에는 무엇을 할 작정이니?   〈의도〉

12.1.5. 절대시제와 상대시제

(가) 절대시제

절대시제(絶對時制, absolute tense)는 화자가 문장을 발화하는 순간을 기준
점으로 사태의 발생 시점을 나타내는 시제이다. 절대시제는 화시적 범주(deictic
category)에 속하는데, 화자가 말하는 시점을 기준으로 하여 사태의 시간적 위치
가 달라지기 때문이다.

어제 그 일을 모두 끝냈어.
정호는 지금 도서관에서 공부한다.

Tip

화시는 직시(直示)라고도 불리는데, 주로 화용론(話用論, pragmatics)에서 다루는 영역이다. 화용론은 언어의 사용에 의한 의미를 체계적으로 연구하는 분야이다.

> **참고**
>
> '화시(deixis)'는 발화나 발화 사건의 문맥 자질들이 어휘적 또는 문법적 수단에 의해서 표현되는 현상으로, 그 언어를 사용하는 맥락과 관련된다. '나는 너를 어제 이 장소에서 3시간을 기다렸다.'라는 문장에서 '나', '너', '어제', '이 장소'의 구체적인 의미는 주어진 맥락을 통해서만 알 수 있는데, 이와 같이 발화의 맥락을 이루는 요소들을 화자가 직접 가리키는 현상을 화시라고 한다.

(나) 상대시제

상대시제(相對時制, relative tense)는 발화시 이외의 다른 사건의 발생 시점을 기준으로 하는 시제이다. 한국어의 상대시제는 내포문이나 접속문에서 표현되는데, 같은 형태를 같은 시제로 이해할 수 있게 한다.

> 친구와 함께 시간을 보내니까 참 즐거웠다.
> → '보내니까'는 절대시제로는 과거이고, '즐거웠다'라는 사건의 시간을 기준으로 한 상대시제로는 현재이다.

12.2. 상

상(相, aspect)은 사태의 시간적 구조나 전개 양상을 바라보는 관점과 관련된 범주이다. 즉, 상 범주는 완료나 진행과 같은 의미를 나타낸다. 한국어의 상은 어미와 같은 문법 형태소, 보조 용언 구성이나 문법적 연어 구성을 통해서 표현된다.

> 철수가 학교에 갔다.　　　　　　　〈완료상(perfect)〉
> 초롱이가 빵을 다 먹어 버렸어.　　　〈종결상(completive)〉
> 많은 청중들이 모여 있다.　　　　　〈결과상(resultative)〉
> 호중이가 몸을 긁고 있다.　　　　　〈연속상(continuous)〉
> 왜 그렇게 머리를 긁어 대니?　　　　〈반복상(iterative)〉
> 성호는 시험공부를 하는 중입니다.　〈진행상(progressive)〉
> 고향에는 내일 가려고 해.　　　　　〈예정상(prospective)〉
> 그녀가 갑자기 울기 시작했어.　　　〈기동상(inceptive)〉
> 가끔 그녀를 보러 학교에 놀러 가곤 했다.　〈습관상(habitual)〉

> **참고**
>
> 연어(連語, collocation)는 어휘 요소 상호 간 또는 어휘 요소와 문법 요소 간의 긴밀한 통사적 결합 구성으로, 문법적 연어는 '–에도 불구하고'와 같이 어휘 요소와 문법 요소가 결합되어 있는 구성을 말한다.

참고

한국어 문법 범주에는 양태가 포함되기도 한다. 양태(樣態, modality)는 어떤 사실에 대한 화자의 다양한 태도를 나타내는 범주이다. 양태를 표현하는 데에는 선어말어미나 종결어미와 같은 문법 형태소, 부사와 같은 어휘, 문법적 연어 구성이 사용된다. 양태는 그 의미를 나타내는 형식들이 매우 다양하다.

① 양태를 나타내는 문법 형태소

아마도 지금 밖에는 눈이 오겠다.	〈'-겠-': 추측〉
나는 무슨 일이 있어도 영희와 결혼하겠다.	〈'-겠-': 의지〉
그 친구는 새로운 애인이 생겼을걸.	〈'-을걸': 추측〉
철수가 그 학교 학생이었구나.	〈'-구나': 새로 앎〉
그 식당이 음식은 맛있지.	〈'-지': 이미 앎〉

② 양태를 나타내는 부사

그는 확실히 모범적인 사람이다.	〈확실성〉
철수는 마땅히 상을 받아야 한다.	〈당위성〉
그 친구가 뜻밖에 찾아왔다.	〈의외성〉

③ 양태를 나타내는 문법적 연어

사람이라면 누구나 성공하기를 바라는 법이다.	〈확실성〉
지금 건물 앞에서 학생들이 졸업사진을 찍는 모양이야.	〈개연성〉
아마 집에 가는 방법을 알지도 모른다.	〈가능성〉
나도 놀이동산에 놀러 가고 싶어.	〈바람〉
철수는 영희와 결혼하려고 한다.	〈의도〉
그 정도 문제면 저도 풀 수 있습니다.	〈능력〉
오늘은 비싼 옷을 사도 좋아.	〈허락〉
모든 생명은 소중히 여겨야 한다.	〈의무〉

1. 다음에서 '-었-'의 의미가 다른 하나를 고르시오.

① 어제는 발표 준비 때문에 힘들었습니다.
② 그 친구는 다리가 매우 말랐어.
③ 철수는 고등학교 시절에 불량배였어요.
④ 오늘 아침에는 첫눈이 내렸어요.
⑤ 아까 1시쯤에 전화가 왔었습니다.

> **답** ② (해설) ②의 '-었'은 '현재의 상태'를 나타내며 나머지는 모두 과거의 의미를 나타낸다.

2. 아래의 문장을 통해서 선어말어미 '-더-'의 특징을 설명하시오.

> ㉮ 나는 / *영수는 그 영화가 재미있더라.
> ㉯ *나는 / 영수는 어제 그 영화를 보더라.
> ㉰ 몰랐는데 제가 그곳에 갔었더군요.

> **답** '-더-'가 쓰인 문장에서는, ㉮와 같이 심리형용사가 서술어일 때에는 항상 주어가 일인칭이어야 하지만, ㉯와 같이 심리형용사가
> 아닐 경우에는 일인칭인 주어의 사용이 어색하다. 그러나 ㉰와 같이 화자가 과거의 어떤 사실을 모르고 있다가 알게 될 때에는 심
> 리형용사가 아니더라도 '-더-'를 사용할 수 있다.
> (해설) '-더-'는 과거의 어느 시점에 직접 보고 경험한 것을 현재의 시점에서 회상해서 남에게 보고할 때 쓰는 문법형태소이다.
> 주로 '-던데요, -더라, -더군요, -데요'의 형태로 나타난다.

3. 아래 문장에서 알 수 있는 현재시제의 특성을 설명하시오.

> ㉮ 내일은 학교에서 답사를 떠납니다.
> ㉯ 난 일주일 뒤에 결혼식을 한다.

> **답** ㉮, ㉯와 같이 현재시제는 확정적 미래를 나타낼 수 있다.
> (해설) 현재시제는 또한 '지구는 둥글다'와 같이 보편적인 진리를 나타내는 문장에 사용되기도 한다.

4. 아래의 문장에서 '-겠-'과 '-(으)ㄹ 것이다'의 의미 차이를 설명하시오.

> ㉮ 하늘이 어두운 걸 보니 비가 오겠어요.
> ㉯ ?하늘이 어두운 걸 보니 비가 올 거예요.

> **답** '-겠-'은 '하늘이 어둡다'는 것을 지각하고 '비가 온다'는 것을 추측하는 것과 같이 현장 지각에 따른 추측을 나타내지만, '-(으)
> ㄹ 것이다'는 그러한 의미가 부족하다.
> (해설) '-겠-'과 다르게 '-(으)ㄹ 것이다'는 '지금쯤 모두 도착해 있을 것이다.'와 같이 화자의 믿음이나 지식에 바탕을 둔 추측
> 을 나타낸다.

5. 아래 문장의 (　) 안에 상(相)을 나타내는 표현을 넣으시오.

> ㉮ 그녀는 가끔 혼자서 동물원에 놀러 가(　　　　). 〈습관상〉
> ㉯ 내일은 도서관에서 시험공부를 하(　　　　). 〈예정상〉
> ㉰ 싸움 구경을 하기 위해 많은 사람들이 모(　　　　). 〈결과상〉
> ㉱ 갑자기 그녀는 막 뛰(　　　). 〈기동상〉

답 ㉮ -곤 했다, ㉯ -려고 한다, ㉰ -여 있다, ㉱ -기 시작했다
(해설) 상은 사태의 시간적 구조나 전개 양상을 바라보는 관점과 관련된 범주로, 문법적 연어를 통해서 표현된다.

6. 아래 문장의 (　) 안에 양태(樣態)를 나타내는 표현을 넣으시오.

> ㉮ 오늘은 먹고 싶은 것을 다 먹(　　　　). 〈허락〉
> ㉯ 놀러가기 전까지 과제를 마치(　　　　). 〈의무〉
> ㉰ 나도 명품 가방을 가지(　　　). 〈바람〉
> ㉱ 그 일은 나도 하(　　　). 〈능력〉

답 ㉮ -어도 좋다, ㉯ -어야 한다, ㉰ -고 싶다, ㉱ -ㄹ 수 있다
(해설) 양태는 어떤 사실에 대한 화자의 다양한 태도를 나타내는 범주로, 선어말어미나 어말어미, 문법적 연어를 통해서 표현된다.

13 피동과 사동

🔍 **학습 목표**

- 피동문의 형성 방법을 이해한다.
- 피동문의 종류를 이해한다.
- 피동문의 문법적 특성을 이해한다.
- 사동문의 형성 방법을 이해한다.
- 사동문의 종류를 이해한다.
- 사동문의 문법적 특성을 이해한다.

🗝️ **주요 용어**

피동, 피동사 피동, '-어지다' 피동, 사동, 사동사 사동, '-게 하다' 사동

13.1. 피동

피동(被動, passive)은 어떤 행위나 동작이 다른 사람의 행동에 의해서 되는 것을 말하며, 피동이 나타난 문장을 피동문이라고 한다. 피동문의 기본적인 의미 특성은 동사가 표현하는 사태를 탈행동화(脫行動化)하는 것이다. 피동과는 반대로 스스로 행하는 행위나 동작을 능동(能動, active)이라고 한다.

13.1.1. 피동문의 형성

한국어의 피동문은 능동문에 대응되는데, 능동문의 목적어는 피동문의 주어가 되고, 능동문의 주어는 피동문에서 '에, 에게, 에 의해'가 결합되어 부사어가 된다. 서술어는 타동사에서 피동사(자동사)로 바뀌거나 타동사, 자동사, 형용사에 '-어지다'가 결합되어 형성된다.

> 사냥꾼이 노루를 잡았다. → 노루가 사냥꾼에게 잡혔다.
> 장인이 도자기를 만들었다. → 도자기가 장인에 의해 만들어졌다.

참고

① 일반적으로 능동문과 피동문은 대응되어 동일한 사건을 나타내지만, 능동문과 피동문의 의미가 다른 경우도 있다.
　예 모든 사람들이 참외를 한 개 먹었다. (능동)
　　→ 모든 사람들이 한 개씩의 참외를 먹은 것으로 해석된다.
　　참외 한 개가 모든 사람들에게 먹혔다. (피동)
　　→ 참외 한 개를 모든 사람들이 나누어 먹은 것으로 해석된다.

② 피동사는 자동사이기 때문에 일반적으로 목적어를 가질 수 없으나, 일부 피동문은 목적어를 가지기도 한다.
　예 양이 늑대에게 다리를 물렸다.
　　철수는 불량배에게 돈을 빼앗겼다.

13.1.2. 피동문의 종류

(가) 피동사 피동

피동사 피동은 피동접미사가 결합하여 만들어지며, 일반적으로 능동문의 서술어가 타동사인 경우만 가능하다. 한국어의 피동접미사에는 '-이-, -히-, -리-, -기-'가 있으며, 이 접미사들이 결합되면 타동사가 자동사로 된다.

> '-이-'; 묶다→묶이다, 보다→보이다, 쓰다→쓰이다
> '-히-'; 막다→막히다, 먹다→먹히다, 잡다→잡히다
> '-리-'; 걸다→걸리다, 물다→물리다, 쓸다→쓸리다
> '-기-'; 감다→감기다, 씻다→씻기다, 찢다→찢기다

■ 피동사 피동의 특징

① 모든 타동사에 피동접미사를 결합하여 피동사를 만들 수는 없다. '만지다'와 같이 어간이 '이'로 끝나는 동사, '주다, 드리다'와 같은 수여동사(受與動詞), '얻다, 받다'와 같은 수혜동사(受惠動詞), '닮다, 만나다'와 같은 '와/과'를 요구하는 동사들은 피동사가 될 수 없다.

② 피동사 피동문에는 대응되는 능동문이 없는 경우도 있다. 이때에는 피동문에 어떤 현상이나 결과의 의미가 강하게 나타나거나 능동문에 행동의 의지를 가진 주체를 상정하기 어렵다.

> 날씨가 따뜻하게 풀렸습니다.
> 철수는 집 안에 틀어박혀 있어.
> 온 가족이 감기에 걸렸어요.
> 최근에 일이 꼬인다.

③ 일부 피동사는 자동사에서 파생되기도 한다.

> 천둥이 울다. → 천둥이 울린다.
> 강아지가 존다. → 강아지가 졸린다.

④ 피동사는 자발적 사건이나 가능성의 의미를 나타내기도 한다.

> 창문이 저절로 열린다.　　　〈자발적 사건〉
> 이 책은 비교적 잘 읽힌다.　　〈가능성〉

(나) '-어지다' 피동

서술어에 어미 '-어'와 보조동사 '-지다'를 결합한 형태를 붙여서 피동의 의미를 나타낸다. '-어'와 '-지다'는 띄어 쓰지 않고 붙여 쓴다.

■ '-어지다' 피동의 특징

① '-어지다' 피동은 피동사 피동이 되지 않는 타동사들에도 쓰일 수 있다.

> 우리의 소망이 결국 이루어졌다.

② 형용사에 '-어지다'가 결합하면 시작의 의미나 상태 변화의 의미를 나타낸다.

> 교실이 갑자기 따뜻해진다. 〈시작〉
> 공사를 하고 방이 넓어졌다. 〈상태 변화〉

③ 자동사에 '-어지다'가 결합하여 가능의 의미를 나타내기도 한다.

> 모두가 함께 힘을 쓰니까 큰 돌이 움직여졌다.

④ '-어지다' 피동은 인지(認知) 행위를 나타내는 경우에 자연스럽지 않다.

> 멀리서 큰 성이 보였다.
> ?멀리서 큰 성이 보여졌다.

⑤ '-어지다' 피동은 자발적이지 않은 사건을 나타내므로, '저절로'와 같은 부사가 쓰이면 자연스럽지 않다.

이가 저절로 뽑혔다. / [?]이가 저절로 뽑아졌다. → 이가 저절로 {뽑혔다/[?]뽑아졌다}.

(다) '되다, 받다, 당하다' 피동

접미사 '-되다, -받다, -당하다'와 용언 '되다, 받다, 당하다' 등을 통해서도 피동의 의미를 나타낼 수 있다.

상황이 점점 어렵게 되었다.
그 물건은 많은 사람들에 의해서 사용되었다.
돈을 빨리 갚으라고 강요받았다/강요를 받았다.
친구들에게 얼굴이 못생겼다고 무시당했다/무시를 당했다.

■ '되다, 받다, 당하다' 피동의 특징

'되다, 받다, 당하다'는 선행 표현의 의미에 따라서 결합 제약이 있다.

영희가 범인에게 협박{*되다/받다/당하다}.
많은 사람들에게 존경{*되다/받다/*당하다}.
발표를 잘해서 교수님께 칭찬{*되다/받다/*당하다}.
이번에 대기업에 취직{되다/*받다/*당하다}.

13.2. 사동

사동(使動, causative)은 다른 사람에게 어떤 동작을 하게 하거나 어떤 상태에 이르게 하는 것을 말하며, 사동이 나타난 문장을 사동문이라고 한다.

13.2.1. 사동문의 형성

① 사동문은 주동문에 대응된다. 사동문에서는 주동문에 없던 새로운 주어가 도입되고 주동문의 주어는 목적어나(자동사, 형용사) '에게' 또는 '한테'가 결합되어 부사어가 된다(타동사).

Tip

피동은 자릿수가 하나 줄어드는 현상이고, 사동은 자릿수가 하나 늘어나는 현상이다.

주동문	사동문
아이가 웃는다. (자동사)	어머니가 아이를 웃긴다.
도로가 넓다. (형용사)	사람들이 도로를 넓힌다.
학생이 책을 읽는다. (타동사)	선생님께서 학생에게 책을 읽히신다.

② 사동은 원인과 결과라는 두 개의 상황을 하나의 복합 상황으로 표현하는 것이다.

누나가 동생에게 옷을 입혔다.
→ 누나가 동생에게 시킨다(원인) + 동생이 옷을 입다(결과)

13.2.2. 사동문의 종류

(가) 사동사 사동

사동사 사동은 사동접미사가 결합하여 만들어지며, 단형 사동이나 형태적 사동이라고도 한다. 한국어의 사동접미사에는 '-이-, -히-, -리-, -기-, -우-, -구-, -추-'가 있으며, 이 접미사들이 결합되면 자동사나 형용사는 타동사가 된다.

자동사→사동사
'-이-': 녹다→녹이다, 속다→속이다
'-히-': 눕다→눕히다, 익다→익히다
'-리-': 돌다→돌리다, 얼다→얼리다
'-기-': 웃다→웃기다, 숨다→숨기다
'-우-': 깨다→깨우다, 비다→비우다

타동사→사동사
'-이-': 먹다→먹이다, 보다→보이다
'-히-': 입다→입히다, 읽다→읽히다
'-리-': 듣다→들리다, 알다→알리다
'-기-': 감다→감기다, 벗다→벗기다
'-우-': 지다→지우다, 비다→비우다

형용사→사동사
'-이-': 높다→높이다
'-히-': 넓다→넓히다
'-구-': 달다→달구다
'-추-': 늦다→늦추다

■ 사동사 사동의 특징

① 사동사 파생은 극히 제한되어 있어서 일부 동사만 사동사가 될 수 있다. '주다, 드리다'와 같은 수여동사, '얻다, 받다'와 같은 수혜동사, '닮다, 만나다'와 같은 '와/과'를 요구하는 동사, '공부하다, 연락하다'와 같은 '-하다'가 붙은 동사는 사동사가 될 수 없다.

② 일부 동사는 사동접미사를 두 번 사용한다.

서다→세우다(서+이+우+다), 자다→재우다(자+이+우+다)

③ 사동사 사동문에는 사동사가 특수한 의미를 지니게 될 때, 대응되는 주동문이 없는 경우도 있다.

저 축구선수는 과거에 이름을 날렸다. → *이름이 날았다.
우리 집에서는 소를 먹인다. → *소가 먹는다.
('먹이다'는 '사육하다'라는 의미이지만 능동문으로 바꾸면 의미가 달라진다.)

(나) '-게 하다' 사동

어미 '-게'와 보조동사 '하다'가 결합하여 이루어지며, 장형 사동이나 통사적 사동이라고도 한다. '-게'와 '하다'는 띄어 쓴다.

■ '-게 하다' 사동의 특징

① 사동사 사동이 쓰일 수 없는 많은 동사에 쓰일 수 있다.

> 친구가 나에게 연락하게 한다.
> 어머니께서 동생에게 장난감을 주게 하셨다.

② 주동문의 주어는 사동문이 될 때 조사 '가'가 결합될 수 있다.

> *어머니께서 철수가 옷을 입히셨다.
> 어머니께서 철수가 옷을 입게 하셨다.

③ '-게' 대신 '-도록'이나, '하다' 대신 '만들다'를 사용할 수도 있다.

> 선생님께서 철수를 웃게 하셨다.
> 선생님께서 철수를 웃도록 만드셨다.

④ '이다'에는 '-게 하다' 사동이 사용되기 어렵다. 이때 '되다'를 사용하면 가능한 문장이 된다.

> 그녀가 철수를 {*부자이게 했다, 부자가 되게 했다}.

■ 사동사 사동과 '-게 하다' 사동의 차이

① 사동사 사동은 주로 직접(直接) 사동을 나타내고, '-게 하다' 사동은 간접(間接) 사동을 나타낸다. 직접 사동은 사동주 자신이 행위에 직접 참여하는 반면, 간접 사동은 사동주 자신이 행위에 참여하지 않는다. 그러나 사동사 사동은 중의적인 경우가 많다.

> 어머니께서 아이에게 밥을 먹이신다. 〈사동사 사동〉
> → 어머니께서 직접 아이에게 밥을 먹이시는 것으로 해석되지만, 아이가 스스로 밥을 먹도록 어머니께서 시키신다는 해석도 가능하다.

> 어머니께서 아이에게 밥을 먹게 하신다. 〈'-게 하다' 사동〉
> → 아이가 스스로 밥을 먹도록 어머니께서 시키신다는 해석만 가능하다.

> **참고**
>
> '선생님께서 학생들에게 책을 읽히셨다'는 사동사 사동이지만, 선생님이 책을 읽는 행위에 직접적으로 관여하기 어렵기 때문에 간접 사동으로 해석된다. 또한 '철수가 그의 여자 친구를 행복하게 한다.'는 '-게 하다' 사동이지만, 철수의 행위로 여자 친구가 행복해진다면 직접 사동으로 해석될 수 있다.

② 부사의 수식 범위가 다르다. 사동사 사동은 사동주의 행위를 수식하지만, '-게 하다' 사동은 피사동주의 행위를 수식한다.

Tip
사동주(使動主)는 사동문에서 어떤 행위를 하게 하거나 어떤 상황에 처하게 하는 사람이나 대상이다.

그 친구는 사람들을 잘 웃긴다.
→ ‘잘’은 친구가 웃기는 행위를 수식한다.

그 친구는 사람들이 잘 웃게 한다.
→ ‘잘’은 사람들이 웃는 행위를 수식한다.

(다) ‘시키다’ 사동

접미사 ‘-시키다’를 통해서 사동의 의미를 나타낼 수 있다. 주로 ‘하다’가 쓰인 말을 ‘시키다’로 바꿔서 표현한다.

학생들이 공부한다.
→ 선생님이 학생들을 공부시킨다.

참고

‘하다’와 ‘시키다’는 일반 동사와 접미사의 특성을 모두 가지고 있다. 따라서 ‘하다’를 ‘시키다’로 바꿀 때 이러한 특성이 모두 드러난다.

예 동사: 공부를 한다 → 공부를 시킨다
　　접미사: 공부한다 → 공부시킨다

1. 다음에서 피동의 의미보다 상태 변화의 의미가 강하게 나타나는 것은?

① 소가 개한테 다리를 물렸다.
② 민수는 친구에게 심한 모욕을 당했다.
③ 온 마을이 폭풍에 휩쓸렸다.
④ 얼굴이 몰라보게 예뻐졌어.
⑤ 책이 그에게 찢겼다.

◉▶ 답 ④ (해설) '-어지다' 피동은 형용사와 어울리는 경우에 피동의 의미보다는 상태 변화의 의미를 나타낸다.

2. 아래의 능동문과 피동문의 의미 차이를 설명하시오.

> ㉮ 모든 학생이 수박을 한 개 먹었다.
> ㉯ 수박 한 개가 모든 학생에게 먹혔다.

◉▶ 답 ㉮는 모든 학생이 수박을 한 개씩 먹는다는 의미이지만 ㉯는 수박 한 개를 모든 학생이 먹는다는 의미이다.
(해설) 수량 표현이 포함된 문장에서는 능동문과 피동문의 의미가 다를 수 있다.

3. 아래의 피동문의 특징을 설명하시오.

> ㉮ 사람들이 모두 그 병에 걸렸다.
> ㉯ 날씨가 많이 풀렸다.
> ㉰ 최근에는 일이 많이 꼬인다.

◉▶ 답 일반적으로 피동문은 능동문으로 바꿀 수 있지만, 위의 예들과 같이 능동문에 대응될 수 없는 피동문들도 있다.
(해설) 피동문에 대응하는 능동문이 없는 경우는 주로 피동의 뜻보다는 어떤 현상이나 결과의 의미가 강하게 나타나거나, 행동의 의지를 가진 주체를 상정하기 어려울 때이다.

4. 다음에서 사동문에 대응되는 주동문이 없는 것을 고르시오.

① 선생님께서 학생들에게 책을 읽힌다.
② 마을 사람들이 얼음을 녹였다.
③ 나는 그 사람을 완벽하게 속였다.
④ 언니는 동생을 자주 울렸다.
⑤ 그 사람은 끝까지 진실을 숨겼다.

◉▶ 답 ⑤ (해설) ⑤를 주동문으로 바꾸면 '진실이 숨었다'가 되어 어색해진다.

5. 아래의 두 사동문의 의미 차이를 설명하시오.

㉮ 할머니가 아이에게 옷을 입힌다.
㉯ 할머니가 아이에게 옷을 입게 한다.

답 ㉮는 할머니가 직접 아이에게 옷을 입히신다는 것으로 해석되지만, 아이가 스스로 옷을 입도록 할머니가 시킨다는 해석도 가능하다. 반면에 ㉯는 아이가 스스로 옷을 입도록 할머니가 시킨다는 해석만 가능하다.
(해설) ㉮는 주로 직접 사동을 나타내는 사동사 사동이며, ㉯는 간접 사동을 나타내는 '-게 하다'사동이다. 직접 사동은 사동주 자신이 행위에 직접 참여하는 것이며, 간접 사동은 사동주 자신이 행위에 참여하지 않는 것이다.

14 높임법

🔍 **학습 목표**

– 높임법의 종류를 이해한다.
– 주체 높임의 특성을 이해한다.
– 상대 높임의 등급과 특성을 이해한다.
– 객체 높임의 특성을 이해한다.

🗝️ **주요 용어**

높임법, 주체 높임, 상대 높임, 객체 높임, 하십시오체, 하오체, 하게체, 해라체, 해체, 해요체 한국어는 높임법이 풍부하게 발달되어 있는 언어로, 문법 형태소인 선어말어미, 종결어미, 조사와 높임의 어휘에 의해서 높임의 의미가 표현된다. 높임법은 '경어법(敬語法)', '대우법(待遇法)', '존대법(尊待法)' 등의 여러 가지 명칭으로 불린다.

높임법은 높이는 대상에 따라 주어의 지시 대상인 주체를 높이는 주체 높임, 청자를 높이는 상대 높임, 목적어나 부사어의 지시 대상인 객체를 높이는 객체 높임으로 나뉜다.

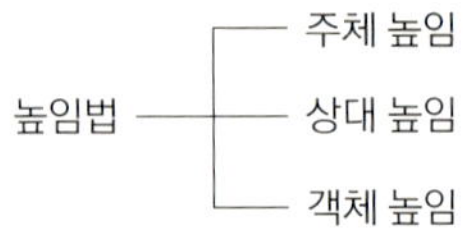

14.1. 주체 높임

주체 높임은 한 문장에서 주어의 지시 대상인 주체(主體)를 높이는 방법으로, 주체 높임 선어말어미 '-(으)시-'에 의해서 실현된다. 이때에는 주어에 높임의 조사 '께서'나 접미사 '-님'이 결합하기도 한다.

부장님께서는 땅콩을 좋아하신다.

■ 주체 높임의 특징

① 화자는 자신을 높일 수 없기 때문에 일인칭 주어는 주체 높임의 대상이 되지 못한다.

*{나, 우리}는 국립중앙 박물관에 가셨습니다.

② 높임의 대상뿐만 아니라 대상의 신체 부분이나 소유물을 높일 때도 '-(으)시-'를 사용한다. 이를 간접 높임이라 한다.

할아버지께서는 예쁜 모자가 많으시다.
어머니께서는 손이 매우 작으시다.

③ 듣는 사람이 주어보다 더 높을 경우에는 '-(으)시-'를 쓰지 않기도 한다. 이를 압존법(壓尊法)이라 부른다. 최근에는 듣는 사람에 상관없이 주어가 화자보다 상위자이면 높임법을 사용한다.

할머니, 어머니께서 집에 아직 안 오셨습니다.
할머니, 어머니가 집에 아직 안 왔습니다. 〈압존법〉

④ 사실을 알려 주는 객관적인 글에서는 주체 높임을 사용하지 않는다.

이순신은 노량 해전에서 전사했다.
홍길동 장관이 미국을 방문했다.

⑤ 주체 높임은 '계시다, 주무시다, 편찮으시다'와 같은 특수한 어휘를 사용하여 표현하기도 한다.

교수님은 지금 연구실에 {계십니다, *있으십니다}.
할아버지께서는 항상 낮잠을 {주무신다, *자신다}.
사모님께서는 많이 {편찮으십니다, *아프십니다}.
할머니께서는 요즘 죽을 {잡수신다, *먹으신다}.

일상생활에서는 주체 높임 선어말어미 '-(으)시-'가 아래와 같은 예들에서 많이 사용된다. 이러한 표현은 사람이 아닌 대상에 '-(으)시-'를 사용한 것으로, 현대 한국어에서는 잘못된 표현으로 보고 있다. 그러나 '-(으)시-'가 주체를 높이는 기능뿐만 아니라 청자를 높이는 기능도 가진다는 논의가 있다.
예 커피 아니신 분 계신가요?
  차가 잘 나가시죠?
  그 옷 가격은 오만 원이십니다.

14.2. 상대 높임

상대 높임은 화자가 청자를 높이는 방법으로, 다양한 종결어미에 의해서 표현된다. 한국어의 상대 높임은 6등급인데, 격식체인 하십시오체, 하오체, 하게체, 해라체 4등급과 비격식체인 해요체, 해체(반말체) 2등급이 있다. 이들은 모두 '하다'의 명령형에서 이름을 따서 부른 것이다.

이외에도 높임과 낮춤의 뜻이 없는 하라체를 설정하기도 한다. '하라체'는 신문, 잡지 등의 글에서 일반 독자를 대상으로 사용된다.

■ 상대 높임의 등급

높임 등급	격식체	비격식체
아주높임	하십시오체	해요체
예사높임	하오체	해요체
예사낮춤	하게체	해체
아주낮춤	해라체	해체

(가) 하십시오체

청자를 가장 공손하게 대우하는 높임법이다. 과거에는 합쇼체라고 불렸다.

■ 하십시오체를 나타내는 종결어미

문장 유형	종결어미	예문
평서문	-ㅂ니다/-습니다	아침에는 밥 대신 빵을 먹습니다.
의문문	-ㅂ니까/-습니까	선생님께서는 오늘 아침에 뉴스를 보셨습니까?
명령문	-십시오	잠시 여기서 기다리십시오.

■ 하십시오체의 특징

① 상위자에게 명령과 청유는 자연스럽지 않기 때문에 하십시오체에서의 명령과 청유는 권유의 '-시지요'로 바꾸어 표현한다.

상대 높임의 등급을 격식체와 비격식체로 나누지 않고, 일원적 체계로 설정하면 다음과 같다.

하십시오체	[+격식]
해요체	[-격식]
하오체	[+격식]
하게체	[+격식]
해체	[-격식]
해라체	[+격식]

선생님, 7시에 학교 앞으로 {오십시오, 오시지요}.
선생님, 저희들과 함께 {[?]가십시다, 가시지요}.

② 하십시오체는 주로 일반 청중을 대상으로 하는 연설, 강연, 뉴스 보도 등에서 쓰인다.

여러분 안녕하십니까? 지금부터 아홉 시 뉴스를 말씀드리겠습니다.

(나) 하오체

청자가 화자보다 아랫사람이거나 나이가 비슷한 경우에 청자를 약간 높여서 대우하는 높임법이다.

■ 하오체를 나타내는 종결어미

문장 유형	종결어미	예문
평서문·	-오	무엇보다 건강은 지키는 것이 중요하오.
의문문	-오	정말 학교를 그만두려는 것이오?
명령문	-오	내가 말한 대로 실행하시오.
청유문	-ㅂ시다	오늘 밤 함께 심야 영화를 봅시다.

■ 하오체의 특징

① 하오체는 화자와 청자가 어느 정도 나이가 들어야 쓸 수 있는 표현이며, 현대 한국어에서는 활발하게 쓰이지 않는다. 이는 해요체가 하오체의 역할을 대신하고 있기 때문이다.
② 하오체는 남성 화자들보다 여성 화자들이 더 많이 사용하는데, 이때는 '-오'가 아니라 '-우'를 사용한다.

언니, 나 먼저 가우.

(다) 하게체

청자가 화자보다 아랫사람이거나 나이가 비슷한 경우에 청자를 약간 낮춰서 대우하는 높임법이다.

■ 하게체를 나타내는 종결어미

문장 유형	종결어미	예문
평서문	-네	나는 지금 강의실에 가네.
의문문	-나	이 일 좀 도와주겠나?
	-는가	지금 학교에 오는가?
명령문	-게	전에 말했던 그 책 좀 빌려주게.
청유문	-세	서울 축제나 구경하러 가세.

■ 하게체의 특징

하게체는 청자가 아랫사람이지만 나이가 들었기 때문에 함부로 대하기 어렵다는 태도를 보일 때 사용된다. 하게체도 하오체와 같이 현대 한국어에서는 활발하게 쓰이지 않는다.

(라) 해라체

격식체 중에서 청자를 가장 낮추어 대우하는 높임법이다. 청자의 나이가 어리거나 친한 사이일 때, 신분상으로 높일 필요가 없을 때 사용된다.

■ 해라체를 나타내는 종결어미

문장 유형	종결어미	예문
평서문	-는다/-ㄴ다	저기 충무로 가는 버스가 온다.
의문문	-느냐	교실에 누가 있느냐?
	-니	교실에 누가 있니?
명령문	-아라/-어라	너는 집에 빨리 가라.
청유문	-자	오늘은 새로운 내용을 공부하자.

■ 해라체의 특징

해라체의 명령형 어미 '-아라/-어라'는 상대를 대면하면서 명령하는 경우에 사용된다. 그러나 대면하지 않은 불특정 다수에게 명령할 때에는 하라체의 명령형 어미 '-(으)라'가 사용된다.

> 문제를 읽고 물음에 답해라. 〈해라체〉
> 문제를 읽고 물음에 답하라. 〈하라체〉

(마) 해체

비격식의 낮춤 표현이며 반말체라고도 한다. 해체는 대화자들 사이에 거리가 없거나 개인적으로 친분이 있을 때 사용된다. 격식체인 하게체와 해라체를 대신하여 현대 한국어에서 활발하게 사용된다.

■ 해체를 나타내는 종결어미

문장 유형	종결어미	예문
평서문	-아/-어	나는 지금 소설책을 읽어.
	-지	나도 참석하지.
의문문	-아/-어	뭐가 그리 우스워?
	-지	그 친구는 언제 오지?
명령문	-아/-어	음식이 식기 전에 빨리 먹어.
	-지	빨리 차에 타지.
청유문	-아/-어	우리 이 책을 함께 읽어.
	-지	우리 그만 가지.

■ 해체의 특징

종결어미 '-아/-어'와 '-지'가 평서문, 의문문, 명령문, 청유문에 모두 사용된다.

Tip

'반말'이란 본래 청자를 어느 정도로 높일지를 뚜렷하게 결정하기 어려울 때 말끝을 흐리게 되는 데서 생겨난 용어이다.

Tip

해체의 어미 '-아/-어'와 '-지'는 근대 한국어 말엽에 발생한 것이다.

(바) 해요체

비격식의 높임 표현이며, 하십시오체와 하오체를 대신하여 현대 한국어에서 활발하게 쓰인다. 해요체는 해체의 어미에 높임의 보조사 '요'를 붙여서 표현한다.

■ 해요체의 특징

① 해요체는 윗사람뿐만 아니라 아랫사람을 높이고자 할 경우에도 쓰이므로, 현대 한국어에서 상대를 높일 때 가장 많이 쓰이는 높임법이다.

> 어머니, 오늘 학교에서 동아리 모임이 {있습니다, 있어요}.
> 김 대리, 이것 좀 {처리해 줘, 처리해 줘요}.

② 해요체는 회사 면접이나 방송 뉴스와 같이 격식을 차리는 자리나 공식적인 자리에서는 쓰일 수 없다. 이때에는 하십시오체만 사용할 수 있다.

> (회사 면접)
> 앞으로 이 회사에 입사하면 열심히 {일하겠습니다, *일하겠어요}.

> (방송 뉴스)
> 지금부터 오늘의 주요 뉴스를 {말씀드리겠습니다, *말씀드리겠어요}.

14.3. 객체 높임

객체 높임은 목적어나 부사어의 지시 대상인 객체(客體)를 높이는 방법으로, 부사격 조사 '께'와 높임의 특수 어휘인 '여쭙다, 드리다, 모시다, 뵙다'를 통해서 표현된다.

> 영수는 선생님께 시험 범위를 여쭙지 않았다.
> 철수는 부모님께 결혼기념일 선물을 드렸다.
> 아버지는 할머니를 모시고 병원에 가셨다.
> 저는 말씀으로만 듣던 분을 뵙게 되어 정말 기쁩니다.

14.4. 특수 어휘에 의한 높임

한국어는 문법 요소를 사용하는 것 이외에 '밥-진지, 집-댁, 생일-생신, 나이-연세, 이름-성함, 말-말씀'과 같이 특수한 어휘를 사용하여 높임을 나타낼 수도 있다.

> 아버님, 진지 잡수세요.
> 이번 방학에는 할머니 댁을 방문할 계획이야.
> 너는 아버지 생신 때 주로 무엇을 선물하니?
> 그분은 연세가 어떻게 되셨지?

주체 높임이나 상대 높임과 달리 객체 높임에는 어미(語尾)가 사용되지 않는다.

1. 다음에서 '하게체'가 쓰인 것을 고르시오.

    ① 지금 여기에 오는 중인가?
    ② 선생님께서는 어디에 가셨습니까?
    ③ 이 일을 그만두려는 것이오?
    ④ 저에게 책을 빌려줄 수 있어요?
    ⑤ 명수는 언제 오지?

   ◉ 답 ① (해설) ②는 하십시오체, ③은 하오체, ④는 해요체, ⑤는 해체

2. 다음에서 객체를 높이는 것을 고르시오.

    ① 교수님께서는 지금 강의 준비를 위해서 연구실에 계십니다.
    ② 올해는 부모님을 모시고 제주도에 가자.
    ③ 관계자들은 모두 그 사건에 대한 입장을 표명했다.
    ④ 할아버지께서는 소설책 읽는 것을 좋아하신다.
    ⑤ 결혼을 진심으로 축하합니다.

   ◉ 답 ② (해설) ②에서는 객체인 '부모님'을 '모시다'라는 특수한 어휘를 통해서 높이고 있다.

3. 아래의 문장에서 높임법의 사용이 어색한 부분을 찾아 고치시오.

> ㉮ 선생님께서 너 빨리 오시래.
> ㉯ 다른 의견 계신 분은 없으십니까?
> ㉰ 그 옷은 오천 원이십니다.
> ㉱ 할아버지, 형님은 언제 들어오십니까?

   ◉ 답 ㉮ 선생님께서 너 빨리 오라셔.
       ㉯ 다른 의견 있으신 분은 없으십니까?
       ㉰ 그 옷은 오천 원입니다.
       ㉱ 할아버지, 형님은 언제 들어옵니까?
       (해설) ㉮ '오시래'는 '너'를 높이기 때문에 잘못되었다
           ㉯ '계신'은 '의견'을 높이기 때문에 잘못되었다.
           ㉰ '오천 원이십니다'는 '옷'을 높이기 때문에 잘못되었다. 이러한 표현은 주로 상점에서 사용되는데, '-시-'가 '옷'이 아니라 청자를 높인다는 의견도 있다.
           ㉱ '들어오십니까'는 '형님'을 높이고 있는데, 주어가 화자보다 높은 지위에 있다고 하더라도 청자보다 낮은 지위이면 주어를 높이지 않는다. 이를 압존법이라 하는데, 현대 한국어에서는 잘 사용되지 않는다.

15 부정문

🔍 **학습 목표**

– 부정문의 일반적인 특징을 이해한다.
– '안' 부정문의 특징을 이해한다.
– '못' 부정문의 특징을 이해한다.
– '말다' 부정문의 특징을 이해한다.
– '없다, 모르다, 아니다' 부정문의 특징을 이해한다.
– 단형 부정문과 장형 부정문의 차이를 이해한다.
– 이중 부정문의 특징을 이해한다.

🔑 **주요 용어**

부정문, '안' 부정문, '못' 부정문, '말다' 부정문, '없다, 모르다, 아니다' 부정문, 단형 부정문, 장형 부정문, 이중 부정문

Tip

긍정문 + 부정사 → 부정문

Tip

부정문의 '않다, 못하다, 말다'는 모두 보조용언으로 쓰인다.

한국어에서는 긍정문에 부사 '안, 못'이나 용언 '않다, 못하다, 말다'를 사용하여 부정문(否定文)을 만든다. 한국어의 부정문은 부정어의 종류에 따라서 '안' 부정문, '못' 부정문, '말다' 부정문으로 나뉘며, 부사 '안, 못'을 서술어 앞에 쓰는 단형 부정문과 서술어 어간에 '-지'를 붙이고 '않다, 못하다, 말다'를 더하는 장형 부정문으로 나뉜다.

■ 부정문의 일반적 특징

① 일반적으로 부정문은 부정극어(否定極語, negative polarity item)와 어울릴 수 있다. 부정극어는 긍정문에는 어울리지 않고 부정문에만 어울리는 단어들을 말한다. '전혀, 절대로, 조금도, 아무도' 등이 부정극어에 포함된다.

> 이 과장은 그 일에 절대로 성공하지 못할 것이다.
> 아무도 그 친구를 좋아하지 않습니다.

② 부정문은 문장의 어떤 성분에 초점이 놓이느냐에 따라 부정의 대상이 바뀌면서 다양하게 해석된다. 부정 요소의 의미가 미치는 성분의 범위를 부정의 범위라고 한다.

> 철수는 영희에게 전화하지 않았다.

부정 대상	의미 해석
철수	영희에게 전화한 것은 철수가 아닌 다른 사람이다.
영희	철수는 영희가 아닌 다른 사람에게 전화했다.
전화하다	철수는 영희에게 전화한 것이 아니라 직접 만나서 이야기했다.

15.1. '안' 부정문

'안' 부정은 부사 '안'이나 보조용언 구성인 '-지 않다'를 써서 나타내며, 단순 부정이나 의도 부정에 쓰인다.

> 오늘은 눈이 안 내린다.　　　　　〈단형 부정, 단순 부정〉
> 오늘은 눈이 내리지 않는다.　　　〈장형 부정, 단순 부정〉

> 나는 어제 영어 학원에 안 갔다.　　〈단형 부정, 의도 부정〉
> 나는 어제 영어 학원에 가지 않았다.　〈장형 부정, 의도 부정〉

■ '안' 부정문의 특징

① '안'은 화자의 인지(認知)를 나타내는 '알다, 지각하다' 등의 동사를 부정하지 못한다.

   *학생들은 선생님이 하는 말을 안 알았다.
   *남자는 자신이 하고 있는 말을 안 지각했다.

② 대조적으로 쓰이는 상황에서는 '안'의 의도성이 부각된다.

   논문을 안 쓰는 거니, 못 쓰는 거니?

③ '안'은 사람의 능력을 필요로 하는 행위의 서술어에는 쓰이지 못한다.

   *어떻게 조금도 안 견디고 포기하느냐?

15.2. '못' 부정문

   '못' 부정은 부사 '못'이나 보조용언 구성인 '-지 못하다'를 써서 나타내며, 능력 부정이나 타의(他意)에 의해서 어떤 행위를 할 수 없다는 타의 부정에 쓰인다.

■ '못' 부정문의 특징

① '못' 부정은 의도를 표현하는 문장에 쓰이지 못한다.

   *나는 내일 그녀를 못 {만나려고/만나고자} 한다.
   *나는 내일 그녀를 {만나려고/만나고자} 하지 못한다.

② '못' 부정은 일반적으로 형용사 서술어에는 사용하지 못한다. 그러나 어떤 기준에 이르지 못함을 나타낼 때에는 장형 부정으로 형용사 서술어에 쓰일 수 있다.

   *그녀는 못 아름답다.
   *사과가 빨갛지 못하다.

   이 생선은 신선하지 못하다.   〈형용사 서술어에 사용〉
   꽃이 피기에는 날씨가 따뜻하지 못하다.   〈형용사 서술어에 사용〉

③ '못하다'는 공손한 태도를 보이는 효과를 내기도 한다.

   저는 당신의 의견에 찬성하지 {않겠습니다/못하겠습니다}.

15.3. '말다' 부정문

   '말다' 부정은 보조용언 구성인 '-지 말다'로 나타난다. '안, 못' 부정은 평서문과 의문문의 부정에 사용되지만, '말다' 부정은 명령문과 청유문의 부정에 사용된다. '말다' 부정은 단형 부정문이 없고 장형 부정문만 있다.

■ '말다' 부정문의 특징

① '말다' 부정은 명령문과 청유문에만 가능하기 때문에 형용사나 '체언＋이다'의 부정에는 사용될 수 없다. 형용사에 '말다'가 사용되면 기원(祈願)의 뜻을 나타 낸다.

*영희의 얼굴은 아름답지 마라(말-＋-아라).
*너의 마음은 착하지 마라.
*너는 좋은 학생이지 마라.

제발 날씨가 나쁘지 마라. 〈기원〉

② '바라다, 원하다, 기대하다' 등 바람을 나타내는 동사가 서술어인 문장의 내포 절에서는 명령문이나 청유문이 아니어도 '말다'가 쓰일 수 있다. 그러나 이때에 는 '-지 않다'를 사용하는 것이 자연스럽다.

학생들은 선생님이 교실에 들르지 {말기를, 않기를} 원했다.
우리의 사랑이 영원히 변하지 {말기를, 않기를} 바란다.

③ '-었-', '-겠-' 등의 시제 선어말어미가 서술어에 결합되어 있으면 '-지 말다'를 사 용할 수 없다.

앞으로 그곳에 가지 마라.
*앞으로 그곳에 갔지 마라.
*앞으로 그곳에 가겠지 마라.

④ '말다' 부정은 동사와 반복 구성을 이루어 관용구를 만들기도 한다.

그가 전화를 하든지 말든지 신경 쓰지 않는다.
철수는 취업 실패 후에 고향으로 돌아갈까 말까 고민하였다.

15.4. '없다, 모르다, 아니다' 부정문

'없다'는 '안 있다', '있지 않다' 대신에 사용되며, '모르다'는 '못 알다' 대신에 사 용된다. 그리고 '아니다'는 '이다'의 부정에 사용된다. 이들은 모두 부정극어와 어 울릴 수 있다는 특징이 있다.

내가 어릴 적에 우리 집에는 텔레비전이 {없었다, *안 있었다, *있지 않았다}.
나는 그 문제에 대한 답을 전혀 {모른다, *안 안다, *알지 않는다. *못 안다}.
저 학생은 모범생이 {아니다, *안 이다}.

15.5. 단형 부정문과 장형 부정문

① 단형 부정문은 장형 부정문에 비해서 제약이 많다. 서술어가 파생어나 합성어인 경우에는 단형 부정이 되지 않는 경우가 있다.

*그 학생은 안 슬기롭다. 〈파생어〉
*하늘이 안 새파랗다. 〈파생어〉
*며느리는 시댁에 안 오갔다. 〈합성어〉
*그 향수는 안 값싸다. 〈합성어〉

② 단형 부정의 '안, 못'은 뒤의 서술어와 결합하여 하나의 단어가 되기도 한다.

그 여자는 정말 못생겼다.
오래 사귄 여자 친구와 헤어지다니 그것참 안됐다.

③ 장형 부정문에서 시제 선어말어미는 '-지 않다'에 나타나며, 주체 높임 선어말어미는 선행 서술어나 '-지 않다'에 모두 나타날 수 있다.

민주는 춤을 추지 않았다.
*민주는 춤을 췄지 않다.

사장님은 아직 출근하시지 않았다.
사장님은 아직 출근하지 않으셨다.
사장님은 아직 출근하시지 않으셨다.

15.6. 이중 부정문

이중 부정은 한 문장에 부정 표현이 두 번 이상 쓰인 것을 말한다. 이때에는 부정의 의미가 아닌 강한 긍정의 의미를 나타낸다.

이번에 그는 공무원 시험에 합격하지 않으면 안 된다.
=이번에 그는 공무원 시험에 반드시 합격해야 한다.

초롱이는 순대국을 먹지 못하지는 않는다.
*초롱이는 순대국을 못 먹지 못했다.
*초롱이는 순대국을 안 먹지 못했다.

1. 다음에서 '안' 부정문이 쓰일 수 없는 것을 고르시오.

① 민아의 새 가방은 예뻐요.
② 학생들이 모두 왔어요.
③ 선생님께서는 민수를 장학생으로 추천하셨어.
④ 너 배가 많이 고프니?
⑤ 저는 그 순간 스승님의 말씀을 깨달았습니다.

> **답** ⑤ (해설) 사람의 인지와 관련된 일부 동사들은 문장이 부정으로 바뀔 때, '못'하고만 결합하고 '안'과는 결합할 수 없다.

2. 다음 문장들을 부정문으로 바꾸시오.

㉮ 철수는 대학생이다.
㉯ 철수야, 오늘 국어학 공부했니?
㉰ 철수야, 오늘은 운동해라.

> **답** ㉮ 철수는 대학생이 아니다.
> ㉯ 철수야, 오늘 국어학 공부 안 했니 / 하지 않았니 / 못 했니 / 하지 못했니?
> ㉰ 철수야, 오늘은 운동하지 마라.
> (해설) ㉮ '이다'의 부정은 '아니다'이다.
> ㉯ '명사+하다'에 '안', '못' 부정부사가 쓰이면 명사와 '하다'가 분리된다.
> ㉰ 명령의 부정에는 '마라'를 사용한다.

3. 아래의 문장에서 알 수 있는 부정문의 특징을 설명하시오.

㉮ 그녀는 *안 학생답다. / 학생답지 않다.
㉯ 저 옷은 *안 새빨갛다. / 새빨갛지 않다.
㉰ 어제는 *안 공부했다. / 공부하지 않았다.

> **답** 서술어가 파생어인 경우에는 단형 부정이 되지 않는 경우가 많다. ㉮는 형용사 파생접미사 '-답-', ㉯는 접두사 '새-', ㉰는 동사 파생접미사 '-하다'가 결합된 파생어이다.
> (해설) '그 옷은 안 값싸다'와 같이 서술어가 합성어인 경우에도 단형 부정이 되지 않는 경우가 많다.

참고문헌

- 강옥미(2011), 『한국어 음운론』, 태학사.
- 고영근·구본관(2008), 『우리말 문법론』, 집문당.
- 구본관 외(2015), 『한국어 문법 총론 I』, 집문당.
- 구현옥(2010), 『국어 음운학의 이해』, 한국문화사.
- 국립국어원(2005), 『한국어 문법 1』, 커뮤니케이션북스.
- 권재일(2012), 『한국어 문법론』, 태학사.
- 김성규·정승철(2005/2013), 개정판 『소리와 발음』, 한국방송통신대출판부.
- 김종록(2008), 『표준 한국어 문법』, 박이정.
- 김흥범 외(2013), 『개념이 있는 국어 문법』, 지학사.
- 나찬연(2012), 제3판 『현대 국어 문법의 이해』, 월인.
- 나찬연(2013가), 『벼리 현대 국어 문법』, 월인.
- 나찬연(2013나), 『표준 발음법의 이해』, 월인.
- 남기심(2001), 『현대 국어 통사론』, 태학사.
- 남기심·고영근(1985/2014), 제4판 『표준국어문법론』, 박이정.
- 목정수(2009), 『한국어, 문법 그리고 사유』, 태학사.
- 박숙희(2013), 개정판 『한국어 발음 교육론』, 역락.
- 박시균(2013), 『한국어 음성 음운 교육론』, 한국문화사.
- 박진호(2003), 「한국어의 동사와 문법요소의 결합 양상」, 서울대학교 박사학위논문.
- 박진호(2008), 「유형론적 관점에서 본 한국어 대명사 체계의 특징」, 『국어학』 50, 국어학회.
- 배주채(2008), 『국어 음운론의 체계화』, 한국문화사.
- 배주채(2011), 개정판 『국어음운론개설』, 신구문화사.
- 백두현 외(2013), 『한국어 음운론』, 태학사.
- 서울대 국어교육연구소(2002), 『문법』, 두산.
- 서정수(2013), 『국어문법』, 집문당.
- 서태룡 외(1998), 『문법 연구와 자료』, 태학사.
- 송철의(1992), 『國語의 派生語形成 硏究』, 태학사.
- 신승용(2013), 『국어 음운론』, 역락.
- 신지영(2000/2014), 『말소리의 이해』, 한국문화사.
- 신지영(2014), 『한국어 말소리』, 박이정.
- 양순임(2009), 개정판 『말소리』, 박이정.
- 연재훈(2011), 『한국어 구문 유형론』, 태학사.
- 우형식(2003), 『한국어 문법론』, 부산외대출판부.
- 유현경 외(2011), 『한국어 통사론의 현상과 이론』, 태학사.
- 유현경 외(2018), 『한국어 표준 문법』, 집문당.
- 이관규(2005), 『국어 교육을 위한 국어 문법론』, 집문당.
- 이선웅(2012), 『한국어 문법론의 개념어 연구』, 월인.

- 이익섭(2012), 『한국어 문법』, 서울대출판문화원.
- 이익섭·임홍빈(1983), 『국어문법론』, 학연사.
- 이익섭·채완(1999), 『국어문법론강의』, 학연사.
- 이진호(2005/2014), 개정판 『국어 음운론 강의』, 삼경문화사.
- 이진호(2012), 『한국어의 표준 발음과 현실 발음』, 아카넷.
- 이현복(2002), 『한국어 표준발음사전』, 서울대출판부.
- 이호권·고성환(2012), 『우리말의 구조』, 한국방송통대출판부.
- 이홍식(2000), 『국어 문장의 주성분 연구』, 월인.
- 이희자·이종희(2010), 『어미·조사 사전』, 한국문화사.
- 임동훈(2000), 『한국어 어미 '–시–'의 문법』, 태학사.
- 임홍빈 외(2001), 『바른 국어생활과 문법』, 한국방송통대출판부.
- 임홍빈·장소원(1995), 『국어문법론 I』, 한국방송대출판부.
- 전상범(2013), 『음운론』, 서울대출판문화원.
- 채숙희(2013), 『현대 한국어 인용구문 연구』, 태학사.
- 채현식(2003), 『유추에 의한 복합명사 형성 연구』, 태학사.
- 최경봉(2013), 『우리말 문법 이야기』, 이론과 실천.
- 최명옥(2009), 제2판 『국어음운론』, 태학사.
- 최윤곤(2010), 『한국어문법교육과 한국어표현범주』, 한국문화사.
- 최윤곤·김성주(2013), 『한국어어문규정입문』, 한국문화사.
- 최현배(1937/1961), 『우리말본』, 정음문화사.
- 최형기·조창규(2013), 『국어 문법 강의』, 태학사.
- 최형용(2013), 『한국어 형태론의 유형론』, 박이정.
- 한재영 외(2008), 『한국어 발음 교육』, 한림출판사.
- 한재영 외(2010), 『한국어학 용어해설』, 신구문화사.
- 허용·김선정(2006), 『한국어 발음 교육론』, 박이정.
- 허용·김선정(2013), 『대조언어학』, 소통.
- 황화상(2013), 『현대국어 형태론』, 지식과교양.
- Whaley, L. J.(1997), *Introduction to Typology : The Unity and Diversity of Language*, Sage Publications.(김기혁 옮김(2010), 『언어유형론–언어의 통일성과 다양성』, 소통.)